古代歷史文化 研究輯刊

三一編

王明蓀 主編

第35冊

傳說中的年節研考

徐華龍 著

國家圖書館出版品預行編目資料

傳說中的年節研考／徐華龍 著 -- 初版 -- 新北市：花木蘭文
化事業有限公司，2024〔民113〕

目 2+204 面；19×26 公分

（古代歷史文化研究輯刊 三一編；第 35 冊）

ISBN 978-626-344-687-8（精裝）

1.CST：歲時節令 2.CST：傳說 3.CST：研究考訂

618   112022544

ISBN-978-626-344-687-8

9 786263 446878

古代歷史文化研究輯刊
三一編　第三五冊   ISBN：978-626-344-687-8

傳說中的年節研考

作　　　者　徐華龍

主　　　編　王明蓀

總 編 輯　杜潔祥

副總編輯　楊嘉樂

編輯主任　許郁翎

編　　　輯　潘玟靜、蔡正宣　美術編輯　陳逸婷

出　　　版　花木蘭文化事業有限公司

發 行 人　高小娟

聯絡地址　235 新北市中和區中安街七二號十三樓

　　　　　　電話：02-2923-1455 ／傳真：02-2923-1452

網　　　址　http://www.huamulan.tw 信箱 service@huamulans.com

印　　　刷　普羅文化出版廣告事業

初　　　版　2024 年 3 月

定　　　價　三一編 37 冊（精裝）新台幣 110,000 元

傳說中的年節研考

徐華龍　著

作者簡介

徐華龍，1948 年生，民族：漢。復旦大學研究生畢業。筆名有文彥生、曉園客、林新乃等，上海文藝出版社編審。上海筷箸文化促進會會長、上海市非物質文化遺產保護工作專家委員會委員、《中國民間文學大系》出版工程編輯專家委員會「民間傳說組」副組長。

20 世紀 80 年代出版的《中國民間文學大辭典》就有徐華龍人物詞條。

《廣西民族學院學報》2001 年第 4 期專門介紹徐華龍的學術生平的文章，《新一代中國民間文化的開拓者——徐華龍》。學報封面上不僅刊登徐華龍的照片，還在刊物的第一頁上發表了介紹封面學者的文章《民俗學家徐華龍先生》。在這期刊物裏，還有專門介紹徐華龍的學術經歷和學術成功。

《長江大學學報》（社科版）2016 年第 6 期的封 2 刊登「學者風采——神話學名家徐華龍」。

《長江大學學報》（社科版）2016 年第 6 期刊載徐華龍文章《盤古文化及其分布地圖》，夏楠《中國民俗神話學的踐行者——徐華龍神話學研究評述》。

《文化學刊》2016 年第 12 期有「學術人物」徐華龍。封 2 和封 3 刊登有「本期『學術人物』徐華龍」的生活、活動照片十張。同時，此期刊物還登載徐華龍《箸與清代中醫藥研究》與夏楠《理論與經驗的並行——徐華龍先生的多元學術研究述評》文章。

提　　要

所謂年、節都是 360 天裏的休止符號，是正常生活中的一次次停頓，這種時間的流逝過程中，產生的停頓就是節，猶如竹節一樣，顯示出生活的不同前進的節奏。為了使得生活的節奏豐富多彩，就產生了各種各樣的傳說故事，來表達不同的生活理想，與每一個節慶的價值與意義，如此觀看歷史，幾乎每個民族的年節都與傳說有關，由於傳說使得民眾信以為真，才慢慢地形成年或者節。同理，每個民族的文化、歷史、地域、信仰的各異，才又有了色彩斑斕、絢麗多姿的年節表現形態。

所謂年節文化，主要指的是其傳統，和原有所存在的歷史形態，而年節文化，則更多的注重將傳統節日賦予新的時代形式與新的社會內涵揭示出來，看到年節文化的豐富性與不斷變化的文化軌跡，從而改變人們對年節淡漠的觀念，激起對年節文化的興趣與熱愛。

本書主要挖掘傳說中的主要傳統年節的文化內涵以及歷史演變。

目

次

前　言

　　所謂年、節都是 365 天裏的一個個休止符號，是無休止的正常生活中的一次次的停頓，這是人類祖先的智慧，把時間進行切割，產生了各種各樣與自然界的規律相吻合的節點。

　　這就是時間的流逝過程中，產生的停頓就是節，猶如竹節一樣，顯示出生活的不同前進的節奏。為了使得生活的節奏豐富多彩，這樣又產生節與年的區別，而年就是大節。為了使得人們的關注、傳承與信仰，就產生了與之相關的各種各樣的傳說故事，來表達不同的生活理想，與每一個節慶的價值與意義，如此觀看歷史，幾乎每個民族的年節都與傳說有關，由於傳說使得民眾信以為真，才慢慢地形成年或者節。並且固定下來，同理，每個民族的文化、歷史、地域、信仰的各異，才又有了色彩斑斕、絢麗多姿的年節表現形態。

　　中國的年節出現，大多數與傳說有關，後來才成為共同的民族意識。例如寒食節是介子推傳說有關，春節與鬼文化有關，中秋節與月亮神話有關，諸如此類，這種早期年節起源，有的印記已經十分模糊，有的還清晰可見，大多數已經熟視無睹，而對年節的傳說文化知之甚少。

　　再如，春節是中國傳統的大節日，也是農曆開始計時的開始，因此具有特殊的民族符號，但是其與民間傳說緊密聯繫。在幾千年的演化進程中，不斷地進行各個朝代文化的堆積，從而形成了中華民族共同具有的風俗習慣。長期以來，人們遵循這樣的節日傳統，認定為是中國節日最重要的標誌。隨著社會、政治、生活、時代、觀念的變化，春節文化也跟隨發生或激烈或緩慢的變化。其中，有的民俗逐漸被淡忘被淘汰，如雞、鴨、羊、牛、馬、人日等民間傳說。有的則又在加入，如「春節老人」，成為新的春節文化。

　　所謂年節文化，主要指的是其傳統，和原有所存在的歷史形態，而年節文化，則更多的注重將傳統節日賦予新的時代形式與新的社會內涵揭示出來，看到年節文化的豐富性與不斷變化的文化軌跡，從而改變人們對年節淡漠的觀念，激起對年節文化的興趣與熱愛

　　本書主要挖掘傳說中的主要傳統年節的文化內涵以及歷史演變。由於中國地域遼闊，民族眾多，歷史悠久，因此年節甚多，各個民族各個地區都有自己不同的傳說與民俗文化，即使相近的地方，因為地區、喜好、資源的不同，更加呈現出絢麗多彩、大同小異的年節文化，構成了過去的與現代的各種各樣的年節場景，同時年節的不斷前進、演繹，也推動了社會的發展，豐富了人們的生活，與對未來的期盼。

春節源於鬼節考

　　春節是中華民族的共同節日，千百年來人們視其為一年的開始而寄託種種美好的祝福，看作是幸福、吉祥的象徵，很少將它與鬼文化聯繫起來，即使是對春節進行過研究的人也少有此類文章。據筆者所知，至今還沒有文章從鬼的角度來考察春節。事實上，春節的鬼文化色彩相當濃厚，由於歷史的推移，人們只注意到春節的吉祥和歡樂的氣氛，而逐漸忘卻了暗中湧動的鬼文化的潛流。此外各地春節中的民俗雖有「大同」，但亦有「小異」。在此小異之處，也存在著不同表現形式的鬼文化內容，因其屬於一方的民俗而被眾人所忽略。

一、春節前後為祭鬼神的日子

　　據記載，春節最早起源於古代臘祭。所謂臘祭，原是神農氏（一說伊耆氏）時代的「索鬼神而祭祀」，「歲終出祭」〔註1〕。到了後來，春節的祭鬼活動變成了驅鬼的儀式。其根據有二：

　　一是東漢崔寔《四民月令‧禮志》記載：「《歲時雜儀》：正旦國俗以糯米和白羊髓為餅丸之若拳，每帳賜四十九枚，戌夜各於帳內廳中擲丸於外，數偶動樂飲宴，數奇令巫十有二人，鳴鈴執箭，繞帳歌呼。帳內爆鹽爐中，燒地拍鼠，謂之驚鬼。居七日乃出。」〔註2〕這裡雖說的是軍旅中春節驅鬼之情景，但多少也反映東漢時期普通百姓家中的過年狀況。特別是「驚鬼」活動表現得繪聲繪色，為今人留下了生動的文字資料。如今，驚鬼這一奇特的年俗已經不復存在，但它說明了春節與鬼之間有著一種不可分離的關係。

〔註1〕《中華民族風俗辭典》第67頁，江西教育出版社1988年版。
〔註2〕《古今圖書集成‧曆象彙編歲功典》第二十二卷元旦部。

　　二是晉宗懍《荊楚歲時記》:「正月一日,是三元之日也。春秋謂之端月,雞鳴而起,先於庭前爆竹以辟山臊惡鬼。」由此可見,晉代的春節又有了以爆竹來辟鬼的新習俗。

　　不過,在史書中記載最多的還是春節期間祭祀祖先的事。如《禮記·月令》:「臘先祖五祀,勞農以休息之。」鄭玄注:「此《周禮》所謂臘祭也。」孔穎達疏:「臘,獵也,謂獵取禽獸以祭先祖五祀也。此等之祭,總謂之蠟,若細別言之,天宗公社門閭謂之臘,其祭則皮弁素服葛帶榛杖;其臘先祖五祀謂之息民之祭,其服則黃衣黃冠」。《史記·秦本紀》:「十二年,初臘。」張守節正義:「十二月臘日也……獵禽獸以歲終祭先祖,因立此日也。」《初學記》卷四:「崔寔《四民月令》曰:正月一日是謂正日,潔祀祖禰,進酒降神。」晉周處《風土記》:「蜀之風俗,晚歲相與饋問,謂之饋歲,酒食相邀,謂之別歲。至除夕達旦不眠,謂之守歲。祭先竣事,長幼聚飲,祝頌而散,謂之分歲」。這裡所說的「祭先」即為祭祀祖先。

　　以上所說的都是祭祖,但是祭祀的時間卻有先有後,總的來說,漢代以前祭祖大多在臘月,即所謂的臘祭;漢代以後祭祖大多在除夕晚上和正月初一的白天。漢崔寔《四民月令》所載,說明東漢時期早已有了正月一日祭祖的風俗。宋代周密《武林舊事》記載當時杭州除夕「祀先之禮,則或昏或曉,各有不同」,就是說祭祀祖先的儀式不是在除夕之夜就是在正月初一。清朝潘榮陛《燕京歲時紀勝》記載:元旦之日,「士民之家,新衣冠,肅佩戴,祀神祀祖,焚楮帛畢,昧爽闔家團拜,獻椒盤,斟柏酒,飫蒸糕,呷粉羹。」

　　民國以後,春節期間祭祖之風依然盛行不衰。如吉林伊通縣,「祀祖均在陰曆正月初一日,接神祖祀為正祭也。其祭品已於前一日除夕備齊,祭器為香爐一個,蠟臺一對,香筒一對,饅頭五個,供菜五碗。主祭者行禮之時,燃燒香紙,奠酒,放紙炮三聲,主祭者行一跪四叩首禮,前後兩揖。」〔註3〕浙江麗水,「元旦開門後,首要之事是敬神。家中長者在開門後,立即洗手洗臉,然後點燃中堂神位前的香燭,中堂簷口處的『三官燈』及土地神位前的香燭,同時在先祖神位牌前祭祀」〔註4〕。如此祭祖風俗,在各地都可以看到,是中國民俗文化的一個重要組成部分。

〔註3〕《東亞民俗資料薈萃》第103頁,吉林文史出版社1993年出版。
〔註4〕浙江麗水地區文聯《麗水風俗》(內部資料)第115頁。

－4－

人們不僅在家中祭祖，而且還要上墳祭掃，這又是春節期間的一大景觀。清顧鐵卿《清嘉錄》卷一記載：「攜糖茶果盒展墓，謂之上年墳。案：錢塘黃書崖《上年墳詩》云：『松柏春逾茂，家家上冢行。紙灰飛蛺蝶，佳節似清明。此祭寧非古，空山亦賀正。食罍分餕後，一擔夕陽輕』。蓋杭俗上年墳，多以肴饌楮錁。吳俗則糖茶果盒而已。」清光緒《太平縣志》記載，元旦時，人們去墳上祭拜，「墓上亦插竹點燈，曰『送墳燈』」。〔註5〕民國二十年《湯溪縣志》記載：「元旦，紳士、庶民於家各服其服，拜謝天地、祖先，越日肯火爆、紙錢拜墓，即古掃墓意也。」「元旦，設香燭、齋筵，拜天地、神祇、祖先，卑幼為尊長賀歲，謁祖先墓。」〔註6〕民國五年《浦江縣志》記載：「自元旦至上元日，日有展墓者，或一家多至十餘所。其祭但用香紙錠燭，掛楮紙，放爆竹，謂之上墳。」〔註7〕清道光《平度州志》記載：「元旦，五更設燎，祭五祀、先祖，拜父母、尊長，食鑼（今謂之「水角（餃）」）。既明，親鄰交拜。三日祭墓。」〔註8〕清道光《博平縣志》記載：元旦，「雞鳴時，舉家夙興，盥嗽（漱），焚香，設果醴，脯糗拜天地、祀祖先畢，乃稱尊罍壽親長，以次序拜。巳（已）而造尊長、親戚之門，登堂相拜，具酒肴相款，以賀新村。又具品物、楮錢登祭先塋」。〔註9〕清康熙二十四年《齊東縣志》記載：「祭則忌日、元旦、清明、七日望日、十月朔日皆詣塋所祭拜」。〔註10〕

上墳祭拜是祭祖的早期形式，以後逐漸改變了野外祭掃習慣，成為在家中掛出祖先像進行祭祀的新儀式。關於這一點，民國十八年修撰的《泰安縣志》說得很清楚：「近來士庶不盡有家祠、木主，即有，仍以上墳為重，蓋古重神魂，今重體魂，相沿既久，未易更改。觀《孟子》『東郭墦間』，是時齊已野祭，不自秦漢始矣。惟年終徹木主，懸家堂軸，或寫牌位，家家祭祀，稱為服事。

〔註5〕見《中國地方志民俗資料彙編》（華東卷）第826頁，書目文獻出版社1995年出版。

〔註6〕見《中國地方志民俗資料彙編》（華東卷）第871頁，書目文獻出版社1995年出版。

〔註7〕見《中國地方志民俗資料彙編》（華東卷）第862頁，書目文獻出版社1995年出版。

〔註8〕見《中國地方志民俗資料彙編》（華東卷）第261頁，書目文獻出版社1995年出版。

〔註9〕見《中國地方志民俗資料彙編》（華東卷）第311頁，書目文獻出版社1995年出版。

〔註10〕見《中國地方志民俗資料彙編》（華東卷）第187頁，書目文獻出版社1995年出版。

大半持齋茹素，較往日誠敬。其禮，除夕家長率子弟奉香向大門外出迎，引至祭室，奉茶獻果，五夜設雞魚肉、肝肺、蔬菜、米飯、餑餑、黃白麵糕、水餃祭之。男婦挨次行禮」。在此，說了一層意思，就是祖先的祭祀是由野祭變為家祭的，其形式仍可從舊時的風俗中看出。

所謂祭祖，就是對祖先死去的亡魂進行祭奠。死去的祖先，人們亦可將其稱之為鬼。如《禮記・祭法》：「人死曰鬼。」「庶士庶人無廟，死曰鬼。」在西南少數民族中至今仍有祖先鬼這樣的稱呼。海南島黎族崇信的最大最兇惡的鬼是祖先鬼。凡病者全身疼痛，厭飯喜酒，夜夢各種怪物或見其祖先的均係『祖先鬼』作祟；也有因病久醫不愈而歸之於『祖先鬼』。『做鬼』時必須請『娘母』或『三伯公』主持。『娘母』在『做鬼』時，穿黎胞的便裝，『三伯公』則持法印穿長袍，主持人要以高昂的聲調領唱『祖先歌』，求『祖先鬼』保平安」〔註11〕。

這裡所說的祖先鬼，屬於原始宗教時期的一種概念，如今人們是決不會將自己稱為鬼的，這是因為鬼與神的觀念產生了分化，神代表一種善，而鬼代表一種惡；因此人們以全新祖先神靈觀念替代了早期的祖先鬼；其中在此之前，鬼是人們頭腦中的主宰，是統治世間宇宙的至尊的符號，但是隨著歷史的進步，觀念形態的發展，鬼的母體開始分解成為神與鬼兩大體系，其神奇的魔力和統治的權力都有了不同的分工，神慢慢走向塵世而被人尊奉，鬼則因人們對其恐懼和敬畏而遠離之。正是由於這種觀念的變化，已死的祖先就成為神祇，護衛著家人而得到供奉，並每遇佳節得到特別的祭祀。

由此可見，春節期間為什麼要祭祀祖先，人們又為什麼要用令人傷悲的對祖先亡靈的追憶來衝擊節日的喜慶氣氛呢，說到底，答案只有一個，那就是鬼的文化底蘊深深地扎根在春節之中，或者說，春節從其形成雛形開始就打上了鬼文化的烙印，亦可以進一步論證為人們因驅鬼勝利而歡欣鼓舞，而形成了這一節日習俗。雖說如今我們還沒有找到強有力的證據來證明這一點，但是我國古代臘月驅逐疫鬼的儺，可以作為一個佐證。

《論語・鄉黨》：「鄉人儺，朝服而立於阼階」。《呂氏春秋・季冬》：「天子居玄堂右個，……命有司大儺旁磔」。高誘注：「大儺，逐盡陰氣為陽導也，今人臘歲前一日擊鼓驅疫，謂之逐除，是也」。這是說的無論是宮廷還是鄉間都有臘月驅鬼逐疫的風俗，相傳此俗始於黃帝，到周代已有一定規模，成為一種

〔註11〕《海南島黎族社會調查》上卷第 256 頁，廣西民族出版社 1992 年版。

禮制而固定下來。《荊楚歲時記》：「按：周禮有大儺，漢儀有侲子（逐鬼的童子），驅儺之事雖原始於黃帝，而大抵係周之舊制。周官歲終命方相氏率百隸，索室驅疫以逐之，則驅儺之始也」。此處所說周代大儺時間為「歲終」，與後世人們在春節期間舉行一系列的祭祖、驅鬼、驚鬼等儀式是一脈相承的，直到今天，在河北省武安縣固義村還保留著古老而隆重的春節期間驅逐疫鬼的風俗。

類似的活動，我們在地方志中亦能經常看到。如清同治十二年《祁門縣志》載：「元旦，集長幼列拜神祇（只），鳴鉦出行，飲屠蘇酒，謁祠宇，交相賀歲，儺以驅疫。」又，清乾隆《德安縣志》：元旦，「二、三日，城市鄉堡皆迎土神，行儺禮，鼓吹、爆竹不絕，沿門俱送香及米穀，以祈太平，舒陽氣。」《建昌府志》：年終，舉行對舞，「小兒輩帶面具戲舞於市，似古儺禮」〔註12〕。這些材料也都說明了鬼與春節的關係是十分密切的。

年，人們以為與稻穀成熟有關。明郎瑛《七修類稿》卷三載：「年者，《說文》曰：穀熟也。取其穀熟一番曰年，故字從禾」。《爾雅·釋天》也說：「夏曰歲，商曰祀，周曰年，唐虞曰載。」所謂歲、祀、年、載，是不同時代對同一時間單位的不同叫法。究其深層原因，就可得知，都與祭祀有關，或者可以說古人將祭祀的日子來命名的，否則就難以理解這些字的原義都與祭祀相關連。

春節是辛亥革命以後的說法，是年的不同稱謂，其時間在寒冷的冬天即將過去、暖和的春天即將到來之際。古時候人們由於科學知識的貧乏和生產力的低下，抵禦自然災害的能力很差，常為冬天的寒潮所侵擾，又為糧食的匱缺所提心弔膽，早春更是青黃不接、生命受到嚴重威脅的時候，老人和兒童首先會因飢餓、寒冷及其他各種惡劣的原因而相繼死去。看到這種情景，人們會恐懼，會以為是鬼神的作祟。《月令》說：「季春之月命國難（儺）。」鄭玄注：此「難（儺），難陰氣也。陰氣至此不止，害將及人。所以及人者，陰氣右行此月之中，日行歷昴，昴有大陵、積屍之氣。氣佚則厲鬼隨而出行。」陰氣本指春季陰寒之氣，此時「積屍」的厲鬼會逃逸出來，危害世人。

老百姓流傳著這樣一句諺語：春寒凍死老黃牛。此話是說春天變化無常，奇冷無比，能將適應力很強的牛凍死，足見其威力巨大。因此古人十分敬畏春天，甚至身穿青衣來表示對春天的恭敬。漢代，春日必穿青衣。《淮南子》云：

〔註12〕見《天一閣藏明代方志選刊》，上海古籍出版社 1964 年版。

「孟春之月,東宮御女,青色衣、青采鼓琴瑟。」《漢書》說:「立春之日皆青
幡幘迎春於東郊外,令一童男,冒青衣先在東郊外野中迎春。」《續漢書‧禮
儀志》云:「立春之日,夜漏未盡五刻,京都百官皆衣青,郡國縣官下至令史
皆服青幘,立青幡,施土牛耕人於門外,以示兆民。」到唐宋,立春必祀青帝。
《開元禮》云:「立春祀青帝於東郊。」《玉海》云:「紹興十七年二月十三日,
上親祠青帝於東郊。」漢唐宋人為什麼要祭青帝呢,照古人看來,春分時天上
要出來一股「青氣」,造成人民得時疾,故必得穿青、戴青、祭青,青帝才不
會發怒而放出青氣害人。〔註13〕《易通卦驗》曰:「震,東方也,主春。春分
日,青氣出,直震此正氣也。氣出右,物半死;氣出左,蛟龍出。震氣不出,
則歲中少雷,萬物不實,人民疾熱。」〔註14〕

　　雖說春節的時間較之季春、春分等要早,但它們產生的民眾心理是一樣
的,都有對春日的害怕、畏懼和崇拜,其實質就是對鬼神的恐懼。一旦人們
跨越了這樣具有神秘色彩、使人戰慄的節氣,才會深感慶幸,歡呼雀躍,相
互道賀,久而久之成為一種習俗而固定下來了。在民間傳說中,年是一個妖
魔、怪獸等東西,經常作祟,危害人類。到最後亦總是以年失敗而告終,人
們慶賀勝利,互相道喜,鳴放鞭炮。在浙江麗水有個傳說,說(即年)是個
比魔還狠、比鬼還惡的小妖,叫「祟」。這祟每年在年三十晚上出現一次,出
來就害人。有戶姓管的人家,養了個胖小子,到了年終三十,父母怕孩子被
害,就夜裏守著,還將八枚銅錢用紅紙包了,放在孩子枕下,這樣就躲過了
劫難。人們聽說,紛紛仿傚,形成了風俗。因為「祟」和「歲」諧音,並且
許多人不知道「守祟」的來歷,就將「守祟」稱為「守歲」,「壓祟錢」也改
稱為「壓歲錢」了。〔註15〕

　　這些傳說故事,人們用神奇的想像和大膽的構思,為我們說明了兩個意
思:一是歲(或年),是可怕的怪物,會危害人們的生命;二是人們總會戰勝
歲(或年),並慶祝勝利。

　　所謂祟,是古人想像中的鬼怪或鬼怪出而禍人。〔註16〕由此可見,祟即可
視為鬼。正因為如此,我們就不難理解上述所說的《「守祟」和「壓祟錢」》故

〔註13〕高國藩《敦煌巫術與巫術流變》第 312～313 頁,河海大學出版社 1993 年
　　　　版。
〔註14〕《太平御覽》卷二十「春分」。
〔註15〕《麗水地區故事卷》第 575～576 頁,浙江文藝出版社 1993 年版。
〔註16〕見《辭海》「祟」字。

事中的長期來積澱的文化內涵。在人們的心目中，年是可怕的，其附於一種鬼的形象上，而過年則表示戰勝了鬼怪，使其禍人的目的遭到失敗。

因此，我們可以斷言，春節的歡度是因勝鬼的緣故。在中國這樣一個鬼神觀念十分濃厚的國度裏，出現這樣一個戰勝鬼神的節日是沒有什麼可以感到奇怪的。

二、民俗活動中的鬼文化色彩

春節是民俗活動十分繁多的時節。在這些繁多的民俗活動中，我們還能找到與鬼文化相關的內容，或者說從這些民俗活動及其所表現出的民俗事象的原生形態裏更可以發現其帶有濃厚的鬼文化色彩。

（一）飲食方面

春節期間飲食品種甚多，其中有些飲食直接與人們頭腦中的鬼信仰相聯繫。如：

1. 屠蘇酒

喝屠蘇酒是中國人年俗飲食中的一個組成部分，早在晉代就有記載，《荊楚歲時記》裏有此文字：「於是長幼悉正衣冠，以次拜賀。進椒柏酒，飲桃湯，進屠蘇酒，膠牙餳，下五辛盤，進敷於散，服卻鬼丸。各進一雞子。凡飲酒次第從小起。」宋陳元靚《歲時廣記》卷五更將製作屠蘇酒的藥方、飲用儀式及其作用說得十分清楚：「（屠蘇酒）其方用藥八品，合而為劑，故亦名八神散。大黃、蜀椒、桔梗、桂心、防風各半兩，白術、虎杖各一分，烏頭半分，咬咀以絳囊貯之。除日薄暮懸井中，令至泥，正旦出之，和囊浸酒中，頃時捧杯咒之曰：一人飲之，一家無疾；一家飲之，一里無疾。先少後長，東向進飲。取其滓懸於中門，以辟瘟氣，三日外棄於井中。此軒轅黃帝神方。」很明顯，在此段文字中，巫術成分甚重，表現了人們對屠蘇酒的崇信的行為和心理。因為長期以來人們就相信春節期間飲用屠蘇酒可以辟鬼祛病，確保平安，就連許多名醫對此亦深信不疑。《歲時廣記》引孫真人屠蘇論云：「屠者言其屠絕鬼氣，蘇者言其蘇省人魂。」此說孫真人即唐代名醫孫思邈。到了明代，李時珍的《本草綱目》同樣有此相近的觀點：「蘇，魅鬼名。此藥屠割鬼爽，故名。」直到清代，有人才對此提出了異議。蕭智漢《新增月日紀古》卷一「正月初一」條記載：「古人正旦飲酒，以少者得歲故先飲；老者失時故後飲。是日酒皆然，亦無屠蘇先飲之說。或六屠絕鬼氣，蘇醒人魂。妄說也」。雖然如此，但是民

間相信屠蘇酒能驅邪辟鬼的觀念仍是十分堅固，至今有些農村依然有春節飲屠蘇酒的風俗。

2. 椒柏酒

椒柏酒，又可分稱椒酒、柏酒，原是兩種酒名，亦簡稱椒柏酒。《本草綱目》卷三十三說：「按《歲時記》，歲旦飲椒柏酒以辟疫癘。椒乃玉衡星，服之令人體健耐老；柏乃百術之精，為仙藥，能伏邪鬼故也。」由此可見，飲椒酒亦與鬼種相關無疑了。

3. 雞蛋

雞蛋又稱雞子，正月初一生吃雞蛋可以去邪辟瘟。「周處《風土記》曰：正旦當生吞雞子一枚，謂之練形。膠牙者，蓋以使其牢固不動，今北人亦如之。熬麻子、大豆，兼糖散之。案：《練化篇》云：正月旦吞雞子、赤豆七枚，辟瘟氣。又，《肘後方》云：旦及七日吞麻子、小豆各三七枚，消疾疫。《張仲景方》云：歲有惡氣，中人不幸便死，取大豆二七枚，雞子、白麻子，酒吞之。然麻豆之設，當起於此，梁有天下不食葷荊，自此不復食雞子以從常則」。〔註17〕

雞子能辟瘟，當與人們相信雞能驅鬼的觀念是分不開的。因為歷來雞作為供奉鬼神的祭品，人們迷信認為：雞是人與鬼之間的使者，可以用它來傳遞兩者的信息。同時，雞（更確切地說是公雞）會司晨，而鬼一見公雞鳴，就知道天快亮了，於是趕緊逃走，這就是鬼害怕雞的原因之一。正因如此，在春節時人們往往會畫雞來辟鬼，長期以來已成為一種風俗習慣，為大家所遵守。《古今圖書集成·曆象彙編歲功典》第二十二卷元旦部的「元旦畫雞」條記載：「東方朔《古書》：以正月一日為雞二犬三豬四羊五牛六馬七人八穀，是日晴朗，主是物勝意。王嘉《拾遺記》曰：堯在位七十年來，國人莫不灑掃門戶，以望其來，或刻金寶為其狀，置戶牖間，則鬼類自服。今人於元旦刻雞形於戶上，蓋其遺像也。今人於正旦畫雞於門，貼人於帳，正謂此也。」這裡將畫雞的來歷敘述了一番。元旦畫雞辟鬼，經歷了三個過程：一、人信相信正月一日是雞日，這天晴朗，會帶來好運。二、過去是刻金寶，後改為刻雞形來辟邪驅鬼。三、到晉代，又改為畫雞的辦法來驅疫逐鬼。故《荊楚歲時記》才有「帖（貼）畫雞戶一」來逐鬼的記載。

〔註17〕《荊楚歲時記》注，見《四庫備要·史部》。

4. 吃餃子

在河南開封，舊時認為正月初三、初五都是鬼節，要吃兩頓餃子，稱「攝鬼眼」。〔註18〕

5. 年糕

江浙一帶有春節吃年糕的習慣，溯其原由，年糕最初亦是祭祀神鬼的禮物。清顧鐵卿《清嘉錄》卷十二：「黍粉和糖為糕，曰年糕，有黃白之別，大徑尺而形方，俗稱方頭糕，為元寶或者曰糕元寶，黃白磊砢，俱以備年夜祀神，歲朝供先，及饋貽親友之需。」

6. 饅頭

饅頭的起源，據民間傳說，是因三國時期諸葛亮率軍南渡瀘水，要以南蠻俘虜的頭祭神，其不忍殺生，以麵和成蠻人頭形代祭，故稱蠻頭，後以「饅」代「蠻」，即稱饅頭。〔註19〕

在江浙地區，饅頭「為過年祀神之品，以麵粉搏為龍形，蜿蜒於上，復加瓶勝方戟明珠寶錠之狀，皆取美名，以識吉利，俗呼盤龍饅頭。」〔註20〕

（二）活動方面

春節期間的許多活動是圍繞著鬼神而展示的，表現出鬼文化的某些殘餘。

春節前就有各種以鬼為形態的活動。例如江浙等地的跳灶王、跳鍾馗等。

所謂跳灶王，就是扮成灶公、灶婆或鬼神形象來逐疫驅邪。李綽《秦中歲時記》：「歲除日進儺，皆作鬼神狀，內二老兒，為儺公儺母」。清褚人獲《堅瓠集》云：「今吳中，以臘月一日行儺，至二十四日止，丐者為之，謂之跳灶王」。《昆新合志》又謂：「舊俗於二十四日，是日必祀灶，有若娛灶神，然後以一日不能偏，改而先期，今遂以月朔始矣。」《江震志》記載：「二十四日，丐者塗抹變形，裝成女鬼判噉跳驅儺索之利物，俗呼跳灶王。」由此可見，祭祀灶王的活動，亦與鬼神相關；再說根據民間傳說，灶王原是凡人，死後而被奉為神祇〔註21〕，其實稱其為鬼神更為準確些。因此祭灶神，也是祭鬼的一種

〔註18〕婁子匡《新年風俗志》第75~76頁，上海文藝出版社1989年影印。

〔註19〕《中國民俗辭典》第90頁，湖北辭書出版社1988年版。

〔註20〕《清嘉錄》卷十二。

〔註21〕見徐華龍、吳菊芬《中國民間風俗傳說》第764~768頁，雲南人民出版社1985年版。

形式，在這一形式里保留著許多鬼神粉墨登場的活動。是合符邏輯，與整個氣氛相吻合的。

所謂跳鍾馗，早在宋代就有記載。吳自枚《夢粱錄》：「入臘，街市即有丐者，三五人為一隊，裝神鬼判官鍾馗小妹等形，敲鑼擊鼓，沿門乞錢，呼為打夜胡」。此說「打夜胡」即為跳鍾馗。《清嘉錄》中說得更為清楚：「丐者衣壞甲冑，裝鍾馗，沿門跳舞以逐鬼，亦月朔始，屆除夕而止，謂之跳鍾馗」。

春節裏亦有祭祀鬼神活動，如江浙地區正月十三的祭劉猛將軍，正月十五的祭紫姑，都是此類性質的活動。在吳橋縣，「元旦拜節，貴賤通行。……至元宵前後而歸者，諺云：有心拜節，寒食不遲。兒童有打核桃者，有擊埌者，有儺扮帶臉鬼者，戲亦多端」〔註22〕。雖說這裡不是純粹的祭鬼活動，但它是轉化為兒童遊戲的早期祭鬼的遺存，至今在不少地方仍可看到這種情景。

撒路燈是舊時東北等地的元宵節的祭鬼活動。黑龍江省舊志《珠德縣志》卷十五記載：正月十五、十六，每夜散放燈燭，俗謂離鄉之鬼遊魂為變，假以燈光，超度一切厲魂，以免作祟。據當時人記述，人們用以打發遊魂具體做法是：撒路燈，謂無主遊魂，或離鄉蕩鬼，能執光輪迴，而免一方之害也。其地方有燈官反穿羊皮褂，頂掛銅串鈴，頭戴纓帽，耳掛紅椒，在後乘馬以隨，前有肅靜、避版四面（以木鍁代之），繼有執以鼓樂，沿路撒之。斯時沿途懸燈，燈官至則鳴炸炮以示迎。如有不懸燈者，任燈官處罰。大抵是點心數盒，或元宵數百而已，無罰錢者。在這些農村，由於地廣人稀，元宵節撒路燈的重要性不亞於這裡的掛紅燈。這種習俗，把撒路燈超度厲鬼遊魂的信仰民俗觀念，與掛紅燈和觀燈習俗結合得十分妥貼。〔註23〕

（三）物品方面

春節期間的民俗物品是很獨特的，表現了深厚的文化內涵，更確切地說，它們與人們的鬼神觀念是聯繫在一起的，有著深刻的鬼文化的烙印。

1. 爆竹

關於爆竹驅鬼的記載，最早見諸於《荊楚歲月記》。這種春節期間的習俗在以前依然興盛不衰。清乾隆《諸暨縣志》記載：「臘月，以豕為牲，召巫祀之，曰『作年福』。……夜放火炮，以避鬼魅。」明《新昌縣志》記載：「除夜，

〔註22〕《古今圖書集成・曆象彙編歲功典》第二十二卷元旦部。
〔註23〕《東北歲節俗研究・東北農諺匯釋》第 93、86～87 頁，吉林文史出版社 1992年版。

飾鬼容逐儺，家家爆竹，群坐歡飲，謂之分歲。」清康熙《舒城縣志》記載：正月一日，「雞鳴而起，先於庭前爆竹以辟惡鬼」。清同治《瑞州府志》記載：正月，「三日侵晨，束芻像人，以爆竹、鑼鼓歡噪逐鬼」。

除用爆竹直接驅逐鬼魅外，春節里人們還有其他施放的用意：一是打田財。清嘉慶十年《黎里志》：正月「十三日，鄉人就田中立長竿，用槁筱夾爆竹縛其上，旁設劉猛將軍之神，香燭、果品，雜列照耀，更有贊神曲，且拜且唱，四圍金鼓之聲不絕，少年好事者往往買雪炮（流星、賽月明之屬）遠遠射之，謂之打田財。」二是驅疫癘。清乾隆《烏程縣志》：除夕晚上，「人家爆竹，自子夜達曙不止，相傳以驅疫癘云。」三是迎財神。民國《烏青鎮志》；「初四夜，齋財神，並迎財神會，沿街施放竹爆以表歡迎。」以及迎喜神等等，這些活動中施放爆竹的用意大多與鬼神相關。所不同的是：對於人們喜歡的神靈，人們用爆竹來表示歡迎；而對危害人們的鬼靈，則採取用爆竹的方法來驅趕，以示不受歡迎。〔註24〕

2. 門神

春節貼門神，是傳統的中國人的一大景觀。此俗始於漢代。漢蔡邕《獨斷》云：「海中有度朔之山，上有桃木，蟠屈三千里，卑枝東北有鬼門，萬鬼所出入也。神荼與鬱壘二神居其門，主閱領諸鬼，其惡害之鬼，執以葦索食虎。故十二月歲竟，畫荼、壘並懸葦索於門以禦凶也。」由此可知，神荼、鬱壘是兩個門神，其主要任務是將鬼魅禦之門外，因此形成了這一春節期間畫（貼）門神於門扉上的風俗。據傳說，「一屆年節，諸鬼怪相率出外，向人家索食」，因此，人們過年之際用門神來驅鬼怪，確保以後一年裏的平安，是很正常的心理需求。

雖說門神以後已從神荼、鬱壘變成了秦叔寶、尉遲恭，但其所起的功用卻未改變。《三教搜神大全》記載：「戶神，唐秦叔寶、胡敬德二將軍也。按傳唐太宗不豫，寢門外拋磚弄瓦，鬼魅呼號。……太宗以問群臣，秦叔寶出班奏云：『……願同胡敬德戎裝立門以伺。』太宗可其奏，夜果無事，……因命畫工繪二人之像……懸宮於宮掖之左右門，邪祟以息。後世沿襲，遂永為門神。」

3. 桃符

舊時新年的一種避邪驅鬼的門飾。相傳為黃帝所創。《山海經》：「於是黃帝乃作禮，以時驅之，立大桃人，門戶畫神荼、鬱壘與虎，懸葦以禦凶。」所

謂「大桃人」，即最早的桃符形態。到了晉代，桃符驅鬼之說，已見記載。《荊楚歲時記》：「正月一日，……插桃符其傍，百鬼畏之」。

4. 春聯

春聯是新年的物品。《清嘉錄》卷十二：「居人更換昂貼，曰春聯。先除夕一二十日，塾師與學書兒書寫以賣，榜於門，曰春聯處多寫千金百順，宜春迪吉，一財二喜，及家聲世澤等語為門聯。」清同治《高安縣志》載：「歲除：祭祖，祀神，掃屋迎新。黏春聯，張門神」。清乾隆《袁州府志》載：「除日，換桃符，貼春聯。」明《建昌府志》載：「歲除，是日換桃符、春貼（即春聯）。」此類記載，數不勝數，充分表明貼春聯是中國人年節一個重要標誌。

據清富察敦崇《燕京歲時記》：「春聯者，即桃符也，自入臘以後，即有文人墨客，在市肆簷下，書寫春聯，以圖潤筆」。宋以前桃符上一般畫神像，宋以後始有人在桃符板上題寫聯句。《宋史・世家・西蜀》：後蜀主孟昶令學士辛寅遜題桃符板，「昶以其非工，自命筆題云：『新年納餘慶，嘉節號長春』。」由此，我們亦可以看出春聯雖無直接驅鬼逐疫的作用，但它源於桃符，因此，也可將春聯視為與鬼相關的一種文化現象。

三、結尾語

綜合考察了春節中的鬼文化的內涵後，我們不難發現，在中國人深藏不露的傳統觀念裏，認為春節雖是一個人節，又是一個鬼節，或者說鬼節的成分依然在許多現今的春節民俗事象中表現出來，如河南沘源縣認為，每逢年節，「諸鬼怪相率出外」，人們必須「用紅紙裹木炭兩根，置諸門框旁，貧窮之家以棍一條，置諸門檻外，謂攔門槓」。〔註25〕據說這樣可以禦鬼。在河南開封，早時認為正月「初三和『破五』（即初五）都是鬼節」〔註26〕。早時安徽壽春縣，在正月初一，於自家門前，插桃符，以驅除惡鬼。〔註27〕在廣東海豐，正月初三是「窮鬼日」，清早要把房子裏邊的邋塌垃圾，掃做一塊倒在外面垃圾堆裡去，有的還要拿幾炷香、幾張冥鏹，和邋塌垃圾一同倒去，同時還要放爆竹，這叫送窮鬼。這天大家互不往來，尤其禁忌婦女往來，生怕遇著窮鬼，使自己一年倒楣〔註28〕。

〔註25〕見楊蔭深《事物掌故叢談》第 65 頁，上海書店 1986 年影印。
〔註26〕婁子匡《新年風俗志》第 75 頁，上海文藝出版社 1989 年影印。
〔註27〕婁子匡《新年風俗志》第 53 頁，上海文藝出版社 1989 年影印。
〔註28〕婁子匡《新年風俗志》第 93 頁，上海文藝出版社 1989 年影印。

　　雖說如此，人們還是利用了客觀的非客觀的種種心理、行為、器物來戰勝年節期間的各種惡鬼，使自己的生活又翻開新的一頁，變鬼節為人節，因此春節被賦予了新的生命，成了中國人最為喜歡、最有文化內涵、最為歷史悠久的傳統佳節。

　　　　　　　　　　　　　　　（原刊載於《浙江學刊》2015 年第 2 期）

都市春節還需要點什麼？

　　春節年年過，年年都相同。這是現在每一個中國人在過完春節以後都有的感覺，彷彿覺得春節並沒有想像的那樣熱鬧、喧囂，那麼有節日的熱烈氣氛，就連孩子們也會有這種體驗，缺少一種過節的激情和欲望。

　　人們為什麼會產生這樣的感歎呢？筆者以為，春節似乎覺得還缺少點什麼，缺少人們盼望過春節的情緒，缺少人們嚮往春節的熱情。

　　如今人們的生活水平有了很大的提高，好吃的、好穿的，平時都可以得到滿足，也完全不需要等到春節來完成這樣的願望。現在人們在春節中的活動大致有以下四個方面：一是走親訪友，聯絡情感；二是享用美味，品嘗佳餚；三是逛街購物，觀摩街景；四是友朋相聚，競技娛樂。其實，以上這四個方面的活動，並不是春節裏必有的活動內容，也可以這樣說，它們並不是春節的特色活動。因為在平時這些活動也都有其活動的空間，而不必非在春節這一特定的時間，正因為這樣，春節就顯示不出其文化色彩和文化特點，也反映不出時代的、地區的文化內涵來。過去，春節是一個充滿激情和充滿幻想的節日，在這樣一個一年一度的節日裏，人們可以充分放鬆自我，孩子們可以充分表現天性，而不需要顧忌大人的管教。這種自然、鬆弛的生活節奏在春節裏得到充分的展示，再加上節日氣氛的映照，春節就成為中國人特有的一種節日文化。

　　隨著社會的進步、文化的發展，過去那種充滿迷幻色彩的節日慢慢地消失，同樣，具有數千年歷史的春節文化也隨之發生了劇變，無論是吃穿，還是遊戲聚會，也都發生了觀念性的變化，最根本的是，人們對春節的觀念發

生了變化，過去那種在春節裏百無禁忌的思想觀念變了，敬奉祖先和神靈的觀念變了。所有這些春節文化傳統觀念的變化，必然帶來現實習俗的變化，而新的文化形式和文化觀念尚未建立起來。中國的春節究竟向何處轉變，應該在新的歷史時期裏出現怎樣的文化動態，這就成了民俗學家需要認真思考的重要內容。

現在人們無法感受到兒時春節的魅力，還在於傳統的春節遊戲娛樂活動的消失。放鞭炮不再作為春節唯一的象徵符號，過去傳統的在春節期間遊戲的玩具也早已經進了歷史博物館，成為人們兒時一種美好的回憶。正是這種傳統文化的消失，就連孩子們也喪失了對春節的無窮嚮往。當然這種消失有時是一種必然，因為有更好的遊戲可以替代原來的傳統遊戲，如今網上遊戲就是十分吸引小孩子、年輕人甚至老年人的新遊戲活動。現在需要思考的是，在這樣一種情況下，傳統的一切都發生了巨大的變化，春節也必須跟上時代的步伐，用全新的一種文化氣氛來代替傳統的春節文化，只有這樣才能夠重新恢復春節的魅力，使傳統的節日在新的文化背景下煥發出青春的活力。

一、春節需要有一個主題活動

目前，中國的每一個城市或者農村的春節活動都是差不多，沒有很大的差異，不是互相恭喜發財，就是在家聚餐，或者外出旅遊，根本沒有了以往的地方傳統，如祭祖、守夜、貼鍾馗畫、放鞭炮等，這樣就使原來已經不太濃烈的節日氣氛更加淡化。正因為這樣，隨之出現的是各地大同小異的春節活動，這種沒有地方特色的節日文化，就很難吸引人們的關心，只有一個具有地域文化和節日特色的活動，才能將人們的注意力吸引過去，沒有這種文化特色就不能夠使人們產生過節的衝動。

因此，我們覺得春節需要一個主題活動，並將這種主題活動進行下去，成為一個地方的保留節目，變成一種非常具有地方文化特色的活動。

原因之一，傳統的春節文化已經發生了劇變，過去的遊藝活動和節日氛圍早已不存在，需要建立新的遊藝節目來滿足人們節日期間的娛樂遊戲需求。傳統的打麻將、撲克等是春節期間經常性的娛樂活動，現在還有了網上的各種遊戲活動，但是這一切都是家庭和朋友之間的遊藝活動，缺乏更多的社會層面的交流和接觸，因此就可以這樣認為，這些活動缺乏社會性，而僅僅是小範圍裏的活動。其實，春節作為一種中國人共同的節日，就應該有全社會共同的活動，只有社會裏大部分人的共同參與，才能夠反映出春節的全民性文化特徵來。

原因之二，傳統春節文化生存的土壤已經改變，人們的審美要求和興趣愛好也隨之發生了改變，人們不再滿足過去的活動內容，就連孩子的遊戲愛好也有了根本性的改變，在這樣一種情況下，要創造一種新的春節活動的內容就顯得非常重要。沒有這樣一種新的主題活動，就不能夠引起人們的注意，就會失去公眾關注的焦點。

原因之三，傳統的春節活動，大都是個人的行為，與社會的接觸面很窄，以往雖然家家戶戶都要探親訪友，但是也都局限於家庭和個人的舉動，沒有形成社會的共同合力。如今，社會已經成為集體主義的表現動態，這時的活動已經超出了親戚、朋友之間的互相接觸，也就是說，不管相識的，或者不相識的人都可以互相交流，特別是不相識的人們之間的接觸，是通過一種文化信息的互動來體現的。更主要的是集體的社會活動在某種程度上來說，其重要性已經超過以往時期，特別是從現代社會來說，傳統的個人活動的意義已經不大。因此，就需要一種由社會組織的活動來吸引公眾的參與，也只有這樣一種社會組織的春節活動才能夠吸引更多的人參加到社會活動中來。

由於春節沒有一種社會共同參與的活動，因此就有人設想出各式各樣的活動來。

在貴州就舉辦過「世紀相約 202 年白雲首屆迎春焰花節」，時間是 2 月 12 日至 2 月 26 日，這個焰花節在白雲公園舉行。據《貴州都市報》報導，焰花節由貴州飛躍彩球禮儀服務中心全程策劃，其壓軸戲是「日觀煙花」及「冷光焰花展示」。另外，在焰火節上還有舞龍舞獅、大型卡通、吉祥物充氣模型展的表演等。在雲南箇舊，也有人大膽設想在春節期間推出各式各樣的活動，如農家樂、龍源水上娛樂，到水龍井荷田民族村參觀，大屯釣魚，獨甸跑馬，老陰山登頂吹風，洗賈沙溫泉，看箇舊夜景，火站場燒烤，環金湖飯後漫步，紅河河谷看蝶，紅河沿岸看蘇鐵，在紅炮臺放風箏等。

更有人為春節活動提出六種大膽的設想：

（一）做雪的酒吧

幻想在白皚皚的雪地中一座溫暖的小木屋，屋裏燈光幽暗，爐火熊熊，旁邊堆著各式各樣的禮物，聽幾首懷舊歌曲，喝點紅酒，透過斑駁的窗子看遠處點點路燈，想像著那一刻到來時可能的熱鬧。必要道具是噴雪機，人數越多越好。

（二）倉庫裏的狂歡

瘋狂的音樂，前衛放肆的年輕男女，在一個廢舊的倉庫裏狂歡，伴隨的是昏黃跳躍的燈光。當然此時最重要的，就是舞會上的主角們，不用穿得太正式，牛仔服就可以了，但是女主角們最好化個誇張的妝，在身體裸露的部位撒上些閃粉，或在俏臉上掃上古銅色、金色和啡色等這一季流行的耀目色調。最後，別忘了搭配一樣別致的配飾，粗頸鏈、纏繞在手上的飾物都是個不錯的選擇。

（三）跟心愛的人去看電影

享受完一頓豐盛的晚餐，情侶間的感情也隨之有了突進，要繼續這種浪漫的氣氛，那就看電影去吧，選擇小包廂就更加別有情趣了。

（四）籃球場上網友見光

在寒風瑟瑟的夜晚，原來孤獨的籃球場上跳躍著一男一女。不管是多麼陌生的人，只要一碰上體育，一碰上籃球，不需要太多語言彼此就能得到交流和理解。待大汗淋漓大喊「過癮」罷手後，帶著興奮，帶著疲憊，那時最想做的事情就是各自回家睡上個好覺。

（五）歸屬感，只在家中

窗外雪花飛揚，屋內暖意濃濃。為自己的小屋點綴上過節的氣氛，屋裏掛上各式各樣的裝飾品如玩具水果、鈴鐺、娃娃，任它們隨著節日的喜慶盡情舞蹈，牆壁上掛上串串霓虹燈，閃閃爍爍營造溫馨的感覺。還可以在窗戶上信手塗鴉，寫下自己的心願。別人都在外面鬧騰的時候，在家裏過個有滋有味的夜晚。

（六）散步+狂奔+走天橋

在朗月清風下，繞著長長的道路去觸摸城市的最深的脈博，走路也罷，唱歌也罷，最主要是要放鬆。走到平坦而狹長的街道上時，拉住朋友的手，來一段「末路狂奔」，直到氣喘吁吁為止。狂奔後是淋漓盡致的放鬆和宣洩，所有的煩惱都拋到前面一年了。如果人多，可以手拉著手奔跑，因為友誼也是可以通過手傳播的。

這種設想的出現，也就說明了春節的改革已經提到議事日程上來。只不過，以上所說的設想只是停留在年輕人的層面上，沒有進一步成為一種大家喜歡的春節娛樂活動，更沒有成為一種主題性的節日活動。因為春節畢竟是全民

族的節日，參加的人應該是越多越好，而且還應該將此活動作為節日生活的一個組成部分，只有這樣一種全民性的節日文化，才能使過去幾千年不變的春節煥發出新的時代光彩。

現在，中國人的春節越過越淡，還有一個原因，就是春節也完全商業化了。這不僅表現在春節的電視節目裏，也表現在商家活動中。為了達到節日促銷的目的，商家不惜成本來製造節日氣氛，張燈結綵，掛紅戴綠，不管是店內還是店外都是一派喜氣洋洋的樣子，這樣做試圖吸引人們來採購和消費。當然我們無意來指責商家的這番苦心，利用節日來進行產品的推銷也無可非議，但是，不要認為這就是春節的氣氛，更不能以為這就是現代春節的主流色彩。事實上，這時候商店、公司的氣氛是利用和依靠了傳統的春節文化才製造出來的，但它不是春節文化的本來面目，也不是現代春節的主題。

為什麼人們會產生這樣的觀念偏差呢？我們認為，現代真正主流的春節文化並沒有出現，在傳統文化逐漸被人們淡漠的時候，來重新設計一種新的主題活動就顯得尤為必要了。

春節的主題活動，就是為了使大家重新參與到民眾的大眾文化活動中去，有利於烘托節日愉快歡樂的氣氛。春節是一種輕鬆愉悅的節日，大家平日緊張的心情得到了徹底的釋放，同時也希望有一個活動來使自己沉積多日的情感得到宣洩，應該說，春節就是這樣一個可以使人完全放鬆的節日。過去，春節曾經是兒童的最無憂無慮的節日，他們做錯的事情都完全可以得到原諒，打破了鍋碗，也會因為一句「百無禁忌」而不被打罵。即使是在大人之間，平時雖然積怨很深，但在春節這一天絕不會惡言相向，最多是不打招呼而已。如果兩人之間有債務問題，也不能在春節期間進行討債活動，這是中國的傳統所決定的。因為討債者會因為在春節裏討不到債而被視為不吉利，債務人也會因為債權人不會來討債，得以逃脫債務的糾紛而可以在春節裏得到一個清淨的日子。為什麼會造成這樣一種文化氣氛，這就是中國春節特定的文化所決定的。平時不喜歡賭博的人，也會在春節期間來一點小刺激。人們搓麻將、打撲克、跳舞，看通宵電影，舉辦各式各樣的家庭聚會等，可以通宵達旦，盡情玩耍，一般也不會遭受家人的特別的反對，這也是中國春節的文化傳統所決定的。

這種分散的春節娛樂性的文化活動，並不能說明一個地方春節文化的特色，更不能反映現代社會新的城市面貌，於是就應該挖掘每一個城市的最具有傳統文化色彩的東西，並將此文化提煉出一個主題來，以此為主題進行大型的

表演活動。在這方面，香港的做法具有很重要的借鑒作用。香港每年一度的年宵花市由 1 月 30 日至農曆大年初一將分別在港島維多利亞公園、九龍旺角花墟球場及沙田等多處舉辦。賀年花卉爭豔鬥麗，寓意吉祥、預兆好運的金橘、水仙、牡丹、桃花都是港人樂於購的年花。另外，每逢農曆大年初一，都要進行花車巡遊表演，這是港人自 1996 年以來的主題節慶盛事。這種花車巡遊，由中環添馬艦廣場出發，沿龍匯道、分域碼頭街，繞經會展後折返添馬艦廣場。參加花車巡遊和街頭表演的，有迪士尼卡通人物米奇和米妮，還有各種各樣的傳說人物與現今走紅文藝界的歌手、藝人等。花車巡遊表演每年都會吸引幾十萬市民和遊客圍觀。大年初二在維多利亞港上空的賀年煙花表演及年初三的賀歲賽馬都是最受港人歡迎的春節娛樂活動。這些活動共同組成了香港春節文化的主題，成為香港與其他城市不同的地方特色之一。

二、春節需要主題人物

　　春節需要主題人物，這是一個新的題目。在傳統春節中，我們只是知道春節作為一種文化，一種節日，沒有一個可以代表春節的傳統人物形象，不像西方的聖誕節有聖誕老人，這也是東西節日文化的差異。

　　西方的節日文化講究的是一種人情味，用一個和善的老人來作為節日的形象大使，這樣做的意義就在於使節日產生一種親和力，有一種輕鬆愉快的感覺。就是西方的萬聖節，也將具有恐怖色彩的節日變成了嬉鬧開心的日子，當然其節日形象還是有嚇人的外形，但是其內在的鬼文化色彩已經被遺棄，而只取其外殼而已。事實上，我國的春節同樣來源於鬼節（關於這一觀點請看拙文《春節源於鬼節考》，載《浙江學刊》20 年第 3 期），應該說，經過漫長的時間隧道，春節的鬼文化至今還遺留在人們的腦海之中，如春節期間的祭祖和拜神的活動，就是這種文化殘存的表現。另外，我們講起春節來歷的時候，都會提到「年」這一個非常恐怖的怪物形象。據民間傳說，「年」的原型就是鬼，每當除夕之夜，這些鬼就會出來害人。所謂大年初一的早晨人們互相恭喜，是表現沒有被「年」吃掉而感動慶幸的一種文化形態。如今這種觀念依然殘存在人們的頭腦裏，左右著人們的行為和思想，「年」作為一種傷害別人的形象而出現，還保留著封建社會的文化意識，沒有跳出其固有的原始形態，因此有一種恐怖可怕的感覺。現在人們雖然已經不再沉湎於過去年節文化的傳統，取而代之的是一種新的春節文化動態，不僅氣氛有了很大的改變，而且活動的內容

也有了許多變化。但是我們總以為，「年」的形象並沒有改變，依然還是那麼可怕可畏，至少在傳說中就是這樣的形象。

通過對節日文化的研究，我們可以發現這樣一種現象，每一個節日幾乎都有自己的主題形象，或者說，都有與現實或非現實人物相關的代表。比如，寒食節就與春秋戰國時期介子推焚死綿山有關，七夕節與牛郎織女的神話故事有關，等等。這些節日與人物相關，是為了便於人們日常的記憶，也便於文化的傳承。只有節日與人物互相交織在一起，節日才變得豐富而有色彩。春節同樣是這樣，與鬼這一人們想像出來的形象結合在一起，形成了節日的主題形象。現在我們所要做的，就是將魔幻化的年的形象改變成為一種與人產生親和力的形象，只有這樣才能夠使傳統的春節增添新的文化色彩。改變形象的途徑有兩種：一種是完全改變其原來的形象，另外一種是在原有的基礎上進行新的觀念與文化的包裝，使其產生與時代相符的中國人都能夠接受的新的形象。我想，第二種途徑可能更能夠為中國普通的老百姓所接受。按照這樣的思路，可以創造出一種完全嶄新的年的形象。特別是繪畫界完全可以根據這樣的思路來進行創作，賦予年以一種新的形象。而不再是那種魔鬼一般的恐怖形象，只有這樣才能使傳統的春節產生與過年相吻合的氣氛來。

在年節中間，灶神的形象是最為成功的形象之一。春節前夕的祭灶是重要的一項活動，是一項在我國民間影響較大、流傳較廣的習俗。祭灶同樣與其主題人物形象有關。舊時，差不多家家灶間都設有「灶王爺」神位。人們稱這尊神為「司命菩薩」或「灶君司命」。傳說他是玉皇大帝封的「九天東廚司命灶王府君」，負責管理各家的灶火，被作為一家的保護神而受到崇拜。灶王大都設在灶房的北面或東面，中間供上灶王爺的神像。沒有灶王龕的人家，也都將神像直接貼在牆上的。有的神像只畫灶王爺一人，有的則有男女兩人，女神被稱為「灶王奶奶」。灶王爺像上大都還印有這一年的日曆，上書「東廚司命主」、「人間監察神」、「一家之主」等文字，以表明灶神的地位。兩旁貼上「上天言好事，下界保平安」的對聯，以保佑全家老小的平安。祭祖的時間，一般在臘月下旬。故民謠中有「二十三，糖瓜黏」，指的即是每年臘月二十三或二十四日的祭灶。因此可見，祭祖在中國傳統的春節裏具有怎樣的重要地位。

另外，正月初五的迎財神活動，也是以財神作為一種活動的主題人物來對待的。

　　舊時，初五接財神，趙公明最受尊拜。其形象兇惡，烏面濃鬚，怒睜圓眼，頭戴鐵冠，一手執鋼鞭，一手捧元寶，身下還跨有黑虎，故又有「黑虎玄壇」之稱。傳說這位趙公元帥職掌除瘟羽虐，驅病禳災。凡有冤抑難伸，他會主持公道；人們買賣求財，他可以使之獲利。除了趙公明外，民間還有文財神和武財神的說法。武財神即指關羽。傳說關羽管過兵馬站，長於算數，而且講信用、重義氣，故為商家所崇祀。文財神指的是財帛星君，也稱「增福財神」，他的繪像經常與福、祿、壽三星和喜神列在一起。正月初五，各商店開市，一大早就金鑼爆竹、牲醴畢陳，以迎接財神。清《清嘉錄》中引了一首蔡雲的竹枝詞，描繪了蘇州人初五迎財神的情形：

　　「五日財源五日求，一年心願一時酬；提防別處迎神早，隔夜匆匆抱路頭。」「抱路頭」亦即「迎財神」。由此可見，每一種節日都與神話人物有關，只有這種具有人物形象的節日才能夠被普通的老百姓所理解、所接受，並為他們津津樂道。

　　這種節日的情結已經深深地扎根於民眾的心裏，由此而演出各式各樣的與此相關的節日習俗，從而構成了中國傳統的文化特色。

　　因此，我們也可以這樣斷言，春節的主題人物形象是會隨著人們思想觀念的變化和社會的發展而變化的，也可以這樣說，年的形象以後不再是那麼可怕與恐怖了，取而代之的將是一種新的活潑、可愛，具有人情味的形象。變，這是民俗的一種必然，而且這種變化只會越來越向著符合人們現代審美情趣和理想化趨勢而發展，換言之，中國傳統的年的這一主題形象，經過長期的人們有意識或者無意識的改造之後，會成為人們喜聞樂見的人物形象，並作為中國春節文化的代表性形象出現於世。203 年 1 月 10 日在上海街頭就出現了充氣模型的財神菩薩，菩薩形象高大，紅紅的顏色，給人一種喜氣洋洋的感覺。這時離開春節還有 20 多天，為此我突發奇想，大膽推測，說不定以後中國人的春節的主題人物就是財神菩薩呢，因為畢竟財神是大家都喜歡的神靈。

三、春節需要有新的地方特色

　　漫長的歷史歲月，曾經使年俗活動內容變得異常豐富多彩。其中不僅有林林總總的敬天、祭神、拜祖儀式，也有各種各樣的富有生活情趣的貼春聯、年畫和福字、剪窗花、蒸年糕、包餃子、燃爆竹、除夕守夜、拜年等，這些習俗至今仍很盛行。

　　由於春節是中華民族的共同節日，因此其在各地的文化形態也大都是相同或者相近的。但是因為中國地域廣闊、人口眾多，也就在客觀上存在著一些細微的差別，例如新年必吃年糕，南北同風，吃年糕表示以後的生活「年年高」。就是這樣一種年糕，各地也都有自己的特點，蘇州的桂花年糕，寧波的水磨年糕，北京的紅棗年糕、百果年糕，現在更發展有了麻將年糕、小指年糕、鞋底年糕等，這些新創造出來的年糕品種也都成為新年糕點家族中的一員。事實上，春節的差異在許多地方都有表現，只要細心分析，就不難發現這種現象的存在。

　　過去在潮州，人們把柑橘叫大桔。其實，大桔應該叫「大橘」。桔是一種草本植物，而柑橘則是一種果實，兩者是不同的，而潮州人並非不認「橘」，將柑橘視為大桔，是因為他們把「桔」是作為一種吉祥的符號來看待的，是潮州人的民俗文化價值取向的表現。再說，柑橘的諧音又是「大」，因而，到親戚家賀年都要帶柑橘，而主人家也要將自家的大桔再轉送給客人，表示各得吉祥。此外，潮州人有互贈水仙花賀新春的習俗，其寓意是親朋好友送去新春的祝福，祝新春吉祥如意。

　　在江南一帶有走喜神方的習俗。正月初一開門出行，稱之為「走喜神方」。行前，須找出喜神所處方位，後循此方向而行，以此求得喜神護佑，獲取佳運。由引可見，中華民族的春節的風俗雖有大同，但也有小異，我們要在小異之處，發現地方民俗的特色，並以此來創造出新的泛民俗文化。只有這樣才能夠使地方上的春節主題有自己的特色：

　　現在，幾乎所有的城市都沒有在春節期間進行主題的表演活動，因此也就不能夠引起廣大民眾參與的意識。正因為如此，春節的主題文化意識就顯得尤其必要。與此同時，各地的春節文化特色也不盡相同，因此就應該尋找自己地方特色的主題活動內容。只有將地方特色充分挖掘出來，才能夠從中提煉出符合自己城市風格的主題活動，也才能在各個不同的城市春節文化主題中凸現出來。當然，我們在從自己地方特色文化中尋找、發現主題的同時，也應該關注其他地區乃至世界文化特色。另外，也必須注意到現代人的審美要求，如果一味地追求地方色彩的東西，而沒有現代人的眼光去進行審視，這樣就會發生觀念的偏差，使那些新創造出來的泛民俗文化得不到群眾的歡迎，從而導致春節主題活動的失敗，這是希望認真對待的現實問題。

我們所說的創造新的春節主題文化，除了要具有地方特色之外，還需要的是，這種新創造出來的泛民俗文化應該是從舊的民俗之中找出如今仍然具有生命力的東西，只有這樣才能出現既有中國民族地方特色而且又有新的文化色彩的主題活動。例如，在山西就可以將鑼鼓作為一種春節主題來進行宣揚。一是其歷史源遠流長，可以追溯到春秋時期的虞國宮廷鑼鼓，亦稱「黃河鑼鼓」。這種鑼鼓以黃河渡船形式體現，表現一系列有關黃河的情景：黃河春潮、黃河濤聲、八面來潮、砥柱鳴瀾等。演奏時用鑼、鼓。鈸，饒模擬黃河的浪湧波濤之聲，可謂惟妙惟肖。演奏者的身體也隨之前顛後仰，左搖右晃，以此表現黃河波濤洶湧、帆船顛簸的情景，烘托出弄潮兒力挽狂瀾，搏擊風浪的無畏膽略。在表現過程中，先是各種樂器輪番奏鳴，接著鼓點逐漸密集、激烈，直至高潮，猛擊猛收，戛然而止。二是山西人的一種傳統。每到節日或者其他盛會，人們便敲鑼打鼓進行娛樂慶賀。山西鑼鼓的種類很多，各地表演風格不盡相同，節奏強烈明快、場面壯觀粗獷。威風鑼鼓、黃河鑼鼓、太原鑼鼓尤其突出。因此，在春節裏進行這種鑼鼓的歡慶表演是再合適不過的了。

四、春節需要有發展和變化

除了春節期間的主題活動、主題人物和地方特色之外，還需要有各式各樣的與之相配套的一些節日和習俗，只有這樣，才能構成完整的新的春節文化。而與之相配套的一些節日習俗，絕不是過去傳統的東西，應該是新創造出來的儀禮和習俗，沒有這種新的民俗文化，就不可能展現新的時代文化特徵。

比如，春節拜年時，長輩要將事先準備好的壓歲錢分給晚輩。據專家研究，壓歲錢原來是用來壓住邪祟的，因為「歲」與「祟」諧音，晚輩得到壓歲錢就可以平平安安度過一歲。過去壓歲錢有兩種，一種是以彩繩穿線編作龍形，置於床腳；另一種是最常見的，即由家長用紅紙包裹分給孩子的錢。壓歲錢可在晚輩拜年後當眾賞給，亦可在除夕夜孩子睡著時，由家長偷偷地放在孩子的枕頭底下。民間認為，當惡鬼妖魔或「年」去傷害孩子時，孩子可以用這些錢賄賂它們而化凶為吉。現在這種長輩為晚輩送壓歲錢的習俗仍然盛行，壓歲錢的數額從幾十到幾百不等，但其內容有了很大的變化，這些壓歲錢很多被孩子們用來購買書籍和學習用品，這些就為壓歲錢賦予了新的內容。此外，現在上海，壓歲錢已經不僅僅再是長輩發給小輩的春節禮物，有時也演變成為已經有工資收入的小輩給長輩過春節而表示孝順的舉動。這

種劇烈的民風變化，改變了傳統，完全顛倒了民俗文化中主客體對象，但是它反映了春節民俗的變化。在社會發展過程裏，民俗會隨著人們觀念的變化而變化，這是一種必然的現象。

事實上，每一個時期的文化都有它的標誌，即使是進展非常緩慢的民俗文化也同樣如此。因為民俗與社會生產力的發展、生活狀況的演變以及人們觀念的變化都是分不開的，這就是春節需要發展、變化的根本原因所在。

春節民俗的變化是一種客觀存在，是不以人們的意志為轉移的，這也就是說，現在的民俗與過去的民俗有了不同，這種不同之處不管或大或小，但總有了變化，這就是民俗。例如，古時的饋歲、別歲、守歲等過春節的民俗活動隨著時間的推移，已經有了很大的改變，不再是鄰里、朋友、親戚之間的聚會，出現了單位同事和各種各樣協會、學會等組織進行的春節聯歡會，這是社會活動層面的擴展，從家庭、家族的小圈子裏走出來到了社會中。這種社交範圍的擴大是當今社會的產物，人們不再拘泥於從前的思維觀念和節日情結，更多的是在當代社會交往的接觸中，展現現代春節的新的色彩。每到春節期間，是年輕男女最活躍的時刻，他們會想出各種方法來與朋友聚會，或到舞廳去宣洩自己平日沉積已久的情緒，或在飯店裏舉杯痛飲，或外出旅遊等等，但是這些活動都沒有構成一種新的社會景象，還是沉浸在個體的生活空間裏，並沒有對社會產生影響，與傳統農業社會裏，春節活動只是以家庭和家族之間作為活動基礎是沒有很大差別，好像還沉浸在小農經濟社會那種恬靜的文化氛圍中。春節活動如果僅僅停留在個人之間的行為上，就顯得不夠現代化了。現代社會畢竟需要新的春節文化，需要有新的節日精神，如今在春節到來之前單位舉辦的各種聯歡會、慶功會等都是這種新的春節文化的寫照。

此外，古代人以投謁代替拜年。明朝傑出畫家、詩人文徵明在《賀年》詩中描述：「不求見面惟通謁，名紙朝來滿蔽廬，我亦隨人投數紙，世憎嫌簡不嫌虛」。這裡所言的「名刺」和「名謁」即是現今賀年卡的起源。現在每到新年前夕，公司、商家都要向客戶發賀年卡，親戚、朋友、同行之間也互寄賀卡，以表示新春的祝賀，代替了傳統的上門拜年的習俗。

另外，舊時貼春聯的習慣，如今也有了很大變化，在農村這種習俗還可以看到，但是在城市裏就很少見到。我們以上海為例。在上海開埠之後，掛鍾馗畫的習俗改變了，取代這種習俗的是貼年畫。到了 20 世紀 30 年代，各種各樣穿著時髦的青年女子悄然出現在年來畫中，並成為家家戶戶非常喜歡的表示

過年的裝飾畫。這樣不僅扮靚了屋子，而且也增添了節日的氣氛。到 20 世紀 50 年代，宣傳畫成了春節家庭裝潢的重要品種。20 世紀 80 年代以後，隨著生活水平的增長和文化程度提高，掛曆成為人們在春節裏爭搶的對象。掛曆上的圖畫也是五花八門，應有盡有，美人、汽車，動物。建築、服裝、風景、電影、國畫、西洋畫，花卉等等，可以這樣說，可以想到的題材都會在掛曆上有反映。但是現在隨著人們審美趣味的改變，掛曆的輝煌時代已經過去，不再像從前那樣迷戀它了。這些歷史的回憶，就充分說明了春節文化的變化，換句話來說，春節是中國人生活的反映，當人們的社會生活發生了變化，春節文化也就隨之發生變化，這是一條客觀規律，同樣春節文化的變化也反映了社會文化的變化。作為社會文化的一個縮影，春節文化的變化是在所難免的，因此我們呼喚有新的春節文化的出現，也可以視為一種水到渠成的事情。

過去春節的文化傳統，由於歲月的推移，很多風俗已經沒有或者正在消失，這種傳統文化的退位，也正是新的春節文化產生的基礎。隨著新的社會生活的出現，人們再也不固守傳統的束縛，而是根據現今的生活與觀念來創造新的春節文化。

舊時，媳婦在婆家非常拘束，一般也不許隨意回娘家，只有到了春節期間才可以回家探望。因此新媳婦每到娘家就不太願意回到婆家去。在民謠裏有這樣一首歌：「新年頭，初三又講窮鬼日，初四就話翻一日，初五、初六神下天，七不去，八不歸，九九十一看到獅，十一、十二龍燈出，十三、十四過月半，索性過了月半才來歸。」這首歌謠愉快詼諧，把媳婦春節回娘家後不願回去而找出了各種各樣的理由。現在這種風俗已經發生了翻天覆地的變化，首先，媳婦的地位有了很大的不同，不再受欺辱和受壓迫。其次，傳統的大家族已經分化，現在多數是小家庭形式。再者，春節回娘家的風俗也與過去不同，現在已經不再拘泥何時可以回，何時不可以回，再也不講究以往那樣的禮數。正是在這樣一種環境下，春節風俗也隨著變化。這種舊的風俗變化之後，就會帶來新的風俗的出現，這是不言而喻的。

舊時，年初三是窮鬼日，也是一種存在有千年的歷史民俗。傳統規定只有到了這一天才把積了幾天的穢物清掃出去，這叫「送窮鬼」。「送窮」早在唐朝韓鄂的《歲華紀麗》一書中就有記錄：「孟春晦日（陰曆一月三十日），脯聚行樂，送窮」。元代陳元靚《歲時廣記》書中有「送窮鬼」，時間是正月初六，其做法是把垃圾掃聚一處，再放上七個煎餅，在當日清早人們還未出門前就把穢

物、煎餅一齊扔到街上，就叫「送窮鬼」。上面所說的「送窮」時間和「送窮」的做法都與現在流行的風俗不太一樣。現在，送窮的風俗就不再那麼盛行了。其原因人們生活水平有了很大的提高，不再為日常的油鹽醬醋柴米茶而煩惱，已經開始逐步走上小康的道路。正是這種經濟基礎的改變，因此就使那些與人們生活密切相關的民俗信仰和民俗活動發生本質的轉變，在經濟發達的地區，這種送窮的民俗很少再見，即使是在經濟不發達地區還個別保留這樣的送窮民俗，其意義也與原來有了根本的不同，不僅僅是為了送掉「貧窮」，更希望用這樣的民俗活動帶來新的財氣，帶來旺氣。

應該說，如今這種送窮的民俗，已大大減少，相反而在大年初五迎財神的風俗卻愈演愈烈，為什麼會造成這種現象，真正的原因就在於，人們寄希望於未來，希望通過祈禱來實現美好的理想。

這是人們民俗觀念的改變，特別是在現今中國市場經濟發展的時期，人們希望好的前景，企求更多的運氣和財產，這也是一種很正常的民俗心理。這種民俗的改變，其基礎就是經濟狀況的改變，沒有這種經濟的根本變化，民俗的變化也是微乎其微的。以此來理解，中國傳統民俗為什麼數千年都在緩慢地進行，最根本的原因就是經濟基礎沒有發生根本性的變化，這就難怪中國民俗的演進是何等的緩慢了。

在吃的方面，中國人過年也多有講究，一般都在菜名上反映出人們討吉利的風俗。吃年夜飯時，一定要有一條魚，在沒有魚的地方，在餐桌上放上木頭做的魚，也就表示年年有餘（魚）了。在上海過年，菜肴一定要有髮菜，表示發財之意。在福建、廣東等地，年初七時都要吃「七樣菜」。這七樣菜，就是芹菜、蒜、蔥、芫荽（香菜）、韭菜和魚、肉。前五樣是必須要有的，後兩樣魚、肉不一定非需要不可，其他菜替代也可。七樣菜要同時煮熟後，全家圍桌共同分食，以表示新年大吉大利。吃七樣菜的原因，也是借菜名的諧音，取其吉利之意。芹菜的「芹」諧「勤」，「蒜」諧「算」，「蔥」諧「聰」，「芫荽」用「芫」字諧「緣」，韭菜的「韭」諧「久」，「魚」諧「餘」，吃肉表示富裕。據說，吃了這七樣菜，人就能勤快、會算、聰明、有緣、長久、有餘。富足。這種文化傳統，各地都有，亦不完全相同，但相同的是對吉祥文化的追求卻一樣。在春節這樣一個特定的日子裏，中國人強調的是一種吉祥如意的文化氛圍，強調的是對未來一年的展望。如果從民俗學的角度來分析的話，所有這些對春節的風俗與禁忌都來源於一種文化心理，那就是在人們的潛意識裏，春節是一個

看不見的神靈，人們在這些天的所作所為，都有某種暗示，預示著在新的一年裏禍福、豐歉、好壞、盈虧等，為了求得好結果，人們在春節期間的一切舉動都是恭恭敬敬、規規矩矩，絲毫不敢有所怠慢，其原因就在於此。此外，為了爭取在來年有好的結果，人們不惜各種各樣的口彩來討好春節神靈，希望得到神靈保祐，來年得到好的回報。這種用口彩來加重春節的氣氛，是在別的節日文化裏很少見的。

最後，值得提一筆的是，在現實生活中，不僅節日習俗是可以改變的，而且有關春節的活動也可以因為傳媒手段的變化而增加新的內容，這些內容年年不斷地出現，最終會成為被人們所認可的新的泛民俗文化現象。

中央電視臺的春節聯歡晚會，就是一種新的民俗，十多年來幾乎家家戶戶都有收看春節聯歡晚會的習慣，並且一直保持到今天，成為年三十的一道豐盛的娛樂大餐。雖然，其節目不一定符合每一個人的胃口，但是人們還是喜歡在年三十的晚上，一邊看電視，一邊吃著年夜飯，其原因就在於中國人喜歡過年的喜慶氣氛。

不管怎麼說中央電視臺的春節聯歡晚會畢竟觀看的人要多得多，這是無法迴避的事實。據世紀網上調查，網友們普遍認為，這次晚會（指 2002 年）辦得比較成功。節目布置很新穎，內容也有比較大的突破，打破了以往的格局，讓人耳目一新。晚會中出現了搞笑的場面，這與人們的生活更近了，也更符合了新年的氣氛，在參加調查的 9.0786 萬網友中，有 97%的人觀看了晚會，其中更有 70%的網友看了全部的節目。82%的網友通過電視機收看春節聯歡晚會的，而值得注意的是，15%的網友通過因特網收看晚會的在線直播。

很顯然，春節聯歡晚會作為一個新的過年的民俗活動，應該是沒有爭議的，至少它是一個新出現的泛民俗文化形象，這是肯定無疑的。其節目的內容如何暫且不論，但是就其形式而言，在一年一度的春節聯歡晚會能吸引數億的觀眾，已經是非常成功的了。

節日文化與文化節日──以中國春節為例

　　農曆正月初一是中國人傳統的春節，也稱元旦、過年。民國初年，實行陽曆之後，人們的陽曆與陰曆的概念開始形成，並且逐漸有了元旦為陽曆的１月１日，而陰曆的正月初一為春節的全民認知，從此，元旦與春節有了明顯的區別。儘管如此，人們更加注重的是春節，將春節文化作為中國文化最主要的一個節日文化。

第一節　節日文化

　　節日文化，顧名思義，就是節日中的文化，而節日中的文化所包括的形式與內容是多種多樣、紛繁絢麗的，春節同樣如此。

　　所謂節日文化，應該有以下多個文化層面。

一、歷史層面

（一）深厚的歷史積澱

　　一個節日的形成，至少有幾百年甚至幾千年的歷史，沒有這樣的歷史積澱，是不可能形成深厚的節日文化，更不可能形成被民族集體共同認可的文化事項。

　　以春節為例，商周時期就有萌芽出現，而所涵蓋的民俗事項，卻是在逐漸積累而逐步被人們所認定，並且成為遵循的節日模式。祭祖，到了漢朝，才成為春節的重要活動和習俗。東漢崔寔《四月民令》提到，「正月之旦，是謂正日。躬率妻孥，絜祀祖禰。」此後，正月初一過新年的習俗也越來越豐富。魏晉時已形成除夕守歲的習俗。晉朝周處所著的《風土記》中記載：除夕之夜大

家各相與贈送，稱「饋歲」；長幼聚歡，祝頌完備，稱「分歲」；終歲不眠，以待天明，稱「守歲」。

如果從漢代算起，至今已有兩千多年的歷史，以後經過魏晉南北朝、隋、唐、宋、元、明、清等歷代的沉澱與演變，才形成今天的春節文化。由此可見，春節文化不是一天就出現的節日，而在歷史的歲月逐漸地慢慢地加以累積，賦予了相應的時代與文化的色彩，才真正完成春節的節日形態。

（二）多重的文化內涵

如果說是節日，那麼肯定的是，它的內容一定不是單一的，而是非常豐富的，呈現出主要的節日色彩之外，同時也有其他文化內容的存在。如果僅僅是一個方面的文化存在，缺乏多重的文化內涵，那麼其生命力是有限的，也不會有大多數民眾的參與。

首先，春節有一定的時間跨度，從冬至就開始了。俗話說：冬至大如年。即冬至也是年，只不過是比春節小一點的節日。這時候人們開始打掃衛生、洗頭、沐浴、做新衣（或者買新衣），準備過年的各種物品等等，然後逐漸開始大年（春節）的序幕。

過去除夕前，首先是掃房，即打掃衛生，迎接諸神下界，掃除穢氣、晦氣、窮氣。這一天春聯、灶碼、掛錢、香蠟、供品要備齊，還要趕做年糕、麵食、年菜。除夕夜還要守歲。這一天晚上，一家人團聚在一起，吃喝娛樂，閒話舊歲、來年，終夜不眠，以待天明，表示迎新之意。

在這些除夕的民俗中，就可以知曉節日的是有多重的民俗活動及其文化內涵。

春節期間進行放生，是一種傳統，早在戰國就已經形成。這種習俗在《列子》有記載：邯鄲的百姓在正月初一日向趙簡子敬獻斑鳩，簡子十分高興，重重地賞賜了他們。客人問他什麼緣故，簡子說：「大年初一放生，表示我有恩德。」客人說：「老百姓知道您要釋放它，因而互相爭著捕捉它，被殺死的斑鳩就更多了。您如果想要它們生存，不如禁止老百姓去捕捉。捕捉了又釋放，恩惠和過錯並不能互相彌補。」簡子說：「是這樣的。」〔註1〕

〔註1〕《列子‧說符第八》：邯鄲之民以正月之旦獻鳩於簡子，簡子大悅，厚賞之。客問其故，簡子曰：「正旦放生，示有恩也。」客曰：「民知君之欲放之，故競而捕之，死者眾矣。君如欲生之，不若禁民勿捕。捕而放之，恩過不相補矣。」簡子曰：「然。」

這段文字，雖然說的是簡子聽從善意勸說的故事，卻透露了一個民間習俗，就是正月初一要進行放生。這種「正旦放生，示有恩」的做法，後來與佛教結合在一起，形成今天意義上的放生概念，是一種節日文化的延續，只不過這種延續是與外來的宗教相連，更加鞏固了傳統的文化習俗。

因此可見，春節的多重文化內涵，是多重本土文化積累的結果，其中包括外來宗教文化的進入，這樣更加豐富了春節的節日文化。

（三）民族文化凸顯

在春節文化方面，各民族基本上沿襲了本民族的歷史文化與傳統習俗，蒙古人也把正月稱為白月，正月初一人們穿白色服裝，相互贈送白色禮物，這與蒙古人尚白習俗有關。因此，這方面的民族特徵，顯而易見。

《太平廣記》卷第四百八十一《蠻夷二》：龜茲國每年都在正月初一那天舉行鬥羊、鬥馬、鬥駝的活動。共進行七天，看誰勝誰負，以此推測一年中羊馬損耗或繁衍增殖的情況。過婆邏遮節時，人們都戴上狗頭猴臉面具，男女不分晝夜地唱歌跳舞。八月十五日把捧著佛像遊行和跳繩作為娛樂活動。焉耆國在正月初一、二月八日過婆摩遮節，三日到野外祭祀，四月十五日到樹林中遊玩。五月五日是彌勒生日節，鄂倫春人在每年的舊曆正月初一，人們都朝拜太陽。凡事都要向太陽神禱告，以求消災降福，求太陽帶來溫暖。

雖然這些民族的正月初一與漢族所說的不完全相同，都十分鮮明的顯示出節日習俗中的民族特徵。

在清代有一種慶隆舞，是從達斡爾族傳入中原的春節遊戲。慶隆舞，每歲除夕用之。以竹作馬頭，馬尾綵繒飾之，如戲中假馬者。一人踦高趌騎假馬，一人塗面身著黑皮作野獸狀，奮力跳躍，高者彎弓射。旁有持紅油簸箕者一人，箸刮箕而歌。高超者逐此獸而射之，獸應弦斃，人謂之「射媽狐子」。此象功之舞也。有謂此即古大儺之意，非也。聞之盛京尹泰云：「達呼爾居黑龍江之地，從古未歸王化。彼地有一種獸，不知何名，喜齧馬腿，達呼爾畏之倍於虎，不敢安居。國初時，曾至彼地，因著高趌騎假馬，竟射殺此獸。達呼爾以為神也，乃歸誠焉。因作是舞。」

慶隆舞是除夕騎竹馬的活動。上文不僅仔細地描述了慶隆舞的基本做法與規則，而且還對此舞進行考證，認為舞蹈起源於達呼爾（即達斡爾族），是當時騎馬追殺野獸的遺存。由此可見，在春節的傳統也加入少數民族的文化成分，這樣就大大地擴展了春節的文化內涵與遊戲形式。

二、生活層面

（一）民眾廣泛的共同參與

這種全民的活動才能夠說是節日，而不是某一個人的舉行的活動。春節期間，家庭成員、左鄰右舍之間都會互相祝賀，說一些恭喜發財、身體健康之類的美好祝願，在朝廷裏，大臣也都給皇帝舉行祝賀。

《曾國藩文集》日記記載：咸豐十一年正月初一日，「五更三點起，至城內萬壽宮拜牌行禮，黎明還營。各文武員弁來賀新年，已正始畢。」

這種正月初一給皇帝祝賀的事早在魏晉南北朝就已定型。《世說新語·寵禮第二十二》載：晉元帝在正月初一舉行朝賀禮時，拉著丞相王導登上御座和自己坐在一起，王導堅決推辭，元帝更加懇切地拉著他。王導說：「如果太陽和萬物一起發光，臣下又怎麼瞻仰太陽呢！」從這一段記載裏，可以知道魏晉時期就流行新年要去皇宮拜見皇帝的新年儀式了。

舉行新年禮拜儀式，還要有音樂伴奏。據說有個叫荀勖的人，善於辨別樂音正誤，當時的輿論認為他只是一知半解。其實，他真的會調整音律，校正雅樂。每到正月初一舉行朝賀禮時，殿堂上演奏音樂，他親自調整五音，無不和諧。〔註2〕可見，魏晉朝廷在接受大臣的賀禮，需要放奏樂曲，以增加節日的氣氛。

《史記·梁孝王世家第二十八》介紹漢代有一整套的春節的宮廷制度：根據漢朝的制度，諸侯剛到京城時，到了正月初一的清晨，捧著皮墊擺上璧玉向皇帝道賀正月，稱之為「法見」；再過三天，皇帝為侯王設下酒宴，賜給他們金錢財物。因此，在漢代春節時期的「法見」非常重要。

到了魏晉南北朝時期，有了「正會」的制度。在正月初一那天，皇帝朝會群臣，接受朝賀的禮儀。〔註3〕這是朝廷的重要節日內容，才有了「正會」一詞。

（二）和諧文明的典範場景

在節日的時候，我們都會放棄爭議，放棄平時的恩怨，而一起來歡度節日。過去，春節期間，家長不再打罵孩子，即使孩子在家長的眼裏再沒有出息，也不會加以責罵；打碎了碗碟，在經濟條件不好的家庭裏，碗碟是很珍貴的，即

〔註2〕《世說新語·術解第二十》。
〔註3〕《世說新語·政事第三》。

便如此，此人一般也不受到指責，相反的還要說一句：歲歲平安，其寓意是即使打碎了東西也是一種平安的表現；各種各樣的債務，到了春節之前就不再討債，所有的一切都放在節日之後。而這些約定俗成的習俗，都是為了營造節日和諧的氣氛，不讓過激的舉動和不吉祥的言語來破壞這種和諧的氛圍。

宋代民間音樂活動更是活躍。每逢正月初一與十五，汴梁城的大街小巷都搭設樂棚或影戲棚，而北宋統治者為了粉飾太平，誇耀自己的統治，也在這時搭設最精彩的燈山、樂棚，由著名的藝人在樂棚的戲臺上進行表演，如溫大頭、小曹的雜劇，楊文秀的鼓笛等。臺下觀眾如雲，熱鬧非凡。〔註4〕在有的少數民族中，正月初一人們載歌載舞來表示慶祝，這是一種「春歌」的形式。〔註5〕

（三）習俗文化的大匯聚

傳統節日習俗不是單一的，而是有多種習俗的綜合，否則就不會成為節日。

傳統的節日習俗的形成，不僅需要很長時間的累積，也需要各種文化疊加，才最終成為現在我們所見的節日文化基本形態。

現在的春節為什麼會越過覺得越沒用味道，就在於春節單一化，缺少多元的文化內涵，缺少多元的習俗存在，這樣使得本來非常豐富多彩的節日文化顯得單薄、無趣。

相傳在正月初一夜，有一種鏡聽習俗，又名「耳卜」，是民間預測吉凶的傳統習俗。（或說正月十三夜）灑掃廚房，灶門前供上香燭，在鍋中盛滿水，將杓子放入水中，然後虔誠拜祝所求之事。撥動杓子後，根據杓柄停止時所指方向，抱鏡走出門外，舉鏡在耳邊密聽人言，以所聞的第一句為卜兆。或占年歲順逆、或求行旅吉凶，禍福休咎，各隨所聽。〔註6〕這個習俗在唐代就已流傳，而至今已經無存。

舊俗，正月初一日家家戶戶都要以盛辣椒的盤子裝著彩勝，讓人拿了戴在頭上，這個習俗在宋代十分興盛。

〔註4〕《世界全史》第40卷《世界中世紀藝術史》。

〔註5〕《清稗類鈔·音樂類2》：僮女於春秋時，布花果、笙簫於名山。其衣上之飾，為五色絲同心結、百紐、鴛鴦紐。選其少妙者，伴峒官之女，曰天姬隊。餘則三三五五，採芳拾翠於山椒水湄，歌唱為樂。男亦三五成群，歌而赴之。相得則唱和竟日，解衣結帶，相贈以去。春歌正月初一，三月初三，秋歌中秋節。三月之歌曰浪花歌。峒官者，僮人之頭目也。

〔註6〕《唐詩鑒賞辭典·王建詩鑒賞》，上海辭書出版社1983年版。

辛棄疾《蝶戀花・戊申元日立春席間作》：

誰向椒盤簪彩勝？

整整韶華，爭上春風鬢。

往日不堪重記省，為花長把新春恨。

春未來時先借問，晚恨開遲，早又飄零近。

今歲花期消息定，只愁風雨無憑準。

這首詞作於宋孝宗淳熙十五年戊申（1188）正月初一這一天，剛好是立春。在這樣的節日，人們忙著慶賀這個雙喜的日子。

此處，辛棄疾的「誰向椒盤簪彩勝？整整韶華，爭上春風鬢」，其中就說到春節期間的一個戴彩勝迎接新春的重要習俗。

這些習俗都構成春節的重要民俗事項，同時也大大地豐富了當時的文學創作。正是這些文學創作保留下珍貴的傳統的春節文化資料。

到了清代，春節民俗依然多樣，即使是在宮廷，其民俗形態與民間文化亦大同小異，顯示出中華民族的文化一致性與相關性。

據《清稗類鈔・時令類3》記載：每歲正月初一日，皇帝率王公、滿洲一品文武各官詣堂子，行拜天禮。前期十二月二十六日，內務府官詣坤寧宮請神，送往堂子。至除夕，內務府派員於圜殿內焚舊紙錢，欽派總管大臣一人，率諸王長史或一等護衛，於圜殿內掛新紙錢，總管大臣於殿內高案下所立杉柱上掛紙錢二十七張，諸王長史護衛等，依次各掛紙錢二十七張。初二日奉神還宮。

這種在春節期間，拜天、請神、燒紙的習俗，與民間幾乎相同，不同的是人物身份和禮儀。他們是皇親國戚、文武大臣，並且有一套非常繁複的儀禮與規矩，非據此辦理不可，這是民間習俗無法做到的事情。宮廷內的春節文化不僅僅是一種習俗，已經上升到了國家儀禮的層面，因此要比民間活動更繁瑣更嚴格。

三、預示層面

節日是特別的日子，其中暗含了對未來的預示與昭示，因此節日的各種各樣民俗文化就成為人們以後生活的指南。

（一）節日的天氣不僅僅是一種氣象

舊時，節日的天氣，如風雨雷電，屬於特定時期的具有特定含義的氣象。

在小農經濟為主體的社會裏，農業的豐歉，關乎百姓生存，當然成為人們關注的焦點，特別是春節這樣一個重要的時間節點，氣象具有某種預示作用。其雖帶有人們的主觀意識，但人們寧願信其有，這種心理與人們關心的未來糧食的收成，以及未來生活的好壞緊密聯繫在一起。

正月初一見雷、雪等，是一種災異的表現。這是人們的傳統的氣象預測，在國家史書上都有記載，證明了這種影響不僅存在於民間，《清史稿》亦載：

> 康熙三年正月，通州迅雷達旦，望江雷擊南城樓。十二年正月初六日，富陽大雷電。十六年正月初一日，湖州雷震大雪。十七年正月，巢縣雷。十八年正月朔，蘇州震雷，沛縣雷。十九年正月朔，蘇州雷。二十年正月，宿州雷雨雹。二十一年正月，宿松雷電。二十二年正月，解州雷電，石門雷電。二十三年正月，丹陽雷電雨雪，含山大雷電，兗州雷震。二十四年正月十七日，巢縣雷。十八年正月，沛縣雷電。三十一年正月，武進雷電。三十三年正月初十日，巢縣雷。十二日，瓊州雷鳴。十四夜半，萊縣大雷電。三十四年正月初一日，瓊州雷。三十六年正月初一日，崑山雷，青浦雷。〔註7〕

將正月初一的雨雪等自然現象歸集於是一種災害的預兆，是一種天象的占卜行為，還是有一定科學道理的總結，不得而知，但是古人將年初一與雨雪雷電聯繫在一起，是歷史文化的一種延續。

早在《史記》就有關於正月初一根據雨的次數而斷定年成的好壞。

正月初一日開始依次數雨多少，卜年成好壞：初一有雨，當年百姓每人每天可得一升的口糧，初二日有雨，每人每天有兩升的口糧，一直數到七升為至。初八日以後，不再占卜。若欲自初一占卜到十二日，卜法又有不同，每日與月相對應，占卜水旱災情。〔註8〕

同樣，根據年初一的風向，也可以推測各種結果：正月初一黎明時由八方所起的風，判定當年的吉凶美惡。風從南方來，有大旱災；從西南來，有小旱；從西方來，有戰爭；從西北方來，黃豆的收成好，多小雨，促兵興起；從北方來，是中等年成；從東北來，豐收年；從東方來，有大水；從東南來，百姓多疾病、時疫，年成不好。〔註9〕

〔註7〕《清史稿》卷四十《志十五‧災異一》。
〔註8〕《史記譯注‧天官書第五》。
〔註9〕《史記譯注‧天官書第五》。

史書記載：魏鮮是漢代著名的占歲者，他每年正月初一日從風向、風力等來占驗一年之氣候和農事。〔註10〕農曆正月初一，從周秦以來，一直被人們奉為辭舊迎新的重要節日。人們通過這個節日時候的天氣情況，來進行占卜，以祈求新的一年的美好願望。

此外，人們認為，正月初一的夢是很準的，這是一種俗信，在《儒林外史》第二回《王孝廉村學識同科　周蒙師暮年登上第》裏就有記載：王舉人笑道：「說起來竟是一場笑話：俺今年正月初一日，夢見看會試榜，弟中在上面是不消說了；那第三名也是汶上人，叫做荀玫。弟正疑惑我縣裏沒有這一個姓荀的孝廉；誰知竟同著這個小學生的名字，難道和他同榜不成？」說罷，就哈哈大笑起來道：「可見夢作不得准！況且功名大事，總以文章為主，那裏有什麼鬼神？」周進道：「老先生，夢也竟有準的：前日晚生初來，會著集上梅朋友，他說也是正月初一日，夢見一個大紅日落在頭上，他這年就飛黃騰達的。」王舉人道：「這話更不作準了。比如他進個學，就有日頭落在他頭上，像我這發過的，不該連天都掉下來，是俺頂著的了？」

這種關於年初一的做夢的是否靈驗，小說作者只是作了一個形象思維的描寫，未必當真，但作為一種民俗現象，卻在深藏在人們的頭腦。

（二）心靈的寄託的節點

所謂心靈寄託，是指的是在民俗活動中寄託對未來的嚮往與憧憬。祭灶是春節節慶鏈條裏，很重要的一個組成部分，人們借助祭灶之名，而嚮往未來，不過這種嚮往是通過對神靈的祈禱而展開的。北京俗曲《門神灶》中寫道：「年年有個家家忙，二十三日祭灶土。當中擺上一桌供，兩邊配上兩碟糖。黑豆乾草一碗水，爐內焚上一股香。當家的過來忙祝讚，祝讚那灶王爺降了吉祥。」這首俗曲描寫了舊時北京家家祭灶的真實情景。供桌上擺餅、糕、黍、棗、粟子、核桃、炒豆等。為什麼會用這麼多的供品來給灶神，就希望神靈上天之後，能夠為此家人家說好話，進而希望玉皇大帝能夠在第二年帶來好運氣。

正月初一這一天，在民間，男女老少都要穿新衣，不僅是一種節日的裝飾習俗，更含有新年新氣象，來年像新衣一樣獲得性的收穫。據南朝梁宗懍《荊楚歲時記》載，正月一日，人們聞雞鳴即起身，以次拜賀。然後一起飲椒柏酒和桃湯。透過這些現象的表明，進一步分析，就可以發現，其中就含有驅逐去年的災禍與不幸，迎來了新的一年的幸福。

〔註10〕《漢書·天文志》。

上海也與其他地方的習俗相同，新年要穿洗衣服，只是少數人由於各種原因未能穿上新衣。郁慕俠《上海鱗爪》：「穿新衣服新年幾天內的男女，不論老少，都要穿一套新製衣服，其意思是一歲開始作新當口，大家無妨換一換新衣，以示快活之意。故盡有平日間穿慣破衣服人，到了此時也要換上一換，而且不但衣服如是，其他鞋兒、帽兒、襪兒都要新一新。照常穿舊衣服人也未嘗沒有，不過是少數罷了。」這些沒有新衣船的人，同樣嚮往能夠穿上洗衣服，只是條件不允許而已。

春節掛神像，這是中國人的一種傳統習俗。有的在客廳裏懸掛一幅鍾馗像，其意義就在於用鍾馗來驅趕鬼魅、迎來吉祥；有的則掛幾幅神像，清陸莘行《老父雲遊始末》：「癸卯正月十六曰，得父初六至維揚信。十八曰，母夢曾祖母沈太孺人舉箸嗚咽。十九曰，係沈亡辰。年例，祀後方始收新年所懸神像。予兄妹隨母至廳事，見諸像皆作愁苦狀。」一般到了正月十六就要收起神像，象徵著年節結束。

這種懸掛神像做法，是一種心理的安慰，同時也具有象徵意義，預示著來年可以得到神靈的護佑，一切都會平平安安。

第二節　文化節日

文化節日，是對節日傳統文化的重新定位與塑造，這是一種社會生活在發展過程中的自然的人為的變化結果，因為所有的事物都不是一成不變的，而在漸進式的變化與發展著。這種發展與變化，有時候是悄無聲息的，有時候是大張旗鼓地進行，不管怎樣，民俗的變化是肯定的，只是緩急快慢的問題。

文化節日的可能性，就在於節日隨著政治、時代、社會的變革而發生變化。

歷史上，政府幾次關於春節的設立，都影響到了節日的文化。魯迅在其日記裏寫道：中華民國之用陽曆　一九一二年二月十七日，袁世凱以「新舉臨時大總統」名義發布通告：「自陰曆壬子年正月初一日起，所有內外文武官行用公文一律改用陽曆」。同年二月二十三日，南京臨時政府內務部奉孫中山令將新編的陰陽合曆曆書頒行全國。〔註11〕

〔註11〕《魯迅全集‧集外集拾遺補編‧奇怪的日曆〔1〕》。

由於這個原因，陽曆年時期放假三天，成為慣例。一月一至三日，一般政府機關均停止辦公，商業、銀行、學校等都放假以慶祝新年。這種政府的規定，改變了民俗文化的運動軌跡，人們的觀念也隨之發生改變，也對社會及其生活帶來或多或少的各種影響。

所謂文化節日，就是對傳統節日的再認識，並且賦予傳統節日新的文化形態及其新的文化內涵。

一、文化節日的主要原因

（一）隨著時代的迭更，節日的習俗會發生變化

過去，正月初一的午飯稱作歲朝飯，本應吃素，但民國初年已不被遵守，到了如今，人們已經不知道什麼是歲朝飯，這種吃素的習俗已經消亡。

《初學記》卷四《歲時部下》：《荊楚記》曰：留宿歲飯，至新年十二月，則棄之街衢，以為去故納新也。這種魏晉南北朝時期將飯倒在街衢的做法，現在早已不存在，說明在時代的進化過程中，人們自然會攫取其中有益的文化，而拋棄不文明的行為，這就是文化上的天選地擇、適者生存的原則。在魏晉南北朝時候，被認為「留宿歲飯，至新年十二月，則棄之街衢」是一種「去故納新」的觀念，如今肯定被視為一種浪費糧食的行為。這種大相徑庭的做法，是時代留下的印記，由此可知，節日的習俗會隨著時代的迭更，而出現不同的文化現象，這是一種進步。

（二）隨著觀念的變化，人們拋棄舊的民俗

過去，春節時候向祖先遺像行禮、長者以糖果招待小孩，以及向親友家遞送賀年片的習俗，已經在改變。

春節時期，一般都停止灑掃，禁止泣怒謾罵，不得動用刀剪等尖銳的器物，而這些民俗逐漸被改變，人們不再關注其所帶來傳統的所謂的負面影響。

二、文化節日要繼承傳統，絕非拋棄

文化節日不是對傳統文化的遺棄，恰恰相反，是要對傳統文化進行繼承，沒有繼承的文化是空穴來風，不可能被大家認可。

正月初一燒香，過去是一種傳統習俗，現在已經成為民眾重要的民俗活動。

《今古奇觀》第五十三卷《簡帖僧巧騙皇甫妻》有皇甫自言自語道：「每年正月初一日，夫妻兩人雙雙地上本州大相國寺裏燒香。我今年獨自一個，不知我渾家那裏去！」簌地兩行淚下，悶悶不已，只得勉強著一領紫羅衫，手裏把著銀香盒，來大相國寺裏燒香。〔註12〕

這裡可知，每年正月初一要去大相國寺燒香，已經是當時必要的一種春節期間的習俗，而且還要夫妻雙雙去進香，否則的話，這篇小說裏，就不會表現皇甫那種形單影隻地可憐巴巴的淒慘景象。

《儒林外史》第二回《王孝廉村學識同科　周蒙師暮年登上第》：那時成化末年，正是天下繁富的時候。新年正月初八日，集上人約齊了，都到庵裏來議「鬧龍燈」之事。〔註13〕在這裡，明確表示明成化年間，春節期間有去寺廟鬧龍燈習俗。小說雖是一種虛構的文學作品，但其生活的真實性是存在的。這裡描寫的可能是假託明代成化年間的事情，但是這種風俗是客觀存在，否則作者是無法進行描述的，由此可知，正月初八去庵裏玩樂，反映了明清時代的民俗文化，具有一定的可信度。

現在正月初一到廟裏去進香，越來越成為大眾化的一種行為，特別是在最近十多年裏，上海人每當正月初一就會到各種寺廟去燒香，更有甚者，有人通宵達旦排隊，爭取能夠燒到頭香。

上海正月初一燒香是有傳統的，根據郁慕俠《上海鱗爪》記載：民國時期，「紅燭高燒一般迷信人們，除到各廟宇去燒香磕頭外，家中還要燃點大蠟燭，虔虔誠誠地磕一下響頭，名叫「敬天地」。這種人家的家裏，在新年幾天，家家戶戶都是紅燭高燒，香煙繚繞，過了元宵才告停止。」

由此可見，春節期間燒香的傳統是有歷史淵源的，而不是隨意就興起的，這是民俗文化傳承的基本規律，是以大多數民眾的心靈需求為滿足的起點，離開人們的心靈需求，燒香這種習俗在春節期間的傳導，是不可能的。

三、文化節日要改變傳統，而非一成不變

改變節日傳統，有兩種情況，一是自然的社會進化，二是人為的社會變革。這兩種情況，都促使節日發生逆轉，在逆轉過程中，逐漸拋棄人們以為不需要的習俗。

〔註12〕抱甕老人《今古奇觀》，上海古籍出版社 1996 年版。
〔註13〕吳敬梓《儒林外史》，人民文學出版社 1997 年版。

明尹直撰《謇齋瑣綴錄》：「景泰元年正月初一日，上自將白紙寫表，宰羊一隻，祝告天地，行十六拜禮。」這種習俗，屬於特定的皇帝祭祀在正月初一時候所進行的祭祀儀式，如今不復存在，這是社會進化和社會變革共同作用的結果，表明這種節日習俗隨著人們思想意識的提高，逐漸淡出，成為一種歷史遺存。

在民間，正月初一要拜喜神，這是一種傳統習俗，普通人家都要祭拜。這種場景在《醒世姻緣傳》第七十六回《狄希陳兩頭娶大　薛素姐獨股吞財》有表現：正月初一日，薛如卞兄弟三人來與素姐拜節，要到狄員外夫婦喜神面前一拜。這素姐那裏供甚麼喜神，兩個神主丟在桌下，神主簏子都拿來盛了東西，當器皿使用，把前邊的客位借與一個遠來的尼姑居住，將一座新蓋的卷棚收拾接待同類之人。因牆尚未泥盡，將狄希陳進學納監的賀軸都翻將轉來，遮了那土牆。狄員外的喜神，也是翻轉遮壁之數。起先相大妗子不曾往任上去的時節，老狄婆子神像還高閣在板上，自從相大妗子行後，連狄婆子的喜神都取來做了糊牆之紙。

這種喜神，是用紙來做的。不供的時候，會丟棄在桌子底下，或者當做糊牆的紙張。由此可見，人們對於喜神的態度並不是那麼恭敬，而是作為節日的一種偶像來祭拜的，之後其功用就不再那麼當回事了。這是一種典型的實用主義的思維方法，用時供一下，不用的時候，可以任意處置。

除了祭祀喜神，正月初一都要接神。

清震鈞《天咫偶聞》：

> 正月初一日，子刻後祀神，謂之接神。遍至戚友家拜於堂，謂之拜年。

這時候的接神，就是一種拜年的形式。

傳統的春節習俗文化還有很多，如正月初一要唱歌〔註14〕等，這些都隨著時間的推移慢慢地消失，或者殘存於一些偏遠的地方。

在城市化飛快發展的今天，有的習俗已經不適應新的環境，成為被淘汰的文化現象，如放爆竹。

〔註14〕清李調元《南越筆記》「粵俗好歌」：東西兩粵皆尚歌，而西粵土司中尤盛。大約雲峒女於春秋時布花果笙簫於山中，以五絲作同心結及百紐鴛鴦囊帶之，以其少好者結為天姬隊。天姬者，峒官之女也。餘則三五采芳於山椒水湄，歌唱為樂。男子相與蹋歌赴之，相得則唱酬終日，解衣結襟帶相遺以去。春歌正月初一，三月初三，秋歌八月十五。

　　燃放爆竹，是近年來有關部門非常頭疼的事情，制定各種制度，禁止燃放，取得不小成效，但是還是有人放爆竹，更多的是放煙花。其實放煙花，雖然聲音不大，但是對於局部的空氣污染是很厲害的。

　　我們國家是火藥的發源地，很早就已經懂得了火藥的製作，大多數情況下火藥用於娛樂。明代主要是將火藥用於製作焰火，每年正月初一至十五日期間，天天有人燃放鞭炮。利瑪竇在某一年的正月間抵達南京，正值那裏在慶賀新年，鞭炮聲此起彼伏。據他說，南京一地在正月間燃放的鞭炮，足可以維持一場相當規模的戰爭達數年之久。

　　這種燃放爆竹的習俗，來源於中國人一向喜歡大聲音，春節就是這種喜好達到頂峰。人們喜歡熱鬧，特別是在節日期間沒有聲音就沒有氣氛。民間傳說，爆竹的起源就來自驅逐鬼魅，也為巨大的聲響製造了一種神奇的理由。

　　現在，有了在喇叭裏播放爆竹的響聲，來滿足人們對聲音的需求。

　　傳統的節日不是一成不變的，它必然會隨著社會發展而改變，因此改變是節日文化一個主旋律。

　　改變節日習俗，是人們的一種主動行為，而在逐漸的社會發展中間而產生的。比如，在江南一帶，正月初一早上人們都吃父母包裹的湯圓，象徵著一年的圓圓滿滿。在杭州，正月初一清早，媽媽煮了一碗自己做的湯圓，拿進來與媳婦吃。吃湯圓子，取團圓、婆媳和睦之意。

　　如今，人們不再做湯圓，而是在超市裏購買，已經改變了傳統，這是經濟發展之後帶來的便利，人們嚮往之，喜歡之，情有可原，在所難免。

　　但是，既然要文化節日，就必須有新的文化內容的加入，沒有新的民俗文化，就會失去節日的活力，顯得過於單調，而不為眾人喜歡。現在外地人不斷地補充當地的居民數量，從而也改變當地的民俗文化，這種新的人群進入，勢必會帶來新的民俗文化。如北方人春節吃餃子的習俗，會隨著他們移居南方，肯定會將他們傳統的飲食習慣帶到江南地區，從而豐富了節日的飲食品種，增加了當地節日的飲食文化。

四、文化節日要豐富傳統，增添新的內容

　　現在，人們感到春節越來越沒有意思。這是為什麼呢？因為節日文化的多樣性民俗事項被閹割，成為孤零零的節日軀殼，而沒有各種各樣的豐富多彩的民俗活動來進行支撐，這樣的節日很難受到人們的喜歡。

（一）挖掘節日傳統的習俗

南朝宗懍《荊楚歲時記》載：

> 正月一日為雞，二日為狗，三日為羊，四日為豬，五日為牛，六日為馬，七日為人，以陰晴占豐耗。正旦畫雞於門，七日帖人於帳，今一日不殺雞，二日不殺狗，三日不殺羊，四日不殺豬，五日不殺牛，六日不殺馬，七日不行刑，亦此義也。

從此段文字中，可以看出許多的春節期間的民俗文化。一、從年初一開始，每一天都是一種生物的生日，包括人在內。二、春節期間有禁忌，不能在此時間段裏進行斬殺動物。

例如，春節中的人日，是傳統意義上的大的活動內容，現在早已被遺忘。人日，又稱人節、人慶節、人七日。傳說女媧初創世的時候，在造出了雞狗豬羊牛馬等動物後，在第七天造出了人，所以這一天是人的生日。漢朝，有人日節俗，魏晉南北朝有了戴人勝的習俗。人勝是一種頭飾，又叫彩勝，華勝。剪綵為花、或者為人，佩戴在頭髮上。此外，人日，還有登高賦詩的習俗。而這些內容都逐漸被淘汰，或者被再被重視，這樣從某種程度上來說，就將春節裏，最重要的人的存在被忽視了。

因此，有必要將這一部分的民俗活動及其內涵要作充分的認知與宣傳，才能夠提升春節在中華民族歷史上的重要價值，並且才能注入新的改良的習俗文化。

（二）增加新的時代特色

拜年是一種春節期間最重要的賀禮形式，過去這種賀禮，主要是個體或者家庭之間的相互禮拜。

明代李贄有一首《閉關》詩：「閉關正爾為參禪，一任主人到客邊。無奈塵心猶不了，依然出戶拜新年。〔註15〕」詩裏，表現了一個人放棄參禪，不管主人的款留，依然要出門去拜年的心情。可見，新年拜客在人們心目中非常重要，對李贄而言，比他做禪事禮拜更重要的是新年裏要與親朋好友去拜年。

如今，這種家庭、家族之間的拜年，已經轉變成為單位、集體的拜年，稱之為團拜會。新年團拜活動日益興盛，這是一種新的民俗文化，為傳統的家庭

〔註15〕明李贄《焚書》卷六。

式的拜年，增添了新的內容，注入新的活力。每到年底，各個單位、社會團體等都會舉行新年團拜會，以增進單位與個人之間的感情。與此同時，傳統的春節賦予了了新的時代精神與文化色彩。

（三）走親訪友或出外旅遊

新年期間，根據傳統一般都是在家歇息。《二十年目睹之怪現狀》第七十四回《符彌軒逆倫幾釀案　車文琴設謎賞春燈》：光陰迅速，殘冬過盡，早又新年。新年這幾天，無論官商士庶，都是不辦正事的。我也無非是看看朋友，拜個新年，胡亂過了十多天。

以上可以看出普通人過年的時候，走親訪友是大多數人的生活套路。

但是，如今走親訪友的少了，相反的是外出或者出國去旅遊的現象逐漸爆發，以致於達到旅遊景點人山人海的境況。

（四）增加民間攤販

有些地方春節是不做生意的，但是有些地方，正月初一就要開張做生意，並且有一整套的習俗。廣東翁源正月初一，各家開門前，先請占卜先生選個良時吉日；到了吉日，還要先放一陣爆竹之後才可開門；開門之後，不到深夜是不准閉門的。

傳統的商業習俗，除了選擇吉日、燃放爆竹之外，還有用柏樹枝插著柿餅，然後放在大橘子上，一表示「百事吉利」。此事見於《西湖二集》第十六卷《月下老錯配本屬前緣》：話說杭州風俗，元旦五更起來，接灶拜天，次拜家長，為椒柏之酒以待親戚鄰里，簽柏枝於柿餅，以大橘承之，謂之「百事大吉」。那金媽媽拿了這「百事大吉」，進房來付與媳婦，以見新年利市之意。

現在，春節成為商家最好的時間節點，在此時間段裏，大肆促銷，大打廣告，恨不得使出渾身解數，把自家的東西賣出去。在商言商，這是永恆的真理，但與傳統的講究商業文明的做法卻不可同日而語，更無遑論商業的耐心、誠信等文化傳統。

當然，民間文化在春節期間的商業展示與叫賣，是新的一種節日文化。它一方面繼承了傳統的廟會的集市特點，另一方面又將新的吆喝形式和手工製作產品納入其中，特別是非遺文化的宣傳與鼓動，許多具有地方特色的工藝品也加入了貿易活動。各種各樣的民間商販聚集在特定的區域裏擺點設攤，讓各種的民間玩具、傳統小吃以及玉器珍寶都紛紛展露在街頭兩邊，成為春節期間民間商業文化的一個讓人留足觀看的地方。

　　總而言之，節日是需要文化來裝點，來修飾，更需要有一種創新的思維來設計傳統的節日元素，增加節日的新鮮感與親密度；換句話說，傳統的節日文化只有注入新的時代內容與特色，才能夠煥發出行的魅力來。

2016 年 9 月 3 日初稿

2016 年 10 月 25 日修改

和諧——中國春節的主旋律

第一節　引子

　　春節是中國人的傳統節慶日子，與其他節日的很大不同在於和諧。春節沒有清明節的那種祭祀、哀思，沒有端午節的那麼悲壯、豪放，也沒有中秋節具有的思念之情，更沒有重陽節由登高避災而形成的灑脫、自在。春節屬於一年的開始，具有和諧這樣特別的意義，因此中國人非常看重這一天。

　　然而，歷史上反叛的人卻以為這是一個妖孽之始，故要大力禁止。太平天國嚴格推行天曆，禁止群眾過舊曆新年，稱之為「妖曆」、「妖年」，過「妖年」者治罪。天曆新年在舊曆的正月初七。過天曆新年，除保留了結燈彩、帖春聯、衣鮮衣、送年禮、張筵宴、鬧通宵、敲鑼鼓、燃鞭炮等傳統慶賀方法外，還增添了一些新的東西，如元旦第一件事是到天福堂上敬天父，並停市一天，人們遊大街。拜年俱用名片，進門不叩首、不作揖，只喊「陞官發財」，直身三跪，留茶而去。〔註1〕

　　眾所周知，春節承載著中國人幾千年的歷史，並且在歷史長河裏不斷繼承發展，是一種傳承，是不以某一個人的意志為轉移的文化慣性。也就是說，太平天國雖然一時間可以將春節稱之為「妖曆」，要改變人們多春節的習慣，事實依據證明這是不可能的。即使在某一時期可以得逞，但也不能改變春節固有的歷史軌跡。

〔註1〕《洪秀全評傳》第一章《生平述略》三《勝利發展，創建人間天國》。

　　中華民國初期，政府要推行新曆，否定舊曆，要將元旦作為新年的第一天，卻無疾而終，中國的老百姓並不理會新的陽曆，更不會拋棄傳統農曆的新年。《林語堂自傳》就說過這樣的話：國民政府早已命令廢除陰曆新年，可是我們依舊過著陰曆新年，大家拒不廢除。

　　為什麼人們不願意去過元旦的新年而依戀傳統的陰曆新年，就在於春節有中國人自己的文化，他們更願意遵循祖宗歷代施行的慣制，來歡度春節，而和諧的文化內核就是其中最重要的一個組成部分。

　　關於春節的釐定，一直爭論不休。

　　曆中國自從提倡「國曆」以來，便有「新曆」、「舊曆」之分。「新曆」又叫做「國曆」，又叫做「陽曆」。「舊曆」的名稱便更外多了，一名「廢曆」，因為這種曆已經廢去不用了；因為和「陽曆」的對稱，便又叫做「陰曆」；因為和「國曆」對稱，便又叫做「古曆」，又有叫做「夏曆」、「農曆」等名稱。中國雖然勵行「國曆」，而民間的習俗，對於「廢曆」始終未能廢除。並且「舊曆」的過年，勝於「新曆」的過年。「新曆」的過年，至多也不過休息一日，而「舊曆」的過年，幾乎萬民休息。這種原因，約有兩種：一種中國是一個農業國家，「端午」是麥子正收穫起來以後，「中秋」是稻子正收穫起來以後，「過年」是完全收穫的時候，便做一個總結束。現在美其名叫做「春節」，倒也是一種很好的辦法。〔註2〕

　　不管是「新曆」、「國曆」還是「夏曆」、「農曆」，老百姓始終堅持農曆正月初一的過年習俗。其原因，是上面作者陳邦賢所說的中國是一農業社會的原因，而春節之所以成為眾望所歸的詞彙而替代過年一詞，這是生產進步、社會發展的結果。

　　和諧原本用於音樂，表示一種美的聲音，古書就有「施之金石，則音韻和諧」〔註3〕的說法，到了隋代，人們開始將社會太平與音樂的和諧聯繫在一起，並且以有隋末期來比較：「至如隋煬帝末年，天下喪亂，縱令改張音律，知其終不和諧。若使四海無事，百姓安樂，音律自然調和，不藉更改。」〔註4〕由此可見，和諧並非新的詞彙，而是古已有之；如今，和諧更成為一種政治術語，其關乎社會的穩定。

〔註2〕〔民國〕陳邦賢《自勉齋隨筆》，上海書店出版社1997年版。
〔註3〕《晉書》卷五十一《列傳第二十一》。
〔註4〕《舊唐書》卷八十五《列傳第三十五》。

《宋史》卷一百二十七《志第八十樂二》記載：「昔之作樂，以五聲播於八音，調和諧合而與治道通，先王用於天地、宗廟、社稷，事於山川鬼神，使鳥獸盡感，況於人乎？」所謂「調和諧合」，指的是音調的和諧、動聽。這種音樂，最早用於對於國家層面上的祭祀。既然這種和諧的音樂能夠感動鬼神、鳥獸，更何況是人呢。言下之意，和諧音樂最能夠感染的是社會中的人，由此而知，和諧也就成為一種人們最能領悟的一種心理境界。

在監獄這樣一個特殊的環境裏，同樣需要這樣的節日氣氛。

《我的前半生》第九章《接受改造・七「世界上的光輝」》：我們每次逢年過節，在文娛活動方面，除了日常的球、棋、牌和每週看兩次的電影之外，照例要組織一次晚會，由幾個具有這方面才幹的人表演一些小節目，如偽滿將官老龍的戲法，小固的快板，老佑的清唱，溥傑的《蕭何月下追韓信》，蒙古人老正和老郭的蒙古歌曲，等等。溥傑偶而也說一次自編的相聲，大家有時也來個大合唱。觀眾就是我們一所的這幾十個人，會場就在我們一所的甬道裏或者小俱樂部裏。甬道裏從新年的前幾天就開始張燈結綵，布置得花花綠綠。有了這些，再加上年節豐盛的伙食和糖果零食，使大家過得很滿意。

以上溥儀的記載，是又一種春節氛圍的布置。在特殊的環境下，這種春節場景的出現，是為了營造特定環境裏和諧場景。這是為了犯人的改造之需要，讓他們知道節日民俗的存在，體驗一點和諧的韻味，喚醒他們的人性。

自古以來，春節就是和諧文化的重要節點，而這種和諧已經成為人們自覺遵守的生活準則與民間風俗。

第二節　和諧種種

自從有了私有制以來，社會的不和諧成為主要的聲音，無論的官府還是家庭，都希望有和諧的時候。和諧是人們追求的一個社會目標。《後漢書》卷四十九《王充王符仲長統列傳第三十九》曰：「和諧則太平之所興也」。這裡，就把和諧與社會的太平聯繫在一起，而春節就是一年四季中最和諧的節日，其文化樣像多種多樣。

一、家庭和諧

在春節，人們更多的是一家人和睦相處，快快樂樂，所有一切不愉快都拋到腦後，而只關注當下，生怕讓不好的心情影響到整個過年的情緒。夫妻不會

拌嘴，相敬如賓；家長一般不會因為小事而責怪孩子，即使做了壞事也不會打罵。

《紅樓夢》第二十回《王熙鳳正言彈妒意，林黛玉俏語謔嬌音》有這樣一個情節，說的是趙姨娘責怪賈環：

> 正說著，可巧鳳姐在窗外過。都聽在耳內。便隔窗說道：「大正月又怎麼了？環兄弟小孩子家，一半點兒錯了，你只教導他，說這些淡話作什麼！憑他怎麼去，還有太太老爺管他呢，就大口啐他！他現是主子，不好了，橫豎有教導他的人，與你什麼相干！環兄弟，出來，跟我頑去。」賈環素日怕鳳姐比怕王夫人更甚，聽見叫他，忙唯唯的出來。

這裡的「大正月」即為春節期間，王熙鳳借春節為由頭而指責趙姨娘，而趙姨娘啞口無言，無法反擊，是一定道理的，不僅僅王熙鳳要比趙姨娘地位要高。因為春節時候，打罵孩子是不妥當的，因此趙姨娘責怪賈環是不符合傳統春節文化的禮俗的。

即使是家裏的傭人，也因為春節這樣特別的節日而不被隨意打罵。林語堂就回憶，他在過年是時候感受：

> 在新年中就是最卑賤的婢女也可大赦，而不愁挨打了，最奇怪的，那些終日操作的女人們也悠閒起來，嗑著瓜子，不願洗衣煮飯，連菜刀也不肯拿。怠工的理由，是新年中切了肉就等於把好運切了，把水倒入溝中就等於把好運倒了，洗了東西，就等於把好運洗去了。

〔註5〕

二、親戚和諧

春節期間，親戚之間會互相走動，互相贈送禮品，平時的婆媳、姑嫂之間的糾葛會放在一旁，兄叔之間的平時恩怨也都會棄之，而不再進行眼下的較勁，所有這些都是為了營造一種家族和諧的氛圍。

親戚和諧，主要表現在吃。即使在吃不飽的時代，到了除夕也有吃團圓飯，或許這一頓團圓飯不夠豐盛，但家人還是要坐在一起，邊吃邊聊，還是十分融洽的。這就是親戚之間的和諧。有時候這種和諧，還會從親戚之間，延續到周邊鄉親們，製造一特定環境下的平靜、和睦的春節。

〔註 5〕《林語堂自傳》十三《我過新年》。

三、社會和諧

每歲元旦，老幼咸頌吉利語，謂一年可定終歲休咎，且有書而黏諸壁者。為士者常書「元旦發筆，學有其益」等語，為商者常書「新年提筆，一本萬利」等語是也。〔註6〕

這是徐珂描述的清代春節情景。「終歲休咎」的概括很準確，到了一年的終點停止一切爭執、責備、怪罪等，「老幼咸頌吉利語」。黏貼在牆上的字，有讀書人提寫的「學有其益」，也有商人撰寫的「一本萬利」，雖然身份不同，他們都和睦相處，表現出其樂融融的元旦氣氛。因此有人說：一副副紅對聯貼在每一扇門上，都包含了鴻運，幸福，和平，昌順，春興等字樣。因為這是大地春回的節日，也是生命財富回來的節日。〔註7〕

這種節日的氣氛，使得春節與其他節日有著明顯的不同。《林語堂自傳》十三《我過新年》也說：陰曆新年是中國人一年中最大的節日，其他節日和它比較起來便顯得缺少假日精神的整個性了。五天裏面，全國的人都穿了最好的衣服，關上店門，閒蕩著，賭博著，敲鑼鼓，放爆竹，拜年，看戲。這是一個大好日子，每個人都憧憬著新年發財，每個人都高興地添了一歲，準備向他的鄰人說些吉利的話。

而這些「缺少個性」的特徵，正是春節的和諧文化的表現。在這樣一個特別的節日，社會所表現出來的是太平、安靜、祥和的氣氛。

四、宮廷和諧

宮廷是封建社會最高的權力機構得的所在地，在這裡，有著不同身份、地位的人，然而到了春節期間，同樣表現出和睦吉祥的氛圍。

舉清宮為例。

> 除夕之夜十二點的鐘聲將過，太后命眾人齊至殿上，排好長案後，由御膳房將事先預備好的各種素菜端上桌，太后命眾人一齊下手做素餡煮餑餑（餃子），於是切的切、剁的剁，大殿之上霎時丁兒當兒亂響。
>
> 切剁好後，都交到太后面前，由皇后、妃子、大公主等人拌餡兒，口味鹹淡，由太后決定。天到濛濛亮時，餃子已包齊。太后命

〔註6〕《清稗類鈔·迷信類1》。
〔註7〕《林語堂自傳》十三《我過新年》。

眾人退回更衣，重新梳頭打扮。不大工夫，眾人回到殿上。

　　太后命宮女把煮好的煮餑餑端上來，太后說：「此刻是新年、新月、新日、新時開始，我們不能忘記去歲的今日今時。今天我們能吃一碗太平飯，這就是神佛的保佑，列祖列宗的庇護。」說完，命大家用膳。〔註8〕

　　這裡的一段文字，是一種文學家的演繹，未必那麼真實，但宮廷也不能免俗，卻將春節宮中的和諧場景進行了形象化的展示，只不過其中的人物從普通者換成了公主、王妃、皇后以及其他各色人等而已。

　　即使在一些特殊環境裏，到了春節也依然有和諧的氣氛。

第三節　和諧源自何處

　　春節是中國人普遍認同的節日，為了春節的到來，必須要營造祥和、友善的氛圍，而其和諧的原動力來自於何處呢？

一、民俗的動力

　　民俗是一種歷史的慣性而形成，一旦形成就會代代相傳，成為所有民眾共同遵守的文化習俗，春節就是這樣一種節日文化。由於春節的特殊時間節點，就成為平和、安祥時間的最重要的關鍵點。正是如此，其民俗表現也與以往有很大的不同。

　　穿著新衣是春節重要的文化景觀。舊時，衣服曾經是一個人身份的象徵。但在春節期間，不管你的身份如何，都希望能夠穿著新衣，以表達新年的到來。只不過有錢人可以穿綾羅綢緞，《金瓶梅》第七十八回《林太太鴛幃再戰，如意兒莖露獨嘗》是這樣描述的：「重和元年新正月元旦，西門慶早起冠冕，穿大紅，天地上燒了紙，吃了點心，備馬就拜巡按賀節去了。月娘與眾婦人早起來，施朱傅粉，插花插翠，錦裙繡襖，羅襪弓鞋，妝點妖嬈，打扮可喜，都來月娘房裏行禮。」這裡可見，正月初一無論是西門慶還是月娘與眾婦人都是煥然一新，花團錦簇。西門慶去給上司拜年，要精心打扮一番，西門慶的妻妾們互相之間行禮祝賀，同樣「錦裙繡襖，羅襪弓鞋，妝點妖嬈，打扮可喜」進行賀禮。

　　而普通老百姓雖然是粗布衣服，也最好是新做的衣服。

〔註8〕天山雪《慈禧太后的最後一個春節》，《中華傳奇》2007年第1期。

《清稗類鈔・風俗5》記載：

> 每值新年，則蹤跡所到之處，為廠甸、香廠、白雲觀等處，姑奶奶盛裝豔服，雜坐於茶棚。

所謂「姑奶奶」，即小姑，由於其個性開放，不受管教而得名。特別是到了新年，她們更是穿著盛裝，到處遊逛，全然沒有女孩子的那種矜持。有人對此現象總結道，京師有諺語曰：「雞不啼，狗不咬，十八歲大姑娘滿街跑。」蓋即指小姑也。小姑之在家庭，雖其父母兄嫂，亦皆尊稱之為姑奶奶。因此之故，而所謂姑奶奶者，頗得不規則之自由。南城外之茶樓、酒館、戲園、球房，罔不有姑奶奶。衣香鬢影，雜沓於眾中。

之所以有這樣的獨特景觀，就是她們在新年之際穿著漂亮的衣服，招搖過市，如此一來引起人們的別樣的關注。

二、心理的動力

一般人的眼裏，玩具都是孩子們喜歡的東西，但在過去也是春節期間的器物。

放風箏是春節裏一種兒童或者大人都喜歡的娛樂活動。

風箏的起源，有各種各樣的說法。風箏上有吉祥圖案，神仙人物、走獸、花鳥、器物等形象和一些吉祥文字，賦予求吉呈祥、消災免難之意，寄託人們對幸福、長壽、喜慶等願望。同時古往今來人們都希望健康長壽，因此在風箏上有很多祝頌長壽的圖案：如松柏、仙鶴和綬帶鳥等，還有長命百歲的靈芝、仙桃等。這些風箏圖案、文字都集中體現了春節祈求吉祥的文化心理。

再譬如七巧板，曾經是清代宮廷裏的春節玩具。

清代還有人根據七巧板的原理，製作了一種新的玩具，據說製作者就是孝全皇后。孝全皇后有《清宮詞》這樣寫道：「蕙質蘭心並世無，垂髫曾記住姑蘇，譜成六合同春字，絕勝璇璣織錦圖。」原注：「孝全皇后為承恩公頤齡之女，幼時隨宦至蘇州，明慧絕時。曾仿世俗所謂七巧板者，斫木片若干方，排成『六合同春』四字，以為宮中新年玩具。」[註9]

孝全皇后，道光帝第二任皇后，咸豐帝生母，年幼時隨其父為駐紮蘇州，由於非常聰明，曾經模仿七巧板，用木片拼成「六合同春」，作為宮裏的新年玩具，亦可見其聰慧無比。

〔註9〕《慈禧全傳》第一部《慈禧前傳・序・清文宗與恭親王》。

　　同時，玩具也是慶賀新年的重要一部分。

　　過去，買玩具的地方，集中在城隍廟一帶。一到春節，大人小孩就會去城隍廟，買心怡的玩具，增添新年的氣氛。

　　林語堂曾經在其自傳裏就說過他過春節購買玩具的情景：我原不該到城隍廟去的。在這個時期到那裏去，你會知道結果是怎樣的。在歸途上我發現我不但帶了走馬燈、兔子燈和幾包玩具，還帶了幾枝梅花回家以後，我看到有人從家鄉送了一盆水仙花，我的家鄉因出產這種美妙馥郁的水仙而聞名全國。〔註10〕

　　玩具，顧名思義，是提供玩樂的器物。要知道，玩是需要時間與金錢的。在難以果腹的時代，要玩也是一種奢望，春節就成為特定的被允許的一個時間段，期間人們可以搓麻將、放風箏以及其他放縱心身的活動。

　　空鐘，有的地方也叫空竹、空中。《清稗類鈔・物品類11》：空鐘，一曰空中，小兒之玩具也。刳木中空，蕩以瀝青，卓地如仰鐘，而以繩繞其柄。別一竹尺有孔，度其繩而抵格空鐘，繩勒右卻，竹勒左卻，一勒，空鐘轟而疾轉，聲清越以長。製徑寸，至八九寸。其放之，一人至三人。京師旗人類能之。有快手羅者，即售此技於金陵，致小康。而麻瑞子較羅為尤精，則售技於京師。東西兩廟之集期，新年之廠甸，麻必在焉。有時以半段空鐘用繩扯之，飛至極高，躍至極低，盤旋如意，雖兩輪去一，失重心力而不墜。觀者輒拍掌稱善，爭擲錢與之。

　　這種空鐘，是普通的玩具，也是春節裏普通百姓乃至皇親貴族都喜歡的對象，到了春，京城都有這樣的抖空中（鐘）者，受到圍觀者的拍掌叫好。根據徐珂《清稗類鈔・物品類11》記載：抖空中者，近於舞，京師新年，王孫貴姬皆喜為之，宮人亦多好焉。舞式為鷂子翻身、飛燕入雲、響鴿鈴。

　　這種「近於舞」的抖空中的活動，是一種心胸放鬆的表現。不僅表現在玩空中者，也表現在圍觀者，他們有時間來觀看，還能夠一邊觀看一邊叫好，也是心情放鬆的生活場景。

　　春節期間是購買玩具最好的時候，大人小孩都會在這個時間裏買玩具。大人會給家裏的兒童買，小孩子由於有了壓歲錢而會自己來支配，去購買中意的玩具，這樣就造成春節期間的玩具旺銷，因此而帶來新的生意經。

〔註10〕《林語堂自傳》十三《我過新年》。

　　傳有某商者,經營折閱,歲除,僅餘錢二百,而債主畢集,走叢冢間,欲自縊。見先有人在,知為與己同病者,急救之,相與慰勞。其人問商所苦,商告之故,其人笑曰:「異哉!有錢二百而猶覓死邪?」商告以無事可為,其人又笑曰:「子視世間若無事可為,此子之所以困也。二百文猶在囊乎?請以畀我,我為子經營,子但坐享其成可也。」又謂商:「請少待,吾為子販貨來。」乃持錢去。須臾,其人至,攜酒一甌,豚肉一方,小兒玩具數十事,拉商同至一古廟中,兩人席地飲啜。天明,商寐,其人可先起,授以昨所購小兒玩具曰:「今月新年,士女相率嬉遊。汝持此向市上售之,遇大人來購者,廉之;其攜有小兒牽衣索市者,昂之。」商如言,獲利倍徙,喜甚,返見某曰:「子策善哉!明日請再販小兒玩具售之。」〔註11〕

　　某人由於無錢而自殺,商人二百元錢也要自殺。某人得知情由,就幫助商人出主意,並買了玩具讓商人在新年裏去賣。還告知說:「遇大人來購者,廉之;其攜有小兒牽衣索市者,昂之」。如此,大獲盈利。其中告知人們一個很關鍵的商業秘密:第一,那就是銷售的時間很重要,其次,買賣的對象必須要認清楚。

　　而最主要的是春節這樣一個時間節點,在這個節點上「攜有小兒牽衣索市者,昂之」,其原因就在於此時孩子有了一定的索要玩具的權力,一般情況下,家長都會答應,即使貴一點也毫不在乎,即使在乎也因為和睦的節日氣氛裏也只好忍痛割愛。

第四節　和諧價值

　　春節的和諧價值至今依然存在,只不過這種傳統有了新的變化而已。和諧是人們追求的一種理想境界,也是社會達到一定高度之後所產生的文化氛圍。

　　和諧是要有一定社會基礎,比如人的溫飽解決了,人的尊嚴得到了維護,人與人之間沒有了不平等,沒有了仇恨,消除了勾心鬥角,這樣才能夠製造出和諧文化。事實上,在現實生活裏,這種和諧幾乎是不存在的。但是,春節卻給我們帶來短暫的和諧機會,這是數千年歷史帶來的祖先傳承下來的美好文化,至今依然有著積極的現實價值。

〔註11〕《清稗類鈔‧農商類13》。

一、互相關愛

互相關愛是一種美德，而這種美德一直成為人們心靈深處的記憶。特別是到過年時候，中國的風俗必須拎著禮品拜年問候，這種關愛已經成為模式，更成為單位領導乃至政府部門進行的一項特別的公務，這是和諧的春節文化所帶來的福音。

而在老百姓中這種傳統美德傳承不息，即使在嘴困難的情況下。

第二天是大年初一。早晨一起來，父親就把家裏唯一的一隻正在下蛋的母雞殺了，燉好後，用小碗分了 20 份。分完，母親要我們挨家挨戶去送。我們有點不情願，父親說：「去吧，孩子們。送完，我們回來吃籃子裏的好東西。」

父親這麼一說，我們分頭去了。每人捧著一碗香噴噴的雞湯，實在忍不住饞時，便用手指頭在湯裏一蘸，然後吮著指尖，感到十分香甜。

村子裏除我家之外，總共 20 戶，我們全送到了，沒有一戶因為送的東西少而拒絕。回來後，我看見沉默了一整晚的父母開始說起話來。父親在灶膛裏燒火，母親把我們前晚沒有吃完的蕨和從籃子裏割下的一點肉炒了一大碗，還煮了魚頭湯和米飯。我們兄弟姐妹的臉上蕩漾著笑容。就在我們吃飯的時候，村民們端著碗陸續來到我家，他們夾了一點蕨後放下一大塊魚或一塊肉，然後笑著，邊吃邊走開了。村民們全走了，一大碗蕨沒有了，留下來三碗滿滿的魚肉。我們歡快地吃著、叫著、跳著，可父親不知怎的卻流出了眼淚……〔註12〕

這雖然是一篇小說，其來源卻是真實的故事。它說明了在最艱苦的條件下，鄰里之間依舊沒有忘記互相關愛，互相照顧。此情此景令人垂淚，唏噓不已。

在歷代封建社會的官僚中，也有關愛別人，而對自己卻是廉儉的，不乏少數，特別是在春節期間的這樣舉動，更是令人感動。

《清稗類鈔‧廉儉類9》有一則人物故事，說的是：朱文正公珪崖岸峻絕，一介不取，歷官中外，無敢以苞苴進者。及陟正卿，清貧若寒素。某歲新年，值大雪，往賀裘文達公曰修，文達見其所衣為棉袍褂，乃曰：「范叔何一寒至此？某欲效古人以綈袍贈君。」即呼僕入內，取貂裘一襲奉之。急辭謝曰：「良友多情，固所深感，然朱某固一介不取，生平未嘗失節。且貂裘亦僅壯觀，若云禦寒，則已著重棉矣。君不見道旁雪中尚有多數赤身僵臥者乎？彼與某，皆

〔註12〕聶茂《那個貧窮而又溫馨的春節》，2006 年 2 月 1 日《羊城晚報》。

人也。某較彼已有天堂地獄之別，敢不知足！君盍以贈我者移贈若輩乎？」文達急謝過，曰：「君真道德士，當謹遵仁人之言。」急呼僕持貂裘付質，以質價購棉衣數十襲，至市給貧民。

朱文正公珪，即朱珪。文正是其死後皇帝封的諡號。朱珪，字石君，號南崖，晚號盤陀老人。祖籍蕭山，生於 1731 年，卒於 1807 年，享年 77 歲。他曾經擔任兵部尚、大學士等職位，但是書勤政為民，不好錢財，深得好評。因此其死後，皇帝親自前往弔唁。〔註13〕

徐珂將其列入「廉儉類」，完全正確。朱珪雖官居高位，卻過著清貧若寒素的日子。新年期間，別人要送他貂裘，他卻以「君不見道旁雪中尚有多數赤身僵臥者」為由，將一件貂裘換成數十件棉衣送給貧民。表現的是一種高風亮節、愛民如子的情懷。

春節是一種特殊的節日，在這個時候更需要對底層民眾的關懷與體恤，這是春節文化至今的價值。

二、上下同樂

春節是全民同樂的節日，無論你是位居高官還是普通百姓都會自覺自願地加入歡慶的隊伍，這是民俗使然，也是心願所歸，一句話任何人都不能免俗。

徐珂就記載了除夕就開始的孝欽皇后（即慈禧太后）與宮廷眷屬共同歡度春節的一番情景：

> 除夕奏樂，達旦始已。孝欽召集來賓，擲骰為戲，宮眷各得犒銀，多者銀二百元。孝欽坐久而倦，乃以銀元擲之地，宮眷欲博其歡也，盡力奪之。夜半，陳炭於銅盤，熾以取暖。盤以銅為之，置房中，內燃板炭，孝欽取松枝少許，投之盤，宮眷亦各折小枝及大塊松香以入之。頃刻，滿室氤氳，蓋取吉羊之意也。是時，宮眷或裹餃、剝蓮實，以充元旦之食品，蓋元旦不食飯也。
>
> 天將明，孝欽略睡。及醒，宮眷進食品數盤，分盛蘋果、青果、蓮子。蘋果者，取其平安；青果者，取其長青。孝欽受之，以「汝等平安」之吉語為答。梳洗畢，群向之賀年，次及於德宗隆裕後。

〔註13〕《清史稿》卷十六《本紀十六・仁宗本紀》：「十二月戊寅，大學士朱珪卒。己卯，上臨第賜奠。」

宮眷無事，侍孝欽觀劇，晚戲既畢，則命太監奏樂，孝欽自唱，
宮眷和之。又命太監唱，唱不成聲者，眾皆笑，孝欽顧而樂之，惟
德宗訖無笑容。一日，宮眷德菱詢以何故不樂，德宗但以英語之祝
新年佳勝一語為答。〔註14〕

只不過，慈禧太后的宮廷節日與世俗不同，可以大把撒錢。守夜的時候，
如今，單位舉辦的新春聯歡會，政府最高領導者的新年賀詞等都是一種新的全
民同樂的新的文化形態。

三、製作和諧

春節的和諧是製造出來的，這是一種民俗意義上的製造，而非人為故意的
製造。

從民俗意義上來說，年初一放鞭炮是為了驅逐鬼怪，趕走惡魔。除夕時中
堂上懸掛鍾馗像，為了驅邪逐疫，在老百姓的觀念中，平日可以有各種各樣的
妖孽存在，但是到了春節就必須將這些為非作歹的妖孽驅除乾淨。而放鞭炮、
掛鍾馗像等都是為了製作一種和諧的氣氛，而這種氛圍恰恰是春節文化的重
要標誌。

春節裏鑼鼓喧天，好像與節日的和諧不相吻合，其實就是驅趕平時的沈
寂，是心裏愉悅情感的赦放，製造春節需要有熱鬧祥和的節日氣氛。《清稗類
鈔‧音樂類1‧年鑼鼓》記載：京師裏，每屆新年，沿街鑼鼓，響似春潮，然
皆漫無節奏，俗所謂年鑼鼓者是也。其樂器大率皆備，人家商店均有之，晝夜
喧闐，震人心肺欲嘔。

這種年鑼鼓，看似與春節的安詳、靜穆的相左，其實質是春節的和諧是同
義而一致的。

製造和諧，需要的是相互之間的理解。在春節裏走親訪友互相走動，互相
送禮，表現出的是一種和諧；而鄰里、同學、朋友之間互相送禮，也是一種製
造和諧的方法。古人說：禮小情意重。說的是禮品可以小小的，其包含的人與
人之間的情義是無法用金錢來估計的。春節裏的禮尚往來，更是一種習俗，也
是人與人之間和睦相處的良好表現。

製造春節文化的氛圍，也是一種和諧的表現。家家戶戶貼春聯，街頭彩旗
飄飄，可以增加年味，也是春節必須的一種文化。根據《清稗類鈔‧時令2》

〔註14〕《清稗類鈔‧時令2》。

記載：「乾清宮每歲封寶後，工部內府進燈竿二，盤龍楠木柱，高與宮簷齊，上銜五色八角圓燈，樹於東西墀中。」乾清宮，是清康熙、雍正皇帝處理政務之處。每當歲末要對此宮殿進行裝扮，以示節日氣氛。

如今民族文化的慣性一直在延續，每到春節之前，街道上、商場裏、馬路邊都會有各種各樣的廣告，旗幟、標語等，裝點著即將到來的正月初一。

過去，地攤商販到了春節格外活躍，寺廟前一般都有各種商品，琳琅滿目，同時還有各種民間藝人的雜耍與表演，這些都成為人們逛街的好去處。《清稗類鈔·技勇類21》：無錫之有崇安寺，猶蘇州之有玄妙觀。寺前有廣場，每屆新年，男女紛沓，江湖賣技者莫不利市三倍。嘗有賣拳者，挈家人婦子，擇隙地，圍布幔，中豎刀槍劍戟之屬，金革雜作，鎗然闐然，遊人如蟻聚，如蜂屯，循幔一周幾無容足地。及演技，技果精，半日獲錢無算。

在周作人的筆下，同樣出也現北平廟會的情景：「自正月起，每逢七八日開西廟，九十日開東廟。開會之日，百貨雲集，凡珠玉綾羅，衣服飲食，古玩字畫，花鳥蟲魚，以及尋常日用之物，星卜雜技之流，無所不有，乃都城內之一大市會也。」〔註15〕

這種地攤商業活動，不僅增添了春節節日的韻味，同樣也表現了和睦、熱鬧的傳統買賣的文化習俗。

四、預示作用

春節是一特殊的日子，其中有著人們心理的預示作用；這一天的順順利利，也預示著未來的一年裏也都是太太平平，無災無病，這是老百姓嚮往的未來一年的生活。過年會穿新衣，吃大魚大肉，這除了是現實生活的表現，也表達了人們對未來前景的憧憬。因為過去平常的日子是簡樸而清貧的，人們不僅僅滿足春節期間的豐裕的生活，更希望有美好的新的一年。

壓歲錢，原本是長輩在春節裏給孩子的錢，其意義為小孩容易受鬼祟的侵害，所以用錢鎮邪驅魔，不僅如此，同時也以此預祝小孩在新的一年能夠一切平安、健康。

到了後來，其原始意義發生變異，不再是給孩子發壓歲錢，還可以給平輩或者長輩發壓歲錢。

〔註15〕《周作人文集·民俗風物·緣日》。

杜月笙就曾經在春節到來之前，給他的徒子徒孫乃至巡捕發壓歲錢的事情：每年陰曆臘月廿四日，通商銀行的帳房就給他預備 2000 個「紅包」，200 個金「四開」。春節一大早，就門庭若市，一批批拜年的人紛至杳來，徒子徒孫們向杜下跪磕頭，其餘有鞠躬的，有打恭作揖的。發得最多的是巡捕，有時來了四五十人一大隊，到門口高喊：「向杜先生恭喜來了！」於是就有人請他們在大門外站好，每人給一個「紅包」，發畢，他們喊一聲「謝謝杜先生」，就走了。不到年初三，2000 個「紅包」就發完了，還得補上 800 來個，方能應付。這樣光壓歲錢每年就花幾萬元。〔註16〕

這裡，可以看到發壓歲錢的對象發生了很大的變化，但是壓歲錢的預示作用依然沒有改變，同樣在預示著領到壓歲錢的人能夠賺錢、發財。現在給老年人的壓歲錢賦予了新的含義，更多的預祝他們健康、長壽。

貼春聯，同樣是對未來生活的一種預判。

門上貼春聯的習俗，經過幾十年的變革之後，人們又開始慢慢地傳承了這樣的中華民族傳統。此時的春聯，雖然不再是自己手寫，其中或許帶著商家的宣傳與廣告，但是大紅的春聯畢竟象徵著未來家庭的紅紅火火，喜氣洋洋，何樂不為呢。

另外，春節期間人與人之間互相打招呼，說一些吉利話，這種完全呈現不同以往的生活場景，就是一種寓意著未來有好的兆頭。春節除了親友、鄰居、同事之間的拜年祝賀，還有一種文化習俗，就是大年初一看演民間戲劇。在正戲開始之前，還要加帶一種吉祥戲表演，《財神散財》、《跳加官》就是非常普遍的吉祥戲。如《跳加官》就是一人裝扮成祿官，身穿大紅袍，面帶笑容可掬的面具，手持朝笏，走上戲臺繞場三周，笑而不答，第二次返回戲臺，抱出一個道具娃娃，仍繞場三周，最後出場，手持「加官進祿」紅色條幅，再繞場三周，預祝看戲的人祿星高照，象徵著來年陞官發財、萬事如意。〔註17〕

雖然這些內容未必符合現在時代，但是其預祝吉祥的文化含義與精神是可以繼承，而加以發揚光大的。

2016 年 12 月 18 日星期日

〔註16〕《民國黑社會》第三部分《幫》。
〔註17〕汪玢玲、張志立主編《中國民俗文化大觀》第 13 頁，吉林人民出版社 1999 年版。

端午與防疫——傳統端午的現代性價值

　　端午是重要的節日，在每年的五月初五，又叫端午節，古稱天中節，也稱端陽節、端五節等。

　　關於端午節的由來最流行的一種說法是，與屈原有關，當然還有說與伍子胥、曹娥等人有關，其中最為流行的說法是「屈原說」。不過，有專家考證，端午節與屈原沒有關係。〔註1〕

　　筆者認為，端午的起源與疫情有關，是人們對於瘟疫的恐懼而產生的一種文化習俗，至今我們依然可以看到端午所遺存與我們日常生活中的息息相關的思想殘餘與防疫習俗。

　　一般人往往將瘟疫作為一個詞組來說。其實瘟疫是兩個不同疾病的組合。「瘟」是動物之間的疾病傳播，如雞瘟、牛瘟、馬瘟等。《西遊記》中的弼馬溫，「弼」與別同音，「馬溫」即馬瘟，寓意舊時現實中的馬瘟對小農經濟社會危害甚烈，希望能夠有一個治療馬瘟的神仙出現。而「疫」則是人與人之間的疾病傳播與相互感染。而端午日流行的疾病是疫，主要表現為人與人之間的傳染。為了減少疫情對人們的危害，於是就有了各種防疫與抗疫的端午節文化。

一、五字的考證

　　每年五月五日，是端五。端午即端五。所謂端午節，是端五節的演變。

　　惡五月，是中國人的傳統，其各種各樣的恐懼、禁忌自古以來就流傳，

〔註1〕張心勤《端午節非因屈原考》，載《齊魯學刊》1982年第1期。

並且視五月為惡月、毒月之說。其實，端午也正是細菌病毒生長、繁殖、傳播的時間段，對人產生侵害，同時也容易造成病毒的傳播，造成社會的危害。民間認為該月毒蟲滋生，瘟疫流行，易得病災，因此形成了許多禁忌之習俗。至清代，五月禁忌沿其古俗又有所發展，形成了該月不遷居、不糊窗隔的禁忌習俗。

古人由於沒有太多的科學知識，往往會歸結於日期的不吉，而認為，五月初五是不吉利的日子。

（一）五

端午又稱端五，正處於陰曆五月初五。而五，在中國人傳統的潛意識裏，是陰陽交集，象徵不吉。五字，其意為「從二，像天地。陰陽在天地之間交午也。此謂乂也，即釋古文之意，水火木金土，相剋相生，陰陽交午也。」〔註2〕

從文字學的角度來考證五字，其蘊含非常豐富，也不僅僅是如今認可的是一個數字那麼簡單。

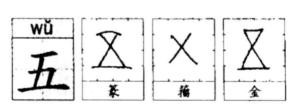

甲骨文"五"字由"二"和"乂"构成。"二"字表示在兩個地方之間，引申表示特定的范围，"乂"字有相交的含義，整个字的意思是在特定的地方相交。它指刀与手相交，由此产生剁手的含义。手上有五个指头，由此产生五个的引申义。以后字形是其变体。

〔註2〕《中華大字典》子集十部。

引述一下，文中所說：甲骨文「五」字由「二」和「乂」構成，「二」字表示在兩個地方之間，引申表示特定範圍，「乂」字有相交的含義。整個字的意思是在特定的地方相交，它指刀與手相交，由此產生剁手的含義。手上有五個指頭，由此產生五個的引申義。以後字形是其變體。〔註3〕

此解釋成立的話，五字原來有兩個意義，一個「剁手的含義」，已經不存在，另外一個作為數字的意義一直延續至今。即便如此，在端五一詞裏，我們依然可以依稀獲得其最初的野蠻含義。

五與午，在文化意象上是一致的，即都暗含著不祥之意，都屬於陰陽之際，存在著互相轉換的關鍵時刻。午，即五，因此人們也將端五，稱之為端午。

是一個數字。其文字構成是天地之間的「交午」。《說文》：五，陰陽在天地之間交午也。或曰五，五行也。《說文》段玉裁注：「水火木金土，相剋相生，陰陽交午也。」

這一段話的意思，翻譯一下，即天地之間各種事物互相交接，互相牽制，互相擾動，換言之，五所代表的是雜亂無章、相剋相生的符號。五，象徵著天地之間有雜草，這種雜草用「乂」來表示，一是表達草，一是割掉亂草。前者象形，後者表意，也都是「五」字的基本構成要素，強烈表達出倉頡造字時候人們對「五」字心裏感受，從而也形成了對「五」月的特殊偏見。

（二）午

古時的五，表示陰氣十足，主要是在上午。而午，主要指的是中午時分，表達的是上午與下午時間的轉折，是由陰轉變成為陽的開始。《說文》：午，五月陰氣午逆陽，冒地而出。也由於陰氣重，而會出現各種病毒與疫情。如此，則可以理解五與午的差異與相同了。

午與五有共通之處，還表現在都有互相交錯的意思。

如度尺而午，《儀禮》鄭玄注：「一縱一橫曰午。」又一些詞彙，如午午：交錯雜沓的樣子；午道：縱橫交貫的要道；午貫：十字形交叉貫穿）；午割：交叉切割。

午的最初意義，與杵有關。從字形學的角度而言，午即杵，是一根舂米的工具，其作用是將穀物等進行反覆舂砸破碎的過程。這些內涵與五字由二與乂組成的「乂」所表達的意思有某種相同功能。

〔註3〕竇文宇/竇勇《漢字字源》第175頁，吉林文史出版社2005年版。

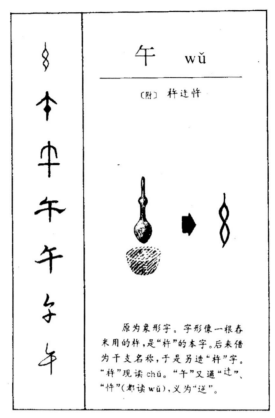

另外，午時在傳統文化視為重要的神秘時刻，特別是端午午時，吃藥才有效。〔註4〕另外，午時的雨水具有藥性功能，在醫書裏常見記載。《本草分經》原例（次序略經更定）《不循經絡雜品》：端午午時雨水，宜造癰癤瘡瘍蟲蠱諸丹丸。同書又載：「端午午時有雨，急伐竹竿中必有水名為神水，甘寒清熱化痰定驚安神，治心腹積聚及蟲病。」〔註5〕

以上也都是對於「午時」的迷信的高度濃縮的思想依據。

再說端午的「端」。

《說文》：端，即直也。〔註6〕《荀子·成相》：水至平，端不傾。也就是說手平舉拿物，不能傾斜。言下之意，就是要好好對待端五，而不可輕易怠慢。

綜上所述，端午二字的字面意思，就是要好好對待（端正）五（午），否

〔註4〕《本草撮要》卷三《果部·桃仁》：瘧疾寒熱，以桃仁一百枚，去皮尖，置鉢內研成膏，不得犯生水，入黃丹三錢。丸梧子大，每服三丸，當發日面北溫酒下，合此丸須端午午時，忌婦人雞犬見。
〔註5〕《本草分經》原例（次序略經更定）《不循經絡雜品》。
〔註6〕《中華大字典》子集十部。

則會遭受種種病毒與疾病，可能是端五最初的來歷。雖然端午的產生後於端五，所謂端五與端午的互通，不僅是字音的相同，而在民族意識上也都是完全一致。

由此可知，端午是一個特殊的日子，從其形成之初，就與驅邪有關，慢慢地出現各種各樣的災疫有一定關聯的文化，從而形成了一系列的防疫抗瘟的民俗文化記憶，一種流傳至今。

二、敘述端午疫情

關於端午節與災疫的敘事，在各種文獻中都有，特別是文人作品與民間文學中如此有關於防疫的表現。

（一）詩歌

南宋文天祥《端午》：五月五日午，薰風自南至。試為問大鈞，舉杯三酹地。田文當日生，屈原當日死。生為薛城君，死作汨羅鬼。高堂狐兔遊，雍門發悲涕。人命草頭露，榮華風過耳。唯有烈士心，不隨水俱逝。至今荊楚人，江上年年祭。不知生者榮，但知死者貴。

勿謂死可憎，勿謂生可喜。萬物皆有盡，不滅唯天理。百年如一日，一日或千歲。秋風汾水辭，春暮蘭亭記。莫作留連悲，高歌舞槐翠。

文天祥的這首《端午》詩歌除了表現其視死如歸的英雄氣概之外，同時也把端午節的許多風俗展露出來。「田文當日生，屈原當日死。生為薛城君，死作汨羅鬼」。

田文，即孟嘗君，與屈原都是戰國時期叱吒風雲的人，一個是生在五月，在薛城做官，一個死於五月，魂歸汨羅江。事實上，作者是否定五月是惡月的說法。雖然如此，作者還是認為端午節是一個「死者」祭祀的日子，所謂「至今荊楚人，江上年年祭」，不僅說的是楚荊一帶的風俗，而且對逝者要年年紀念，進而形成了風俗。「不知生者榮，但知死者貴」，完全沒有「好死不如賴活」的世俗觀念，將死者的價值進行提升，也非常切合作者的高尚情感與視死如歸的勇氣。

唐李隆基詩歌《端午三殿宴群臣探得神字》：五月符天數，五音調夏鈞。舊來傳五日，無事不稱神。穴枕通靈氣，長絲續命人。四時花競巧，九子粽爭新。方殿臨華節，圓宮宴雅臣。進對一言重，遒文六義陳。股肱良足詠，鳳化可還淳。

其中的「舊來傳五日，無事不稱神。穴枕通靈氣，長絲續命人」，則將端午蘊藏著神鬼思想，與用長絲續驅逐邪氣的民間做法集中進行敘述。

唐竇叔向《端午日恩賜百索》：仙宮長命縷，端午降殊私。事盛蛟龍見，恩深犬馬知。餘生倘可續，終冀答明時。這裡，同樣說明了當時宮廷裏皇上給大臣賜贈長命縷的端午節習俗，其意義也是在於逐趕疫情、保全生命。

艾草、菖蒲都是治療、防疫的作用，宮廷裏也無法免俗，遵循節日習俗。在宋周麟之《端午貼子詞‧皇太后閣六首》中有詩為證：「覆戶雙人艾，浮樽九節蒲。更聞天子孝，瑞筐扇堯廚。」宋宋癢《皇后閣端午帖子詞》：魏井開冰潔，齊宮獻服新。宮門無暑氣，猶許艾為人。這兩首詩歌都說及端午要用艾草，就是王朝裏面也依然流行艾草增添端午氣氛，其言下之意就是用艾草來進行防禦。

自古以來，此類端午詩歌甚多，也都提到菖蒲、艾草，可見人們在端午節這一天防疫的重視。

艾草的採摘與醫藥作用在《本草綱目》草部第十五卷《草之四‧艾》就有明確記載：二月宿根生苗成叢，其莖直生，白色，高四五尺。其葉四布，狀如蒿，分為五尖，丫上復有小尖，面青背白，有茸而柔濃。七、八月，葉間出穗如車前穗，細花，結實累累盈枝，中有細子，霜後始枯。皆以五月五日連莖刈取，曝乾收葉。先君月池子諱言聞，嘗著《蘄艾傳》一卷。有贊云：產於山陽，採以端午。治病灸疾，功非小補。又宗懍《荊楚歲時記》云：五月五日雞未鳴時，採艾似人形者攬而取之，收以灸病，甚驗。是日採艾為人，懸於戶上，可禳毒瓦斯。其莖幹之，染麻油引火點灸炷，滋潤灸瘡，至愈不疼。亦可代蓍策，及作燭心。

這是比較詳細地說明了艾草的來龍去脈，並且用《蘄艾傳》、《荊楚歲時記》來印證，更加強其說服力，可以「灸病」，也可以「禳毒瓦斯」。

（二）散文敘事

敘事作品裏，對於端午裏的災情的描繪更是生動鮮明。

特別是在民間文學裏，流行著大量的傳說，也恰恰證明了端午是一個值得疫情爆發的時間段。

《白蛇傳》有一個情節與端午節直接有關，就是在端午節這一天，白娘子吃了法海給許仙的藥而顯形。這是一個與端午節相關的重要信息，與老百姓的知識認知是密切吻合的。正由於有了這個情節，才使得故事突然山回路轉，開闢新的盜仙草、水漫金山等章節。也正是這個端午節的加入，讓傳說的人物性

格鮮明突出，也使得故事情節合情合理。因為在中國人的心目中，端午節是一個有災異的時間段，白娘娘變回蛇形就出於這樣一種文化心理。也正是變異構成《白蛇傳》最核心的故事情節。

端午節這天，無論城鄉，家家都在門口、床前，掛插菖蒲、艾葉、賽頭。城鄉各戲班都演出《白蛇傳》，以求平安。

其原因在於《白蛇傳》能夠有驅無毒的作用。關於端午有驅逐五毒的習俗。所謂五毒，《武林舊事》卷三《端午》記載：蜈蚣、蛇、蠍、蜥蜴等，謂之「毒蟲」。〔註7〕此時，還沒有五毒的概念。這種構成了如今所說的五毒概念，大概在明代。五毒，在各地都有不同的指向，大多數指的是蜈蚣、毒蛇、蠍子、壁虎和蟾蜍。

民間也說：「端午，是五毒的忌日。白蛇的道行深不吃酒不要緊，青蛇只好逃到外面。這天許仙興致很好，一定要白素貞吃酒。她不肯，許仙竟說：不吃我不上樓。她只好喝了三杯。許仙說他發痧了，下樓去拿藥上來，只見床上盤著條大白蛇，嚇得跌倒在地。」〔註8〕

（三）民俗敘事

端午節這天，山東全省幾乎都吃粽子和雞蛋。費縣喜歡喝雄黃酒。據說，雄黃酒有殺菌的功能。兒童不能喝酒，便在耳朵和鼻孔裏抹上一點。招遠、諸城一帶的婦女兒童，習慣用雄黃塗抹耳鼻，意在驅邪防病。〔註9〕

在民俗裏，人們對端午節的敘事非常多。在《中國地方志民俗資料彙編》〔註10〕裏有大量的有關端午節習俗的材料，大多數都是關於防禦疫情侵襲各種習俗，以及如何來防禦疫情的簡單做法。

清道光《德陽縣新志》記載：「端午，飲菖蒲酒，食角黍。」〔註11〕《洪雅縣志》記載：「端午，則飾龍舟競渡為戲。採藥物，懸菖蒲、艾其門，飲雄黃酒，治角黍相贈遺。」〔註12〕請光緒《丹棱縣志》：「午日，家造角黍，設雞

〔註7〕 《東京夢華錄等五種》47頁，中國商業出版社1982年版。

〔註8〕 《白狀元哭塔》，《中國民間文學集成上海卷‧長寧區分卷》第264頁，內部資料，1989年印刷。

〔註9〕 山曼、李萬鵬等著《山東民俗》第32頁，山東友誼書社1988年版。

〔註10〕 《中國地方志民俗資料彙編》，多卷本，中國書目文獻出版社1988年版。

〔註11〕 《中國地方志民俗資料彙編‧西南卷上》第122頁，中國書目文獻出版社1988年版。

〔註12〕 《中國地方志民俗資料彙編‧西南卷上》第178頁，中國書目文獻出版社1988年版。

子、酒肴，門懸艾虎，泛菖蒲，雄黃於酒飲之。又以雄黃塗小兒耳、鼻、唇、額，辟除疫毒。」〔註13〕

在上海端午節前，大家小戶均包製新箬粽，粽子，古稱「角黍」。宋代時尚有相互贈送角黍、水粗、綠索、艾花、畫扇的習俗。午時，用艾蓬、蒼術等藥物薰屋，以雄黃酒在小孩額上寫「王」字，以驅蛇蟲。以粗雄黃和酒，灑在牛棚豬捨及缸邊牆角處，以殺蟲豸。有些人家在客廳中懸掛鍾馗像，點香燭，焚「元寶」，祀張天師。小孩佩帶裝有菖蒲、艾葉、蒜頭等物的香袋，以驅病災。〔註14〕

在松江，午飯各家大多飲雄黃酒，菜肴備有黃魚、黃鱔、黃瓜、黃泥蛋（即鹹蛋），湊成「五黃」，意指「五王」，取鎮妖壓邪的意思。〔註15〕這種「五黃」是將雄黃的功用價值，做了一個延伸，是對「黃」的迷信，成為一種具有地方色彩的新地方民俗。

此日松江城中各藥店免費贈送「虎頭黃牌」，一種用虎形木模壓製成的黃色泥虎，孩子們討得後掛在胸前玩耍。〔註16〕

「虎頭黃牌」也是一種地方風俗，是對「虎」的崇拜與「黃」的俗信，達到了完美結合。因為這一風俗耳聞目睹，傳承久遠，不僅成為中藥店在端午節宣傳自己傳播國藥的大好機遇，也受到孩子的歡迎，也在客觀上起到端午節習俗的傳承的作用。

在清《璧山縣志》記：五日，為天中節，俗曰端午，每家飲雄黃酒，插菖蒲，懸艾虎於門。以箬葉包裹糯米為角黍。取百草煎湯澡浴，云避毒。〔註17〕這裡可知，端午風俗隨著地區的不同、自然條件的差異已經發生很大的變化，如「取百草煎湯澡浴，云避毒」如今大多數地方已經銷聲匿跡，但是這是非常重要的農業文明社會的一個表現，是抗疫、避毒的民俗文化，由此可見，自古以來端午辟邪抗毒的一直是傳統，而丟棄這種文化的根底，端午就不能稱其為端午了。

〔註13〕《中國地方志民俗資料彙編·西南卷上》第 179 頁，中國書目文獻出版社 1988 年版。
〔註14〕歐粵《松江風俗》第 17 頁，百家出版社 1991 年版。
〔註15〕歐粵《松江風俗》第 17 頁，百家出版社 1991 年版。
〔註16〕歐粵《松江風俗》第 17 頁，百家出版社 1991 年版。
〔註17〕《中國地方志民俗資料彙編·西南卷上》第 222 頁，中國書目文獻出版社 1988 年版。

三、如何抗疫

如上,端午是一個疫情與病毒共生的時間,在此時,人們除了恐懼之外,還有積極的一面,旨在於提醒人們注意季節的變化,做好防範工作,因此在端午時期,也產生了各種各樣應對災疫的各種措施。

(一)洗澡

採摘具有藥效的植物來洗澡來驅逐病毒,是端五風俗之一。前面所說的清代《璧山縣志》裏有記載外,光緒《黔江縣志》亦載:「採百草煎湯浴身」,〔註18〕此內容也見清代《彭山縣志》〔註19〕。如此記載在西南地區在民清時期幾乎都有流傳。

這種在在端午節進行沐浴的習俗起源很早,至少在漢代已經流行。這一天人們就用端午節前採集藥物,製作蘭湯沐浴,以驅除體內毒氣,無不寄託了百姓的智慧,也寄託了祈求安康的心願。

(二)喝酒

1. 喝菖蒲酒

唐殷堯藩《端午日》:「少年佳節倍多情,老去誰知感慨生。不效艾符趨習俗,但祈蒲酒話升平。」蒲酒,即菖蒲釀製的酒。宋趙友直《端午》:「節過端陽日,蒲觴滿自斟。興懷多感舊,弔古漫成吟。」這裡所說的「蒲觴」,也是斟滿菖蒲酒的杯子。由此可見,在唐宋時期,喝菖蒲酒是端五節裏的一個重要習俗,缺少這一種酒就沒有端午節日的氛圍。

端五節喝菖蒲酒,是一種古老的習俗,在歷代地方志裏此類記載。

菖蒲是我國傳統文化中可防疫驅邪的靈草,其藥用價值,能夠開竅化痰、醒脾安神、化濕開胃、健脾利濕等作用,而用酒來浸泡過的菖蒲,可以將菖蒲內的有效成分溢出,使得人體更加容易得到接受。

此酒,具有療效作用。宋代王懷隱《太平聖惠方》記載:「菖蒲酒,主大風十二,通血脈,治骨立萎黃,醫所不治者。」明代李時珍《本草綱目》也記載:「菖蒲酒、治三十六風、一十二痹,通血脈、治骨痿,久服耳目聰明」。可見菖蒲酒確有提神化痰、清頭明目、補腦益智、延年益壽和強身健體之效果。

〔註18〕 《中國地方志民俗資料彙編·西南卷上》第251頁,中國書目文獻出版社1988年版。

〔註19〕 《中國地方志民俗資料彙編·西南卷上》第253頁,中國書目文獻出版社1988年版。

2. 喝雄黃酒

喝雄黃酒，是端五節期間的習俗，各地流行。

在松江，除了喝雄黃酒，還有用黃魚、黃鱔、黃瓜、黃泥蛋等湊成「五黃」，取鎮妖壓邪的意思。小孩子不會喝酒，就蘸了雄黃酒在其額上寫上王字，以驅逐蛇蟲。〔註20〕

《武陽縣志》「喝雄黃酒」，「擦雄黃酒（免生瘡癬）」〔註21〕，《三臺縣志》「家家飲菖蒲酒，雄黃酒」〔註22〕《丹棱縣志》「飲雄黃酒」〔註23〕

清嘉慶《洪雅縣志》「雄黃酒飲之」〔註24〕

在瑤族端午節也有喝雄黃酒的習俗。〔註25〕

喝酒本身就有抵禦疫情的作用。清《良朋彙集經驗神方》〔註26〕：「凡遇瘟疫盛行之時，若出門走東過西，須飲酒幾杯，然後出門。回家之時亦當飲酒幾盃然後可食別樣對象自然氣壯絕不染瘟但不可至醉，如不能飲酒者，出入可食姜蒜，或將蒜塞在鼻內亦可，甚妙。」在端午時節，酒裏再加上能夠殺毒的雄黃，這樣的效果更好。

（三）粽子

粽子是端午習俗裏的鮮明特徵的時令食物。

粽，最早見於《說文解字》。「粽」的繁體字，本作「糉」，蘆葉裏米也。從米，葼聲。是「角黍」，用粽葉或者「楝葉」包裹米而形成的粽子。而米，是一種食物，施展巫術，能夠驅鬼逐魔。這種信仰在國內國外都有。民國十八年《合江縣志》載：相傳粽子、龍船為弔屈原而作，龍船所以招魂，粽子所以投食。粽子者，荊、楚舊以楝葉裏米，纏五色線，以楝葉與五色線乃蛟龍所畏，故粽子入水不為所食。〔註27〕其中就記載了粽子在端午時期的用途。在有的地方，是吃粽子來「以避瘟疫」。〔註28〕如今，這種端午節吃粽子的傳統被傳承，

〔註20〕 歐粵《松江風俗》第 17 頁，百家出版社 1991 年版。
〔註21〕 《中國地方志民俗資料彙編·西南卷上》第 81 頁，書目文獻出版社 1989 年版。
〔註22〕 《中國地方志民俗資料彙編·西南卷上》第 165 頁，書目文獻出版社 1989 年版。
〔註23〕 《中國地方志民俗資料彙編·西南卷上》第 179 頁，書目文獻出版社 1989 年版。
〔註24〕 《中國地方志民俗資料彙編·西南卷上》第 177 頁，書目文獻出版社 1989 年版。
〔註25〕 《思想戰線》編輯部編《西南少數民族風俗志》126 頁，中國民間文藝出版社 1981 年版。
〔註26〕 《良朋彙集經驗神方》，中醫古籍出版社 2004 年版。
〔註27〕 《中國地方志民俗資料彙編·西南卷上》第 161 頁，書目文獻出版社 1989 年版。
〔註28〕 《中國地方志民俗資料彙編·西南卷上》第 168 頁，書目文獻出版社 1989 年版。

成為家家戶戶過節的必須的美食。

角黍與粽子還是有很大差別的。前者是祭神的，後者是人用來食用的，兩者是有根本區別的。角黍與粽子都是包裹著的，而角黍包的是米、黍，是沒有燒熟的，這樣才可以起到驅邪的作用；包裹的葉子是「楝葉」。《康熙字典・木部・九》：「又《荊楚歲時記》蛟龍畏楝，故端午以楝葉包糉，投江中祭屈原。又與欄通。詳欄字注。」

而粽子用粽葉進行包裹，其中是米或者糯米，是需要煮熟之後食用的。

角黍之外，還有一種粽子叫涼糕粽，是不包粽葉的端午節食用的節日食物，曾經在明代頗為流行，並且在明代宮廷都作為端午節食品。〔註29〕《朱子語類・禮七・祭》：於端午能不食粽乎？這時候，粽子已經成為人們的日常生活的食品，而不再是祭祀時候所使用的祭祀品的「角黍」。

（四）競渡

競渡是一種體育鍛鍊，可以增強體質。《太平廣記・夢三・王璠》：端午日。盛為競渡之戲。這種在端午節中舉行的競渡，後來就成為劃龍舟的習俗。其本質依然是帶有增強人們肌肉、體力，以達到強壯身體來抵禦病毒的感染。

（五）五色絲線

也叫五色彩線。在端午節上，女兒一般都會戴五色絲線。

《西遊記》《妖魔寶放煙沙火悟空計盜紫金鈴》：國王道：「昭陽宮裏梳妝閣上，有一雙黃金寶串，原是金聖宮手上帶戴。只因那日端午要縛五色彩線，故此褪下，不曾戴上。此乃是他心愛之物，如今現收在減妝盒裏。寡人見他遭此離別，更不忍見；一見即如見他玉容，病又重幾分也。」

端午節縛五色彩線的習俗，其作用是可以捆綁災難，驅逐不吉。這是一種模擬巫術，也是一種驅逐疫情的做法。《道德經》第十二章：「五色令人目盲，五音令人耳聾，五味令人口爽。」其意：繽紛的色彩，使人眼花繚亂；嘈雜的音調，使人聽覺失靈。」此地所說「五」，就具有其神秘色彩。由此可知，五色絲線就含有驅逐不祥與災難的意念功效。

〔註29〕 《明史》卷五十三《志第二十九禮七（嘉禮一）》記載：立春日賜春餅，元宵日圓子，四月八日不落莢，（嘉靖中，改不落莢為麥餅。）端午日涼糕粽，重陽日糕，臘八日面，俱設午門外，以官品序坐。

（六）吃肉

抗疫的一個好辦法，就是吃得好，吃肉就是提高免疫力的一種方法。在《白蛇傳》上海寶山地區流傳的異文裏一這樣的情節：

> 許仙在杭州開了爿藥店叫寶和堂。一日，白娘娘想念許仙，來到寶和堂外。見許仙坐在堂內藥櫃內，心想：那天在斷橋見了他，再也丟不開，但不知許郎知識如何，今日不妨試他一試。想罷，變作一個老婦，來到許仙面前。她說要買四樣藥：「皮外皮，皮靠皮，皮裏皮，皮打皮。」許仙心想，我生平未聽說過有這幾種藥，或許父親知道。因而對白娘娘說：「你且等一等，我去找來。」許仙進裏屋問父親，老頭連連搖頭說：「沒見過此藥，回了吧。」許仙走出裏屋，只見一女子身穿青衣，站在面前。許仙驚問：「何人？」青衣女子說：「我特來告訴你這四樣藥。」隨即附耳說了幾句，說畢即刻不見。要問青衣女子何人？實乃小青也。她為了促成許仙與白娘娘結合，特地變化前來。許仙聽了，以為有異人指點，就按照小青所說，從對面熟食店裏買了一隻豬耳朵，一隻豬門腔，一隻豬舌頭，一根豬尾巴，走進前堂交與白娘娘。白娘娘問：「何以見得我要此四樣？」許仙答：「豬耳乃皮外皮，豬門腔乃皮靠皮，豬舌乃皮裏皮，豬尾乃皮打皮。」白娘娘一驚，差點現了原形，急忙轉身離去。自此之後，白娘娘對許仙更加傾心相愛。要不是後來法海從中作梗，兩人一定能白頭到老。（此傳說流傳於上海。講述者：顧平。採錄者，孫玉五、英方、慧明、季順娣。搜集時間、地點：1987年7月於昌北路。整理，秦文明）〔註30〕

《白蛇傳》傳說用考問的方法，將肉類的藥用價值作了形象而生動的敘述。

在《金瓶梅·假弟妹暗續鸞膠　真夫婦明諧花燭》記載：「一日，守備領人馬出巡，正值五月端午佳節。春梅在西書院花亭上置了一桌酒席，和孫二娘、陳敬濟吃雄黃酒，解粽歡娛。」這一段文字則把端午節進行聚餐的情景作了一番詳細的描述。

〔註30〕《中國民間文學集成上海市寶山區城區分卷》第73頁。

（七）鍛鍊身體

1. 鬥力

過去的端午節期間，有一個鬥力的傳統，這是江南地區一種力量的角逐，也是體育鍛鍊與比賽的活動，旨在於提高競技水平，也是節日裏的一個活動。可惜這種鬥力到了南宋已經滅絕。

據范成大《吳那志》，吳地「其人並習戰，號為天下精兵，俗以五月五日為鬥力之戲。」而到南宋時，「文教漸摩久之，如五月鬥力之戲，亦不復有。」

2. 秋韆

《宋史》卷四百八十七《列傳第二百四十六外國三》：端午有秋韆之戲。如今端午節期間的這種習俗已不常見。

3. 戲水

《宋史》卷一百四十二《志第九十五樂十七》：每上元觀燈，上巳、端午觀水嬉，皆命作樂於宮中。

在浙江，端午節民間有競渡風俗。明張憲的《端午詞》有生動形象的文字描述：榴花照鬢熱，蟬翼輕綃香疊雪。一丈戎葵倚繡窗，雨足江南好時節。五色靈錢傍午燒，彩勝金花貼鼓腰。段家橋下水如潮，東船奪得西船標。

這裡所說的「段家橋下水如潮，東船奪得西船標」，不是龍舟競渡，而是普通的船（遊船、運輸船、擺渡船等）都可以拿來作為比賽之用。江南地區，溝渠縱橫，湖河交錯，船是主要的交通工具。直到今天在青浦一帶還有用拳船來進行競渡的習俗。

這種端午時期進行的船家自發的比賽，也是一種競技活動，也是一種增強體質、抵禦惡五月疫情的危害的行為。

《明史》卷一百八十二《列傳第七十》：端午競渡諸戲。《太平廣記》卷二百七十八‧夢三‧王播》：端午日。盛為競渡之戲。諸州徵伎樂。兩縣爭勝負。這裡所說「競渡之戲」，不是龍舟競渡，而是最初的水上遊戲的方法，意在驅逐水裏的瘟疫而達到鍛鍊身體的目的。換言之，用現在語言來表述，其意義就是表示力量之爭，體力之爭，用壯觀浩大的聲勢、聲嘶力竭的吶喊，來逐趕災疫。

（八）貼符

貼符是中國的文化傳統，是避免災疫與人禍的主觀做法。現代文明看來，

似乎愚不可及，但是這種傳統延續了數千年，人們找到了心靈的安慰。端午用貼符（或者貼鍾馗）的方法驅趕瘟神、災疫，人們相信這是一種可靠的有效的。酆都縣在清代有端午節貼符的風俗。到了端午，「道家送朱符貼中堂」。〔註31〕在雲陽縣「又有朱書於門曰：王月五日午，天師騎艾虎。赤口歸天堂，百毒入地府。」〔註32〕何止酆都，舊時在其他地方比比皆是。

這種用貼符的方法，是一種傳統巫術，人們利用各種方法來阻止疫情，就成為端午節的一種文化特色：一是端五的節日文化特徵，二也體現人們不惜利用一切辦法來抵抗病毒與疫情。

四、呼籲設立中國防疫節

綜上所述，端午節是中國歷史上第一個以疫情為主要特徵的節點，因此也可以將其作為防疫為主題的節日，二者之間毫無矛盾而言。雖然過去無人主張過，但是古人用各種各樣的災疫與抗疫的方法來度過五月五日的端午節，其文化與歷史的內涵足以證明，其節日宗旨是明確的、清晰的，與老百姓數千年來在這一天所展示的風俗習慣密切相關。

（一）端午是重要的節日

端午節是朝廷非常重視的一個節日。《金史》卷八《本紀第八》：二月壬申，還都。癸酉，上曰：「朕將往上京。念本朝風俗重端午節，比及端午到上京，則燕勞鄉間宗室父老。」《舊五代史》卷七十九《（晉書）高祖紀五》：「癸亥，晉遣使賀端午。」

《明史》卷五十一《志第二十七禮五（吉禮五）：二年，定時享之制，春以清明，夏以端午，秋以中元，冬以冬至。

《清史稿》卷一百四十四《志一百十九刑法三》：又有停審之例，每年正月、六月、十月及元旦令節七日，上元令節三日，端午、中秋、重陽各一日，萬壽聖節七日，各壇廟祭享、齋戒以及忌辰素服等日，並封印日期，四月初八日，每月初一、初二日、皆不理刑名。

由此可見，歷代重視端午，將其作為重要的一年四季的節慶之一，就因為端午的一個特殊的日子。這種特殊是其所具有的對於疫情的重視，以及人們已經掌握一整套的對待疫情的方法與措施。

〔註31〕 《中國地方志民俗資料彙編・西南卷上》第 243 頁，書目文獻出版社 1989 年版。
〔註32〕 《中國地方志民俗資料彙編・西南卷上》第 281 頁，書目文獻出版社 1989 年版。

自古以來，五月為惡月、毒月之說甚為流行。《論衡》、《風俗通義》、《後漢書》等典籍都有「不舉五月子」，萬事不利，甚至五月五日生的孩子也成為不祥之兆。即不將五月所生的孩子撫養成人的內容。五月初五日，古俗忌為「惡日」。民間認為五月毒蟲滋生，瘟疫流行，易得病災，因此形成了民族共同認知，產生許多禁忌。

（二）設立中國防疫節的意義

可以提醒人們，病毒時刻會干擾正常的生活，疫情也會使得正常人得到感染，我們不是在真空社會裏，需要時刻提高警惕，不會因為疫情的突然到來而手忙腳亂。

除了常備不懈之外，還要準備好防疫物資，以備不時之需。

從節日文化來說，防疫的加入是端午節的文化疊加，符合民俗學發展的普遍規律，也現代社會對節日文化賦予的新的時代特徵。

防疫節的設立，並且附加在端午節之中，可以提升傳統節日的現代性。特別是以疫情文化為標誌的節日還沒有設立過，因此防疫節的出現也是順理順章的事情。

（三）可以弘揚傳統文化

端午是一種文化，設立防疫節，可以更好地繼承傳統，將端午節中的各種防疫的方法能夠將其傳承下去。清咸豐四年《雲陽縣志》記載：端午「民家懸菖蒲、艾枝於門，以禳毒氣；飲雄黃酒以避疫」。〔註33〕此類風俗在全國各地都有，如今我們僅僅將菖蒲與艾草視為裝點端午的一種氣氛，而沒有把這傳統節日習俗作為防疫抗疫的一種手段。

（四）端午與防疫的節日疊加，是泛民俗主義〔註34〕的文化方向

防疫節放在端午節裏，有一個共同點，就是與疫情有關，符合端午節傳統文化的根本認知；這是複合型的節日形態，如七夕，現在被人們視為愛情節、夫妻節等，是對傳統節日意義的現代闡述，也就是說只有不違背傳統節日文化的基本要素，這種疊加是有據可依。再說，商業文化的侵入，動搖傳統節日的基本宗旨與社會含義的也是存在的，如端午節說成是「粽子節」，如今也成為了一種常態而見怪不怪。由此可見，傳統節日的人為變異還是客觀演變，都是

〔註33〕 《中國地方志民俗資料彙編‧西南卷上》第281頁，書目文獻出版社1989年版。
〔註34〕 徐華龍《泛民俗學》，黑龍江人民出版社2003年版。

社會發展過程中的現象，有的會被淘汰，有的則會不斷變化，有的則會被接受，成為新的文化內涵的傳統節日。

泛民俗主義的價值就是正視現代社會裏傳統民俗包括其節日都會自覺或者不自覺地改變傳統的生活樣像，表明上的節日存在而內在的實質性的文化內涵已經或者部分改變，雖然其利用的還是傳統的節日外表，但其內容與表象與過去不是那麼回事了。

（五）病毒、疫情始終存在

現代社會的衛生與醫療在不斷進步，但自然與人為條件下的各種疫情不會消失，這就給我們提出了一個關乎人類生存健康問題非常值得思考。近些年來的甲肝大流行、非典、禽流感、甲型 H1N1 流感以及如今的新冠肺炎、德爾塔病毒等，越來越危及人們的正常生活，因此提高防範意識，就顯得非常重要，因此呼籲防疫節日的誕生，是必要的，也是刻不容緩的一件大事情。

特別是在端午節重要一個文化節日，而且與疫情有著直接關聯的傳統節日即將到來之際，成立中國防疫節就更加時不我待。

2022 年 4 月 23 日星期六初稿

2022 年 5 月 4 日星期三修改

新論七夕節

　　傳說古時候有個年輕人，名叫牛郎，父母早逝，跟著兄嫂過活。嫂子常常欺負他，最後還唆使兄弟二人分家，自己佔據了土地和房屋，只把一條老牛分給牛郎。這條老牛卻不是一般的牛，而是天上的金牛星變的，它因為觸犯了玉皇大帝的天條，被玉帝貶到凡間為牛。有一天，它忽然開口告訴牛郎，東邊的山下有一個湖，每天黃昏會有七個仙女下到這個湖裏洗澡。只要牛郎偷走她的衣裳，那個仙女無法返回天宮，就會留下來作他的妻子。聽了老牛的話，牛郎果然偷偷藏起其中一位仙女的衣裳。等到仙女們洗完澡要回天宮時，年紀最小的織女才發現自己的衣裳不見了，急得哭了起來。這時牛郎捧著她的衣裳出現，要求織女答應作他的妻子才把衣裳還給她。織女看牛郎忠厚老實，便含羞的答應。兩人成親後生了一對子女，男耕女織，生活十分幸福美滿。但那頭忠心的老牛卻死了。死前它告訴牛郎，在它死後，剝下它的皮，遇到困難時，就會派上用場。織女嫁給牛郎的消息傳回去天庭後，玉皇大帝大為震怒，就派王母娘娘下凡去抓織女回來。牛郎回家後看不到織女，急得和兩個孩子放聲痛哭。忽然之間想起了老牛的叮嚀，就披上牛皮，用一擔籮筐挑兩個孩子，飛快地追趕王母娘娘及織女。靠著牛皮的神奇魔力，牛郎飛也似的追上他們。這時，王母娘娘心中一急，就拔下頭上的金簪子，往地上一劃，馬上出現了一道波濤洶湧的天河，把牛郎和織女分隔兩邊。牛郎和一雙兒女站在河邊大哭，哭聲驚動了玉皇大帝，他一看兩個孩子很可憐，就叫他們全家每年七月七日相會一次。於是每年到了七夕，就有無數的喜鵲飛上天去，搭成了一座鵲橋，讓牛郎、織女一家人渡河相會。據說每年的七夕，人間的喜鵲就會變少，因為它們都飛

上天去搭橋了。而且，一過了七夕，喜鵲頭上的毛都會掉落，就是因為七夕去搭橋的緣故。又說七夕當天晚上一定會下雨，這是牛郎、織女重逢後喜極而泣的淚水。

一、復合的民俗

相傳七夕拜織女，會有一雙巧手，像織女一樣，會做許多巧事。所以古代有女兒的人家都會在七夕夜，向織女乞求，賜給一雙靈巧的手。這就是乞巧會，又稱乞巧節、女兒節和少女節等。

其實，七夕節還有其他的稱呼和內容。

（一）敬魁星

俗傳七月七日魁星的生日。魁星是自然神，是北斗七星的第一星，廿八宿中的奎星，也稱作魁首或魁斗星、魁星爺。從前的讀書人相信魁星和金榜題名有很密切的關係，所以稱中了狀元叫做「一魁天下士」或「一舉奪魁」，他們相信都是因為魁星主掌考運的緣故。因此，魁星成為古代讀書人所崇拜的神明。據民間傳說，魁星爺生前長相奇醜，臉上長滿斑點，又是個跛腳。有人便寫了一首打油來取笑他：不揚何用飾鉛華，縱使鉛華也莫遮。娶得麻姑成兩美，

比來蜂室果無差。鬢眉以下鴻留爪，口鼻之旁雁踏沙。莫是簷前貪午睡，風吹額上落梅花。相君玉趾最離奇，一步高來一步低。款款行時身欲舞，飄飄躇處乎如口。緣世路皆傾險，累得芳蹤盡側欹。莫笑腰枝常半折，臨時搖曳亦多姿。然而這位魁星爺志氣奇高，發憤用功，竟然高中了。皇帝殿試時，問他何臉上全是斑點，他答道：「麻面滿天星」；問他的腳為何跛了，他答道：「獨腳跳龍門」。皇帝很滿意，就錄取了他。

另一種完全不同的傳說，說魁星爺生前雖然滿腹學問，可惜每考必敗，便悲憤得投河自殺了。豈料竟被鰲魚救起，昇天成了魁星。因為魁星能左右文人的考運，所以每逢七月七日他的生日，讀書人都鄭重的祭拜。

過去讀書人為了考取功名，特別崇敬魁星，所以一定在七夕這天進行祭拜，祈求魁星保佑自己考運亨通。在古代，有祭祀魁星的風俗，古代的私塾或學堂都奉祀魁星爺，讀書人對祭魁星更是盛大，在清代臺灣文獻中就有關祭魁星的記載，描寫祭魁星是在晚上舉行，各個私塾都競相集資準備餐品來祭拜，整夜喝酒；也有的用演戲來慶祝，甚至也有殺狗來祭祀的。

（二）成年禮

「做十六歲」是臺南地區特有的禮俗，清朝時期府城五條港地區貿易繁華，勞動力密集，在碼頭擔任搬運工的孩子，如果滿了十六歲，就可以支領與大人一樣的全薪。傳說「七娘媽」及「鳥母」是兒童的守護神，七夕是七娘媽及鳥母的生日，家中有十六歲的子女都要「做十六歲」，感謝七娘媽護佑孩子長大成人。儀式由雙親捧著七娘媽亭，立於神案前，年滿十六歲的子女由亭下及神案下穿過，男孩起身後須往左繞三圈，稱「出鳥母宮」，女孩則往右繞三圈，表示「出婆媽」，然後再將七娘媽亭投入火中，奉獻給七娘媽。如果是富裕人家，在祭拜完七娘媽之後，還會設席宴請親友，大肆慶祝一番。「做十六歲」不僅是臺南的獨特習俗，也是府城歷史、人文、經濟發展的見證。如何作十六歲？在小孩十六歲那一年的農曆七夕，外婆家必須準備各項牲禮、麻油雞、油飯、麵線、四果、紅龜粿等供品，有的還會加上衣服、鞋帽、手錶、項鍊、腳踏車或是載衣車等物，分別為男女外孩做十六歲。並請來工頭及親朋好友歡宴慶祝、同時證明小孩已經長大，從今以後可以領取大人全額的工資。

（三）尊師節

農曆七月初七，是福建省明溪縣鄉村的「尊師節」，家家戶戶都要準備好禮物，拜訪教師，送「七吉禮」，爭相邀教師到家裏吃飯，孩子們則穿著新衣

服如同過春節一樣，他們到教師宿舍，打掃衛生，擦洗桌椅，整理教室。有子女新入學的家庭更是要慶賀一番。左鄰右舍、親朋好友往往都會提著「文房四寶」來祝賀。做長輩的，這一天不僅要贈送新衣服、手絹、扇子等禮品，還要說金榜題名、衣錦榮歸等話語寄以鼓勵，謂之「做七吉」。

在一些鄉村，這一天群眾要拜「聖人公」，即拜孔子。孔子廟熱鬧非凡，許多家長帶著子女跪拜「聖人公」，祈禱保佑他們知書達理，氣氛莊嚴肅穆，必恭必敬。這一天也是孩子們的故事節，教師要準備好許多故事，組織孩子到野外交遊，增長見識，讓孩子們過得豐富多彩。明溪人做「七吉」，已經沿襲了四百多年。早在明萬曆四十二年《歸化縣志·歲時》（歸化為明溪舊稱）載：「七月初七日，各街兒童備酒果設拜，焚所書字紙」。清康熙二十二年《歸化縣志·歲時》載：「七夕，小學蒙童設酒肴，焚所習字紙乞巧」。這些都反映孩子們祈求智慧靈巧的情形，隨著時間的推移，這一天逐漸變成了「尊師節」。今天，明溪縣形成了良好的學習風氣，整個社會尊師重教，孩子們酷愛學習，成績斐然。

舊時，佘村婦女在七夕也有講牛郎織女的故事，談會情郎的悄悄話，唱人間悲歡離合的山歌之外，佘族還有其他關於做「七夕」的習俗，不少是有關女性的內容，而是為孩子（無論是男性還是女性）都要進行乞巧活動。小孩子初上學。孩子的舅公，舅舅，姑丈等親人和全村人都要為這個孩子做「七夕」。人們認為七夕可乞巧，做「乞巧」的孩子會變得更聰明，會讀好書，將來就能考秀才，中狀元。這是關係孩子前途、全村聲譽的事，因此相當隆重。七夕前，孩子家長向親朋戚友發紅帖，家長帶著孩子去拜見先生。親朋戚友收帖後，忙著備禮品。舅公、舅舅要辦禮擔，內有衣服一套，鞋襪一雙，一對帶藤的西瓜，書包一個，文房四寶一套，紙扇一把，還有象徵吉祥的面糖澆鑄的孔子像一尊，大寶塔一對，小寶塔五對，或者大的二對，小的十對，以及目魚，鰹乾，龍眼乾，荔枝乾等食品。一般親戚只要一雙鞋襪，一包冰糖；朋友則送紅包一個或冰糖二斤，即可。七夕早晨，孩子早早起床，穿上新衣服，在孔子神位前燒三炷香，背書文。早飯後，去學堂請先生，父親在大門口等候迎接。先生到站口，放紙炮迎接進門。先生來到廳堂，拜叩孔子神位。而後，管事的後生存《招待》先敬上冰糖茶，再敬煙。客人到齊後，孩子當眾在先生面前背誦書文，先生考學生。學生考出好成績，先生臉上頓時生輝，即贈送一把漂亮的紙扇，題一對子，如：「學知不足，業精於勤」或「學問無窮，曾參顏回，光陰有限，鬲寸

陶分」之類，作為鼓勵。家長送先生一個大紅包以答謝。如果學生不會背誦，一問三不知，先生感到丟臉，有的便當眾責備學生，有的氣得連飯都不吃，甩袖就走了。不過，一般不會出現這種場面，因為先生會根據學生的學習情況，事先做好安排的。因此，做七夕都是滿堂歡喜。考完學生，酒宴開始。先生是最受尊敬的人，因此坐首席位，舅公、舅舅陪座。酒席是在鼓樂聲中進行的。當嗩吶吹「得勝令」時，家長帶孩子來敬酒，首先敬先生，再敬舅公、舅舅，最後敬左鄰右舍。舅公、舅舅受敬時，要給外甥一個紅包。敬完酒後，繼續上菜喝酒，猜拳行令，直至酸菜上桌，首席貴賓散席，大家才能離開。（汪玢玲等主編《中國民俗文化大觀》）

（四）床母生日

在臺灣，七月七日是床母的生日。大家知道，臺灣是一個又一個多神崇拜的社會，樹有樹神，床也有床神，而民間信仰的床神是是女性神，也叫「床母」，是兒童的保護神。床母生日的時候，通常有小孩的家庭，在孩子十六歲以前都要拜床母。在當天傍晚時，在兒童睡的床邊拜床母；供品包括：油飯、雞酒（或麻油雞），焚燒「四方金」和「床母衣」，拜床母時不宜太長，不像平常祭拜要斟酒三巡，大約供品擺好，香點了以後，就可以準備燒四方金和床母衣，燒完即可撤供，希望孩子快快長大，不能拜太久，怕床母會寵孩子賴床等。床母的由來，據說說是這樣的：古時候有個書生叫郭華，去參加秀才的考試。路過蘇州，住在旅館中，晚上出去買扇子時，竟和賣扇子的姑娘一見鍾情，當夜兩人便成了夫妻。不料郭華竟暴斃於床上。賣扇的姑娘很可憐郭華的慘死，又怕被親戚鄰居知道，就把他的屍體埋在自己床下。後來這個賣扇的姑娘竟懷孕了，十個月以後產下一子。為了安撫郭華的靈魂，她經常地用酒菜在床上焚香祭拜。有人問她為什麼這樣作。她說是拜床母可使孩子長得快，從此便有人認真的仿傚她拜床母。也有人認為賣扇的姑娘拜的是情夫（即臺灣話的「契兄」），所以拜床母就拜「契兄公」。據說這個「以訛傳訛」的床母生日就在七夕。

（五）七娘媽生日

這也是臺灣的習俗。七娘媽就是七星娘娘，是民間將天上七星人格化的結果，其生日也是在七月七日。她也是孩子的保護神。農業社會醫學不發達，孩子常因疾病而夭折，所以人們請求七娘媽保佑孩子，能平安長大。每到十六歲的七月七日當天還願，舉行盛大的祭祀，酬謝七娘媽。據說，七娘媽還有其他

的神效：沒有子女的，她能授子女；有子女的，她能保平安。所以有許多小孩，在十六歲以前都要配戴七娘媽的香火。

民間信仰七娘媽者，皆於七夕此日黃昏供祭。供品有軟粿（一種中心壓凹的湯圓，傳說是給織女裝眼淚的）、圓仔花（即千日紅，為祈求多子多孫）、雞冠花、茉莉花、樹蘭、胭脂、白粉、雞酒油飯、牲禮、圓鏡。必不可少的還有一座紙紮的七娘媽亭，家有滿十六歲者，特供粽子、麵線。祭後，燒金紙、經衣（印有衣裳之紙）、並將七娘媽亭焚燒，無法焚盡的竹骨架丟至屋頂，此稱「出婆姐間」（婆姐，傳即臨水宮夫人女婢），表示該孩童已成年。胭脂、白粉一半丟至屋頂，一半留下自用，據稱可使容貌與織女一樣美麗。

（六）牛生日。

牧童則會在七夕之日採摘野花掛在牛角上，叫做「賀牛生日」。傳說七夕是牛的生日。

（七）曬書節

唐朝訂七月七日為曬書節，三省六部以下，各賜金若干，以備宴席之用，也稱為「曬書會」。夏季特有的炎熱陽光，又促成了另一項七夕的習俗——曬書、曬衣。漢崔寔（逝於 170 年）的《四民月令》說：（七月七日）曝經書及衣裳不蠹。現代的科學報告指出，日光中所含的紫外線，的確具有殺菌的效果，可見《四民月令》的這項記載頗符合科學精神。歷史上關於文人曬書、曬衣的習俗有過幾則有趣的小故事，據王隱（約 317 年前後在世）的《晉書》卷十記載，司馬當年因位高權重，頗受曹操的猜忌。有鑒於當時政治的黑暗，為求自保，他便裝瘋病躲在家裏。魏武帝仍然不大放心，就派了一個親信令史暗中探查真相。時值七月七日，裝瘋的司馬懿也在家中曬書。令史回去稟報魏武帝，魏武帝馬上下令要司馬懿回朝任職，否則即刻收押。司馬懿只乖乖的遵命回朝。

另有一種人，在亂世中，以放浪形骸來表達心中的鬱悶。他們蔑視禮法，反對世俗，就是在七夕節裏不曬書。劉義慶（403～444）的《世說世語》卷二十五說，七月七日人人曬書，只有郝隆跑到太陽底下去躺著。人家問他為什麼，他回答：我曬書。這一方面是蔑視曬書的習俗，另一方面也是誇耀自己腹中的才學。曬肚皮也就是曬書。漢代曬衣的風俗在魏晉時為豪門富室製造了誇耀財富的機會。名列「竹林七賢」的阮咸就瞧不起這種作風。七月七日，當他的鄰

居曬衣時，只見架上全是綾羅綢緞，光彩奪目。而阮咸不慌不忙皂用竹竿挑起一件破舊的衣，有人問他在幹什麼，他說：「未能免俗，聊復爾耳！」由這幾則小故事看來，就知道當時七夕曬書的風俗有多盛了。

（八）漂河燈

在白族，七月七日還有一種風俗，就是「漂河燈」。居住在雲南鶴慶縣的白族人，每逢農曆七月七日乞巧節，要舉行傳統的「漂河燈」活動。「漂河燈」的場面極為壯觀。天黑以後，河沿岸早已聚滿了人。漂燈者把一盞盞特製的彩燈點點，放到河水中，任其飄蕩。這些河燈，色彩斑斕，造型各異，什麼龍、鳳、仙鶴、花鳥、蜂、蝶；什麼八仙賀壽、天女散花、水漫金山、牛郎織女，真是千姿百態，妙趣橫生。加之這些彩燈在河中隨波漂浮，波光燈影交相輝映，宛如一條燈的河流。觀燈的人們，摩肩接踵，興趣盎然，眼觀五彩的燈河，耳聽助興的鑼鼓、絲竹笙簧之樂，完全沉浸在歡樂之中。白族人為什麼要「漂河燈」呢？這裡面有一個優美的傳說。在遠古的時候，九龍山上有一個部族，部族首領是一位慈祥的母親。母親有兩個兒子，長大後，母親為兩個兒子娶了親。大兒子去到壩區安了家，當了壩區漢族部落酋長，兒子留在山區，當了山區白族部落酋長。在這位母親五千歲那年，漢族部落受到外來民族的侵略，老大帶領全部落人奮起抗擊。可是敵眾我寡，形勢危急。老大派人向母親和弟弟求援。得知這個消息，母親立即叫老二帶上所有白族青壯年，去支持漢族老大哥。同時還聚集了許多糧食，用以援助漢族兒女。可是兩個部落相隔千里，白族再無勞力送糧。予是，老母親同部落裏的老人一起商量，終於想出了好辦法。他們伐樹鋸成樹段，一破兩關，掏成槽船。這樣，糧食便可裝進槽船內，放到九溪河中，讓槽船順流漂下，流到漢族部落境內。為了提醒漢族兒女的注意，按照部落傳統的通訊方法，在槽船上覆蓋樹枝樹葉，並放了照明裝置。此法非常管用，漂放的糧食全都安全到達漢族部落。有了糧食和援兵，漢族部落最後趕走了侵略者。打這以後，為了讚美母愛，歌頌民族團結，紀念正義戰勝邪惡，白族人逐漸把漂放槽船演化成漂放河燈的習俗，沿襲至今。

綜上所述，七月七日所表達的形態，也不完全與乞巧有關，而是一種複合型的文化形態的節日。

因此，我們的結論是：歷史上七月七日不完全是女性的節日，而是複合型的民俗節日，它在自己的發展過程中，從復合的文化內涵改變成為如今單一的節日形態。這樣，七月七日就慢慢地變化成為乞巧節了。

二、多元的內容

（一）七夕節是女性的節日

在我國，農曆七月七日，七夕節，是一個重要傳統節日，也稱之為乞巧節、女節、女兒節、乞巧節、雙七節等。

在這個節日裏，有許多關於女性活動的內容。

1. 漂針試巧

七月七日，為「女節」。少女咸以盂盆盛水向日，中漂針，照水中之影，以試巧，復陳瓜果，爭相「乞巧」。姑蘇吳地一帶流傳著七夕「乞巧」的民間風俗。無論大家閨秀，小家碧玉，無論黃花閨女，中年婦人，是夜設桌庭院，置一盆鳳仙花，兩盤油巧果，三枝清香，桌子正中還放一碗，半是河水半是井水的「鴛鴦水」。眾家姐妹們焚香祈禱，遙望織女星，默訴女兒事，希冀平安、幸福、健康。鴛鴦水經一夜露水，表層韌糯，翌日一朝，眾姐妹將一枚繡花針輕放在鴛鴦水面，使其浮而不沉，借著朝陽之光，窺察繡花針在碗底的投影，是長是短，是粗是細，是扁是圓，是清是濁，藉以判別各人的智愚巧拙，勤懶敏鈍。還有一種「乞巧」風俗是，眾姐妹在月光和星漢映照下，以五色絲線穿接繡花針比巧，誰先穿完為「巧姐」。吳曼雲的《江鄉節物詞》為證：「穿線年年約比鄰，更將余巧試針神，誰家獨見龍梭影，繡出鴛鴦不度人」。在山東等地，七夕晚上婦女唱「天皇皇地皇皇，俺請七姐姐下天堂。不圖你的針，不圖你的線，光學你的七十二樣好手段」的歌謠，還要穿針引線的比賽，希望爭得巧手之名。

2. 樹液洗頭

在許多地方人們會在七月七日這一天用一種特殊的樹葉放在水裏浸泡，用來洗頭。據說，這樣洗泡可以使得頭髮更加光滑有色澤。還傳說這樣做，可以使得女孩子年青美麗，對未婚的女子來說，還可以更快找到如意郎君。

3. 花染指甲

許多地區的年輕姑娘，喜歡在節日時用雞冠花染指甲，也是大多數女子與兒童們，在節日娛樂中的一種愛好。

4. 棚下聽悄悄話

在紹興農村，這一夜會有許多少女一個人偷偷躲在生長得茂盛的南瓜棚下，在夜深人靜之時如能聽到牛郎織女相會時的悄悄話，在其他地方，有的是在葡萄架下偷聽牛郎織女的說話，這樣可以得到永遠不變渝的愛情。

5. 迎仙

廣州的乞巧節獨具特色，節日到來之前，姑娘們就預先備好用彩紙、通草、線繩等，編製成各種奇巧的小玩藝，還將穀種和綠豆放入小盒裏用水浸泡，使之發芽，待芽長到二寸多長時，用來拜神，稱為「拜仙禾」和「拜神菜」。從初六晚開始至初七晚，一連兩晚，姑娘們穿上新衣服，戴上新首飾，一切都安排好後，便焚香點燭，對星空跪拜，稱為「迎仙」，自三更至五更，要連拜七次。拜仙之後，姑娘們手執彩線對著燈影將線穿過針孔，如一口氣能穿七枚針孔者叫得巧，被稱為巧手，穿不到七個針孔的叫輸巧。七夕之後，姑娘們將所製作的小工藝品、玩具互相贈送，以示友情。

6. 月下盟結

膠東地區，有祭拜七姐神的習俗，年輕女子常喜歡在七夕節著新裝，聚一堂，月下盟結七姐妹。有的地區還組織「七姐會」，各地區的「七姐會」聚集在宗鄉會館擺下各式各樣鮮豔的香案，遙祭牛郎織女，「香案」都是紙糊的，案上擺滿鮮花、水果、胭脂粉、紙製小型花衣裳、鞋子、日用品和刺繡等，琳琅滿目。不同地區的「七姐會」便在香案上下工夫，比高下，看誰的製作精巧。今天，這類活動已為人遺忘，只有極少數的宗鄉會館還在這個節日設香案，拜祭牛郎織女。

7. 淨水視影

江蘇一帶的乞巧活動是取淨水一碗於陽光下曝曬，並露天過夜。即撿細草棒浮於水中，視其影來定驗巧拙。也有許多年青女子採用小針看水底針影來應驗智愚的。其他地區的漢族也多採用這種方式來應驗巧拙智愚。

8. 許願

在這一天，青年男女乞智、乞巧，希望自己的技藝才能高人一等，而已婚的、年老的、貧的、富的，莫不各懷所願。晉周處（240～299）《風土記》上說，七夕當夜，拜牛郎、織女時，馬上下拜，說出自己的願望，不管是乞富、乞壽、乞子，莫不靈驗。但是所乞求的願望一次只能有一種，而且要連乞三年才會應驗。據說七夕的天河，還可預告當年的收成，天河明顯，收成就好，糧價就低；天河晦暗，收成就不好，糧價就貴。有的地區在七夕作「青苗會」乞穀，也是一種許願的活動。

（二）七夕是具有巫術性質的節日

1. 取雙七水

在廣西西部，傳說七月七日晨，仙女要下凡洗澡，喝其澡水可避邪治病延壽。此水名「雙七水」，人們在這天雞鳴時，爭先恐後地去河邊取水，取回後用新甕盛起來，待日後使用。他們認為雙七水進行洗浴能消災除病，體弱多病的孩子，也常在此日將紅頭繩結七個結，戴在脖子上，祈求健康吉祥。

2. 種生求子

舊時習俗，在七夕前幾天，先在小木板上敷一層土，播下粟米的種子，讓它生出綠油油的嫩苗，再擺一些小茅屋、花木在上面，做成田舍人家小村落的模樣，稱為「殼板」，或將綠豆、小豆、小麥等浸於磁碗中，等它長出敷寸的芽，再以紅、藍絲繩紮成一束，稱為「種生」，又叫「五生盆」或「生花盆」。南方各地也稱為「泡巧」，將長出的豆芽稱為巧芽，甚至以巧芽取代針，拋在水面乞巧。還用蠟塑各種形象，如牛郎、織女故事中的人物，或禿鷹、鴛鴦、等動物之形，放在水上浮遊，稱之為「水上浮」。又有蠟製的嬰兒玩偶，讓婦女買回家浮於水土，以為宜子之祥，稱為「化生」。

3. 求如意郎君

在民間還有拜織女的活動。「拜織女」純是少女、少婦們的事。她們大都是預先和自己朋友或鄰里們約好五六人，多至十來人，聯合舉辦。舉行的儀式，是於月光下擺一張桌子，桌子上置茶、酒。水果、五子（桂圓、紅棗、榛子、花生，瓜子）等祭品；又有鮮花幾朵，束紅紙，插瓶子裏，花前置一個小香爐。那麼，約好參加拜織女的少婦、少女們，齋戒一天，沐浴停當，準時都到主辦的家裏來，於案前焚香禮拜後，大家一起圍坐在桌前，一面吃花生，瓜子，一面朝著織女星座，默念自己的心事。如少女們希望長得漂亮或嫁個如意郎、少婦們希望早生貴子等，都可以向織女星默禱。玩到半夜始散。

4. 接露水

浙江農村，流行用臉盆接露水的習俗。傳說七夕節時的露水是牛郎織女相會時的眼淚，如抹在眼上和手上，可使人眼明手快。

5. 蜘蛛乞巧

蜘蛛乞巧是一種巫術行為，大致起於南北朝。南朝梁宗懍《荊楚歲時記》說：「是夕，陳瓜果於庭中以乞巧。有喜子網於瓜上則以為符應。」宋代還以

蜘蛛占七夕。《東京夢華錄》卷八：「或以小蜘蛛安合於內，次日看之，若網圓正，謂之『得巧』。里巷與技館，往往列之門首，爭以侈靡相向。」光緒《荊州府志・歲時》：「七夕，《事始》云楚懷王初置七夕，婦女是日以彩縷等七孔針，陳瓜果於庭，以乞巧，有喜子網瓜上為得巧之驗。」

6. 乞巧織女

七夕當天在月下設一香案，供上水果、鮮花，向織女乞巧。據吳淑（947～1002）《秘閣閒話》（見引於《歲時廣記》卷二十七）的記載，蔡州有位丁姓女子，十分擅長女紅。有一年七夕她乞巧時，看到一枚流星掉在她的香案。第二天早上一看，原是只金梭。從此之後，她的「巧思益進」。

7. 適宜配藥

七夕同時也是適宜配藥的日子。據說一種以松柏為藥材的秘方，以七月七日的露水調配合成，服一丸可延長十年的壽命。《歲時廣記》卷二七中記載了一種以松柏為藥材的秘方。這種神奇的藥丸以七月七日的露水調配合成，據說服一丸可延長十年的壽命，服二丸可延二十年。此外，還有餌松實、服柏子、折荷葉等，均號稱為長生不老的仙藥。比較實用的藥方有曬槐汁治痔，煎苦瓠治眼，摘瓜蒂治下痢等等不一而足。其功效如何，就只有試過的人才知道了。

8. 占卜活動

在七月七日這一天，有的地方婦女們還舉行占卜活動。例如，比較古老的方法還保留在公劉故鄉——旬邑（古豳）地區。乞巧之後，姑娘們手挽成「花花轎」，兩人相抬，送走巧娘娘，其他人相隨，把巧娘娘抬往水潭邊或池溏邊，送其「過天河」會見牛郎。最後，姑娘們或伏在井邊觀看牛郎織女相逢的情景。陝西黃土高原地區，在七夕節的夜晚，婦女們往往要結紮穿花衣的草人，謂之巧姑，不但要供瓜果，還栽種豆苗、青蔥，在七夕之夜各家女子都手端一碗清水，剪豆苗、青蔥，放入水中，用看月下投物之影來占卜巧拙之命。

（三）特殊的節日食品

七夕的應節食品，以巧果最為出名。巧果又名「乞巧果子」，款式極多。主要的材料是油麵糖蜜。宋朝時，市街上已有七夕巧果出售。《東京夢華錄》中稱之為「笑厭兒」、「果食花樣」，圖樣則有捺香、方勝等。宋朝時，街市上已有七夕巧果出售，巧果的做法是：先將白糖放在鍋中熔為糖漿，然後和入麵粉、芝麻，拌勻後攤在案上捍薄，晾涼後用刀切為長方塊，最後折為梭形巧果

胚，入油炸至金黃即成。手巧的女子，還會捏塑出各種與七夕傳說有關的花樣。七夕節的飲食風俗，各地不盡相同，一般都稱其為吃巧食，其中多餃子、麵條、油果子、餛飩等為此節日的食物。吃雲麵，此麵得用露水製成，吃它能獲得巧意。還有許多民間糕點鋪，喜歡製一些織女人形象的酥糖，俗稱「巧人」、「巧酥」，出售時又稱為「送巧人」，此風俗在一些地區流傳至今。

巧果中還會有一對身披戰甲，號稱「果食將軍」。巧果的做法是：先將白糖放在鍋中熔為糖漿，然後和入麵粉、芝麻，拌勻後攤在案上捍薄，晾涼後用刀切為長方塊，罪尤折為梭形麵巧胚，入油炸至金黃即成。手巧的女子，還會捏塑出各種與七夕傳說有關的花樣。

農曆七月初七，崇明有「七月七，買點烤吃吃，不生痱子不生癬」的說法。是日戶戶煎烤（以麵粉加糖水揉成團，擀成薄皮，切成長方形小片入油鍋煎製），食之，謂「吃烤」（與「乞巧」諧音）。吃烤這一習俗至今尚存，但多已改為用餛飩皮入油鍋煎製。（《江風海韻》第 141 頁，上海文藝出版社 2004 年）

此外，乞巧時用的瓜果也有多種變化：或將瓜果雕成奇花異鳥，或在瓜皮表面浮雕圖案；此種瓜果稱為「花瓜」。

在歷史上各朝代則另有不同的節日食品，魏朝流行湯餅，唐朝時候流行斫餅，並訂七月七日三省六部以下，各賜金若干，以備宴席之用。

三、七夕節的演變和發展

一是七夕乞巧，這個節日起源於漢代，已經成為公認的事實。

東晉葛洪的《西京雜記》有「漢采女常以七月七日穿七孔針於開襟樓，人俱習之」的記載，這便是我們於古代文獻中所見到的最早的關於乞巧的記載。南朝梁宗謀（荊楚歲時記）說：「七月七日，是夕人家婦女結綵樓穿七孔外，或以金銀愉石為針。」《輿地志》說：「齊武帝起層城觀，七月七日，宮人多登之穿針。世謂之穿針樓。」五代王仁裕（開元天寶遺事）說：「七夕，宮中以錦結成樓殿，高百尺，上可以勝數十人，陳以瓜果酒炙，設坐具，以祀牛女二星，妃嬪各以九孔針五色線向月穿之，過者為得巧之侯。動清商之曲，宴樂達旦。土民之家皆傚之。」後來的唐宋詩詞中，婦女乞巧也被屢屢提及，唐朝王建有詩說「闌珊星斗綴珠光，七夕宮娥乞巧忙」。元陶宗儀《元氏掖庭錄》說：「九引臺，七夕乞巧之所。至夕，宮女登臺以五彩絲穿九尾針，先完者為得巧，遲完者謂之輸巧，各出資以贈得巧者焉。」

　　宋元之際，七夕乞巧相當隆重，京城中還設有專賣乞巧物品的市場，世人稱為乞巧市，也是古人最為喜歡的節日之一。

　　明劉侗、於奕正的《帝京景物略》說：「七月七日之午丟巧針。婦女曝盎水日中，頃之，水膜生面，繡針投之則浮，看水底針影。有成雲物花頭鳥獸影者，有成鞋及剪刀水茄影者，謂乞得巧；其影粗如錘、細如絲、直如軸蠟，此拙徵矣。」《直隸志書》也說，良鄉縣（今北京西南）「七月七日，婦女乞巧，投針於水，借日影以驗工拙，至夜仍乞巧於織女」請于敏中《日下舊聞考》引《宛署雜記》說：「燕都女子七月七日以碗水暴日下，各自投小針浮之水面，徐視水底日影。或散如花，動如雲，細如線，粗粗如錐，因以卜女之巧。」

　　但是，從七夕產生的思想起源而言，年代似乎更久遠，是遠古時代的產物，七夕節來源於天體崇拜和星球崇拜。

　　例如在《太平廣記》卷三○七《裴度》中就記載了唐代民間星辰崇拜的例子，從而也可以看出那個時代星辰崇拜是比較普遍的現象。據說宰相裴度少年時，有術士稱他「命屬北斗廉貞星神，宜每存敬，祭以果酒。」多年以來裴度一直謹勤奉事。到他擔任宰相以後，因事務繁忙，逐漸荒廢。一次家人生病，「迎巫覡視之，彈胡琴，顛倒良久，蹶然而起曰：『請裴相公！廉貞將軍遣傳語：大無情，都不相知耶？將軍甚怒，相公何不謝之！』度甚驚。巫曰：『當擇良日潔齋，於淨院焚香，具酒果，廉貞將軍亦欲見形於相公。」屆時，裴度果然見到一位金甲持戈，長三丈餘的偉岸將軍。自此之後，裴度「尊奉不敢怠忽也」。

　　在中國人的觀念中，還認為星辰具有神秘力量。中國自古以來就有「天上一顆星，地上一個人」的說法，就是說，地上每降生一個人，天上就多添一顆星，每死去一個人，天空就落下一顆星。在民間信仰中，天上眾星體的大小之分，亮度強弱之別與人間的生老病死、貧富貴賤、吉凶禍福有對應關係，於是又形成十分繁雜的星占、星忌等星相說。七夕就是一種占星行為，是對自己未來進行預測的活動。在紹興農村，這一夜會有許多少女一個人偷偷躲在生長得茂盛的南瓜棚下，在夜深人靜之時如能聽到天上牛郎織女相會時的悄悄話，這待嫁的少女日後便能得到這千年不渝的愛情。為了表達人們希望牛郎織女能天天過上美好幸福家庭生活的願望，在浙江金華一帶，七月七日家家都要殺一隻雞，意為這夜牛郎織女相會，若無公雞報曉，他們便能永遠不分開。諸城、滕縣、鄒縣一帶把七夕下的雨叫做「相思雨」或「相思

淚」，因為是牛郎織女相會所致。膠東，魯西南等地傳說這天喜鵲極少，都到天上搭鵲橋去了。這些活動都是星辰崇拜的延續，是將星辰崇拜與人們現實生活緊密聯繫在一起。

也正是因為如此，七夕才得以綿延數千年。廣州的乞巧節獨具特色，節日到來之前，姑娘們就預先備好用彩紙、通草、線繩等，編製成各種奇巧的小玩藝，還將穀種和綠豆放入小盒裏用水浸泡，使之發芽，待芽長到二寸多長時，用來拜神，稱為「拜仙禾」和「拜神菜」。從初六晚開始至初七晚，一連兩晚，姑娘們穿上新衣服，戴上新首飾，一切都安排好後，便焚香點燭，對星空跪拜，稱為「迎仙」，自三更至五更，要連拜七次。有的地區還組織「七姐會」，各地區的「七姐會」聚集在宗鄉會館擺下各式各樣鮮豔的香案，遙祭牛郎織女，「香案」都是紙糊的，案上擺滿鮮花、水果、胭脂粉、紙製小型花衣裳、鞋子、日用品和刺繡等，琳琅滿目。不同地區的「七姐會」便在香案上下工夫，比高下，看誰的製作精巧。今天，這類活動已為人遺忘，只有極少數的宗鄉會館還在這個節日設香案，拜祭牛郎織女。香案一般在七月初七就備妥，傍晚時分開始向織女乞巧。因此可以得出這樣的結論：星辰崇拜是七夕文化的思想根源，而生活中的七夕文化又是星辰崇拜的新的表現形式。

有的地方就出現各種各樣的祭拜星辰的儀式，但是都與其最初的原始形式相差甚遠了。如乞巧：在山東濟南、惠民、高青等地的乞巧活動很簡單，只是陳列瓜果乞巧，如有喜蛛結網於瓜果之上，就意味著乞得巧了。而鄄城、曹縣、平原等地吃巧巧飯乞巧的風俗卻十分有趣：七個要好的姑娘集糧集菜包餃子，把一枚銅錢、一根針和一個紅棗分別包到三個水餃裏，乞巧活動以後，她們聚在一起吃水餃，傳說吃到錢的有福，吃到針的手巧，吃到棗的早婚。如遊戲：在福建，七夕節時要讓織女欣賞、品嘗瓜果，以求她保佑來年瓜果豐收。供品包括茶、酒、新鮮水果、五子（桂圓、紅棗、榛子、花生、瓜子）、鮮花和婦女化妝用的花粉以及一個上香爐。一般是齋戒沐浴後，大家輪流在供桌前焚香祭拜，默禱心願。女人們不僅乞巧，還有乞子、乞壽、乞美和乞愛情的。而後，大家一邊吃水果，飲茶聊天，一邊玩乞巧遊戲，乞巧遊戲有兩種：一種是「卜巧」，即用卜具問自己是巧是笨；另一種是賽巧，即誰穿針引線快，誰就得巧，慢的稱「輸巧」，「輸巧」者要將事先準備好的小禮物送給得巧者。如競賽：在七夕節的時候，少女或少婦在晚上擺設香案，供上鮮花、水果、白粉、胭脂和針線，乞求織女能夠賜給她們一雙靈巧的手。用彩線對月穿針若能穿

過，則表示手藝會特別的好，這種乞巧活動在民間非常普遍。有些地方的乞巧節的活動，帶有競賽的性質，類似古代鬥巧的風俗。近代的穿針引線、蒸巧悖悖、烙巧果子、還有些地方有做巧芽湯的習俗，一般在七月初一將穀物浸泡水中發芽，七夕這天，剪芽做湯，該地的兒童特別重視吃巧芽，以及用麵塑、剪紙、彩繡等形式做成的裝飾品等就是鬥巧風俗的演變。雖說這些活動已經不是完整意義上的祭拜星辰，但是它屬於祭拜星辰習俗的延伸和發展，也是七夕文化的一個組成部分，是遠古民俗在現在社會中的新變化，因此我們在說起七夕節的時候，津津樂道地談論的都是後來的豐富多彩民俗事象，而很少談及前者，就足以證明民俗延伸的力量。

即便如此，也不能夠忘記最早的文獻記載，七夕文化最早出現在案漢佚名《古詩十九首》中：「迢迢牽牛星，皎皎河漢女。纖纖摸素手，札札弄機杼。終日不成章，泣涕零如雨。河漢清且淺，相去復幾許。盈盈一水間，脈脈不得語。」然後才有了牛郎織女故事，因此可以認為：這一美麗的神話起源於天體崇拜，是人們對於牽牛星和織女星的附會，更貼切地說是將人間的理想與天上的星體聯繫在一起。以今天的天文學的觀點來說，牛郎星和織女星相距十六光年，甫說兩星靠近其（實就是星球相撞，這是一件悲壯的事），就算牛郎光寫信給織女，以光速傳送都要十六年，等織女收到信後馬上回信，還要再經過十六年才會到牛郎手上，這一來一返就要三十二年，美麗的織女就變成老太婆了。雖然這樣，人們並沒有放棄美麗的幻想，七夕的傳說故事依然在流傳，就是神話故事在今天的繼續！

這種在現實裏不可能的事情，並不妨礙人們對星體的幻想，相反，這樣的幻想在七夕節的民俗活動裏得到了充分的體現。

二是七夕在現代發展過程中，將會沿著以下兩個方向發展：

（一）發展成為新民俗

現在人們將七夕節改變成為中國的情人節，這也不是沒有道理的，因為民俗本來是發展的，它會根據不同的時代和不同的心理等各種各樣的因素而發生變化，情人節的出現就是不可避免的事情。這是由於在人們的腦海裏，七夕節就是牛郎與織女的相會，是夫妻之間或者情人之間的見面，與情人節的根本宗旨完全吻合。

其實，舊時，就有類似情人節的活動，拜雙星。所謂拜雙星，就是拜牽牛星和織女星，又稱為拜銀河。這一活動在舊時北京十分流行。通常是一群少女、

少婦聚議，商量過七夕節的方案·選一位家院較大、環境幽靜的家庭少婦主持，供品由大家分攤，採購。在祭雙星前夕，必須沐浴，齋戒，然後大家到主婦家設神偶，大多設在院內的葡萄下，輪流燒香、上供，供品必須有雕刻的花瓜、蜜桃、聞香果等時令鮮品，花瓶內插有鮮花。姑娘、少婦還把胭脂、澱兒粉等化妝品供上，請織女享用。少女在燒香時祈求自己像織女一樣美麗，將來找到如意郎君。少婦則希望織女保佑自己夫妻和睦，早生貴子。祭畢，她們把化妝品一分為二，一份丟在房頂，象徵送給織女，一份留給自己使用，認為姑娘使用與織女一樣的胭脂，自己也就會像織女一樣漂亮，心靈手巧。

但是，還有另外一種情況，就是異向發展。如在臺灣，將七夕節改變成為兒童節，就是一個例子·

臺灣地處海隅，早年繼中原文化，亦有乞巧會、拜魁星等習俗。後期則漸漸脫離牛郎、織女神話的傳統，而發展出自己的地方特色，以「兒童」為節日活動主題。

（二）發展成為新市場

在歷史上有這樣的成功的例證。

宋元之際，七夕乞巧相當隆重，京城中還設有專賣乞巧物品的市場，世人稱為乞巧市。宋羅燁、金盈之輯《醉翁談錄》說：「七夕，潘樓前買賣乞巧物。自七月一日，車馬嗔咽，至七夕前三日，車馬不通行，相次壅遏，不復得出，至夜方散。嘉右中，有以私忿易乞巧市乘馬行者，開封尹得其人竄之遠方。目後再就潘樓，其次麗景、保康諸門，及睦親門外亦乞巧市，然終不及潘樓之繁盛也。夫乞巧多以彩帛為之，其夜婦女以七孔針於月下穿之。其實此針不可用也，針褊而孔大。其餘乞巧；南人多仿之。」在這裡，我們從乞巧市購買乞巧物的盛況，就可以推知當時七夕乞巧節的熱鬧景象。人們從初一就開始辦置乞巧物品，乞巧市上車水馬龍、人流如潮，到了臨近七夕的時日、乞巧市上簡直成了人的海洋，車馬難行、即便貴人，也只能步行。這情形，何其壯觀。觀其風情，似乎絕不亞於古代最大的節日春節。這說明乞巧是古人最為喜歡的節日之一。

在江蘇嘉興塘匯鄉古竇涇村，有七夕香橋會。每年七夕，人們都趕來參與，搭製香橋。所謂香橋，是用各種粗長的裹頭香（以紙包著的線香）搭成的長約四五米、寬約半米的橋樑，裝上欄杆，在欄杆上紮上五色線製成的花裝飾。入夜，人們祭祀雙星，乞求福祥，然後將香橋焚化，象徵著雙星已走過香橋，歡

喜地相會。這香橋，是由傳說中的鵲橋傳說衍化而來。這裡也慢慢地成為一個集鎮性的文化消費之地。

再如，東莞的女孩子在農曆七月初六晚上有「拜七姐」的風俗，模仿傳說中的七仙女，製作各種精巧的工藝品，顯示女孩子的巧手藝。如今，在望牛墩這個以牛為標誌的水鄉，傳統的「七姐節」已經被演繹成獨具本鎮濃鬱地方特色和文化特色的民俗風情節。鎮裏的長者一直相信，牛郎與織女在農曆七月七鵲橋相會是值得他們這個以牛為榮的小鎮每年歡慶的節日。因此，望牛墩也因為七夕而出名，成為一個經濟和文化集散地。

在國外也有這樣的例子。

農曆 7 月初七是七夕，是傳說中的牛郎織女相會的日子。但是在日本人是在公元紀年的 7 月 7 日過七夕。七夕前後，在車站、商場等都設有專門場地，供人們把自己的心願寫在紙條上，然後掛起來。吸引了許許多多來自世界各國的人。仙臺就把七夕節作為一個重要的商業、文化活動，在這三天時間裏，就有二三百萬人前往觀光，帶來的經濟利益是相當可觀的。

因此，我們認為，七夕節是複合型的民俗節日，也是有多元的文化內涵的載體，為現代社會提供了許多商機，已經有很多地方在對七夕文化進行深入挖掘，可以相信，七夕給我們帶來的不僅是古老的神話，而且是真正的廣闊的無限的商業和文化的前景。

2005 年 8 月 9 日星期二初稿
2005 年 8 月 23 日星期二二稿

後疫情時代的重陽節重構與交往

重陽節，又叫曬秋節、重九節、重陽、登高節、踏秋節、老年節等，是中國重要的一個傳統節日。其源於西漢初。主要見於漢魏曹丕《九日與鍾繇書》：「歲往月來，忽復九月九日。九為陽數，而日月並應，俗嘉其名。」可知，重陽節的成型在漢末，其因為「九為陽數」而得名。

一、疫情造就重陽節

重陽節是疫情密切相關的節日，是戰勝疫情的一個節日。

據說東漢時期，汝河有個瘟魔，只要它一出現，家家戶戶就會有人病倒，甚至天天有人喪命，這一帶的百姓受盡了瘟魔的蹂躪，慘不忍睹。當時汝南縣有個青年叫桓景，有一年瘟疫奪走了他的父母，自己也差點兒喪了命。桓景病癒後，他辭別了心愛的妻子和父老鄉親，決心出去訪仙學藝，為民除害。桓景歷經艱險，終於在一座古山裏找到了一位法力無邊的仙人，仙人為他不辭勞苦、為民除害的精神所感動，決定收他為徒，給他一把降妖寶劍，並密傳授降妖劍術。桓景廢寢忘食，日夜苦練，終於練出了一身非凡的武藝。有一天，仙人把桓景叫到跟前，對他說：「明天是九月初九，瘟魔又要出來作惡，如今你的本領已經學成，應該回去為民除害了！」。這時，仙人送給桓景一包茱萸葉，一瓶菊花酒，並授以避邪秘訣，讓桓景立即騎著仙鶴趕回家去。桓景回到家鄉，在九月九日早晨，他按照仙人的囑咐把鄉親們領到附近的一座山上，發給每人一片茱萸葉，一盅菊花酒。中午時分，狂風怒號，北風驟起，天昏地暗，隨著幾聲淒厲地吼叫，瘟魔衝出汝河，撲到山下。就在這時，瘟魔突然聞到茱萸的奇味和菊花酒的醇香，臉色突變，瑟瑟發抖，不敢前行。說時遲那時快，桓景

手持降妖寶劍，立即奔下山來，經過幾個回合的激烈搏鬥，桓景將溫魔刺死，瘟疫消除。後來人們就把重陽節登高看作是免災避禍的活動。〔註1〕

此說未必可信，但是在民間思維傳承的記憶裏，已經將瘟疫與重陽節捆綁在一起。如今來研究重陽節，不僅在於此節是國家非物質文化遺產項目，也對今天新冠肺炎疫情流行下社會更加有現實意義。

登高、作絳囊、盛茱萸、飲菊花酒等民俗活動是重陽節傳統文化一個部分，同樣也與疫情相關，表達了人們抗擊疫情的積極態度與樂觀情緒。梁朝吳均《續齊諧記》就記載這樣一個故事：汝南桓景隨費長房遊學累年，長房謂曰：「九月九日，汝家中當有災。宜急去，令家人各作絳囊，盛茱萸，以繫臂，登高飲菊花酒，此禍可除。」景如言，齊家登山。夕還，見雞犬牛羊一時暴死。長房聞之曰：「此可代也。」今人九日登高、飲酒、賞菊、佩戴茱萸，蓋始於「避疫」思想傳承。在成功躲避瘟疫之後，重陽節成為值得紀念的時刻，年復一年，而成為中國重要的佳節。

如今正遇到新冠肺炎大流行的疫情背景下，如何來過節，這是值得嚴肅思考的問題。

富有節日文化各種要素的重陽節主要要素是歡聚、共慶，是人與人之間密切交往的過程，無論是家庭聚餐還是旅遊勝地遊玩，都會出現人群的聚集，而這種情況則對於疫情的防止大忌。

疫，根據《說文解字》解釋，是全民生病。根據字意解讀，是拿著武器的人有了生病的軀殼，這是非常大的社會問題。歷史上有病疫、饑疫、兵疫、瘟疫、災疫等等，2020 年則出現意想不到世界範圍的新冠肺炎病毒疫情，其影響人數之多，地域之廣不亞於以往任何一次。

總之，疫情給人類帶來無窮的災難，不僅人與人之間的關係發生新的變化，而且也給社會與人的思想帶來巨大震動與改變。

因此對於這一場人類的災難，立馬引起人們的高度警覺，注意人與人相互接觸，改變過去的節日慶典的習慣，已經提到今天的議事日程。

重陽節是一種集體的活動，與中國的其他節日一樣是個體感知的體驗，也是集體心情的宣洩；不僅是一群人之間，而是更大範圍裏的東西南北人群的互相交流與往來。

〔註1〕見百度百科。

　　古代由於交通工具的落後，人們交往的圈子很有限，大多數在自己所在地進行節日拜訪、家宴、出遊，而現在社會發達、景點甚多，造成大聚集的可能。而聚集是節日的最主要的特徵，重陽節同樣如此。

　　古時在宮廷裏，重陽節期間要進行聚會，是一種文化傳統，宋代帝皇要宴請大臣，並且苑中狩獵等遊戲活動，被記錄在案。《宋史・本紀第十一・仁宗三》記載：辛卯，以重陽，曲宴近臣、宗室於太清樓，遂射苑中。就可以證明，重陽節表現的是集體的活動，即使最高執政者也難以免俗。

　　因此聚集、聚會是重陽節的重要活動，就連老人都喜歡外出尋找歡樂。唐白居易《重陽席上賦白菊》說的是老年人參加年輕人聚會時候的心情：滿園花菊鬱金黃，中有孤叢色似霜。還似今朝歌酒席，白頭翁入少年場。在這裡，可以看到人們聚會時候，有歌有舞，一邊欣賞菊花一邊喝酒，好不愜意的一幅景象。

　　對此，人們早已經將重陽節的最初產生與疫情相關忘記得一乾二淨，或者說是一種集體忘卻，留下來的是歷代生活的民俗活動呈現。

二、重陽節重構

　　在歷史上，重陽節原本是一個時間節點，為農曆九月九。為什麼把重陽節放在九月九，好像是一種歷史的慣性使然，其實節日文化中暗含著許多文化已經被遺忘。

　　九月九，在中國人的觀念裏，九是一個無法超越的大數字，如九五之尊、九九歸一、一言九鼎等，都表達一個意思，所謂九九重陽，在某種程度上來說，重陽節是非常重要而且特殊的節日。明代張岱著《夜航船》云：「九為陽數，其日與月並應，故曰「重陽」。

　　正由於如此，重陽節在歷史也不斷地被重構，被賦予新的內容，加入時代元素而成為附加的節日文化，這就成為複合性的節日。

　　據研究，重陽節與農業文明有關，九月是收穫的季節，用穀物、牲畜來祭祀，來表達對上天恩賜的感謝之情。《呂氏春秋・季秋紀》：「（九月）命家宰，農事備收，舉五種之要。藏帝籍之收於神倉，祗敬必飭。是日也，大饗帝，嘗犧牲，告備於天了。」此時雖還沒有成為文化節日，或許可以稱之為豐收節、祭祀節。

　　以後重陽節的習俗發生變化，又叫登高節等。2012 年全國人大常委會修訂通過的《中華人民共和國老年人權益保障法》規定每年農曆九月初九為老年節。為節日的文化附加做了一個表率、師範作用。

　　縱觀歷史上的藝術作品發現，表現重陽節的大多數是老年人的敘事，表現內容也多數老氣橫秋的心裏感慨。唐高適《重陽》：節物驚心兩鬢華，東籬空繞未開花。百年將半仕三已，五畝就荒天一涯。豈有白衣來剝啄，一從烏帽自欹斜。真成獨坐空搔首，門柳蕭蕭噪暮鴉。因此，國家將重陽節裏重構為老年節是延續了傳統文化，合情合理。

　　由此可見，節日文化的疊加是當今社會的普遍原則，特別是新興的主觀創造的商業節日（如電冰箱節、洗衣機節、粽子節、月餅節等）層出不窮，也有新的文化概念節日（如公筷節、好鄰節、購物節、旅遊節、戲劇節等）都會找個吉祥日子，也可能會自覺與不自覺地在傳統節日上進行疊加，而成為多重文化符號的節日，重陽節同樣如此，重疊不僅可以給傳統節日注入新的時代內容，也會舊的節日帶來新的內涵與活力。

　　在後疫情時代，我們可以大膽設想，重構一個新的重陽節。就是在傳統重陽節裏附加一個專門特指男性文化的內容，或可以叫男人節。

　　按照陰陽合一的原理，既然有婦女節，就應該有一個對應的男人節，而歷史上並沒有男性的節日，可以彌補節日文化上的陰陽平衡。再說重陽節的文化傳統是喝酒、登高，大多數具有男性文化特質。這在古代詩歌裏，可見一斑。

　　陸游《嚴州多菊然率過重陽方開或舉東坡先生菊花開》：「無人喚醒賦歸翁，滿把清香誰與同？但辦對花頻舉酒，莫橫重九在胸中。」陸游在重陽節一邊欣賞菊花一邊頻頻舉杯飲酒的醉態表現得淋漓盡致。

　　登高也是男性在重陽節裏活動主要內容。

　　唐代李嘉祐《答泉州薛播使君重陽日贈酒》：「欲強登高無力去，籬邊黃菊為誰開。共知不是潯陽郡，那得王弘送酒來。」這是一首答謝詩，表達的是重陽節別人送酒來。自己老矣卻無法在節日裏去登高。說明了登高是重陽節非常重要的外出遊玩的重要內容。

　　男人節的建立，有積極的現實意義，特別是在如今社會的女性化傾向嚴重，粉黛之氣蔓延的情況下，提倡男性文化是非常必要的。剛健、雄壯與肌肉男的形象應該得到應有的地位，而不再把男孩子培養成為奶粉氣十足，有柔性化魅力的人，更不應該將這些人作為社會的整體社會形象。

因此，重陽節在後疫情時代，重新附加男人節，不僅必要而且有意義。再說，重陽，即表示兩個陽性特徵：一個是九字，一個男人。因此重陽節裏附加一個男人節也屬於合情合理，順理成章。

三、重陽文化交流

傳統的重陽節交流，各個朝代不盡相同，但都為人際之間的和諧頻繁往來。節日期間的親朋好友相互走動是正常現象，也是構成節日文化的一個重要組成部分。

節日期間有小型的家庭聚會。唐代崔櫓《重陽日次荊南路經武寧驛》：茱萸冷吹溪口香，菊花倒繞山腳黃。家山去此強百里，弟妹待我醉重陽。風健早鴻高曉景，露清圓碧照秋光。莫看時節年年好，暗送搔頭逐手霜。從詩歌題目來看，知道作者在重陽日到荊州受到弟妹熱情招待，這就說明親戚之間的聚會是重陽節重要的交流。

除了禁中宴請、各種各樣的喝酒賞菊，民間還有大規模的野餐野宴。《荊楚歲時記》云：「九月九日，四民並籍野宴」。如今野餐已經少見，更多的是趁著假期，遊山玩水。

後疫情時代的到來，重陽節的交流也應該有新的不同方式的出現。除了傳統的人與人的緊密接觸交流之外，還應該有新的節日交流方式，特別是在互聯網時代，科技給我們帶來越來越多的交流形式，也為節日的交流提供非常有時代感的交流感受。

後疫情時代重陽節的交流方式呈現多元化：

（一）平臺・遊戲

現代人已經不再拘泥於傳統節日的交流方式，開始利用更加便捷的聯絡方式，如今的交流平臺，都完全是網絡化的交流平臺，都十分方便，已經不需要千里迢迢來到對方所在地，進行面對面的交流，再說提供文章或者有關圖片之類的文獻或者資料都沒有問題，較之過去真是天壤之別。但有一個缺陷，缺少的是親近感，對於這樣的平臺交流模式開始會有不適應，但是隨著科技的發展，平臺會帶來更大的越來越多的便捷與方便。例如舉辦一個重陽節視頻網絡聯歡會，家庭的、單位的都可以，而且還能夠進行直播，將千里之外的你我拉進距離。在視頻上也可以看到你的朋友在開懷暢飲、吃重陽糕等情景，也可以聞到菊花的香味，對於這些問題，估計不遠的將來會成為現實。

網絡遊戲十分普及，可以設計重陽節為主題的遊戲，人們可以在線進行語言交流，也可以遊戲互動。

（二）節日・語境

重陽節是一種節日文化，我們都需要在這樣的語境裏進行交流。眾所周知，重陽節活動除了在室內之外，更有野外看菊登高。宋代詩人李流謙《元質苦留過重陽且約泛舟觀泉二首》：「舟行十里遠，山出一泉清。為景尋幾遍，將詩賭欲贏。江清渾玩著，酒好易支撐。半世無功業，狂歌任性情。」在這首詩歌裏，除了登高，還有遊船，雖然半世沒有功名，節日裏依然遊山玩水，非常開心。如果沒有這樣的語境，是寫不出如此膾炙人口的佳作。

重陽節登高是傳統項目，具有很大的普遍性，而遊湖則是江南地方重陽節的又一個文人的閒雅之舉。

宋代在江南重陽節遊覽湖景甚多，這是江南地方的港汊交錯、湖河相連而形成的自然美景有關，與北方的自然景物不同，因此他們遊玩的地方大多數在湖面上。宋代喻良能《次韻何茂恭重陽前二日見過》又一次敘述了在南湖泛舟的心緒：西風籬落興悠然，秋影橫江雁帖天。短髮未成吹帽飲，高吟先贈把茱篇。黃花一笑小重九，青眼相看又四年。欲試煙波釣竿手，南湖同上月明船。由此可見，遊湖也是江南重陽節的野外遊走的方式。

同樣一個節日，由於地域差異，物產不同，民俗活動的表現也是不完全一樣，這種差異性正好表現民俗文化的多樣性與差異性。多山的地區，會有登高的習慣，多水的地方，會有遊湖的傳統，如果不知道這種情況，互相之間的交流語境就會產生隔閡。

《燕京歲時記》：「重陽時以良鄉酒配糟蟹等而嘗之，最為甘美。」在燕京，重陽節要吃酒配糟蟹，這種習俗在其他地方很少見，不知此俗，難以交流。人們大多數只知道「重陽登高，飲茱萸酒。」（《永安縣志》卷一《天文志》），如果這樣，在此語境下就有交流不暢的感覺。

（三）情感・體驗

情感是一種個人的感受，體驗帶有自己的喜好，而這種交流必須建築在對重陽節的各種民俗文化上。重陽糕是重陽節重要符號，是一種節日的食品，沒有吃重陽糕就好像沒有過重陽節，這就證明對節日的好感，如果是吃不吃都無所謂，這可以表示他對重陽節的感受是不強烈的，甚至有點麻木。這些情感與

體驗是個體的局部的，並不能代表整個民族。重陽節在二千多年的傳承發展中，形成多元的文化因子如登高、佩茱萸、賞菊、飲菊花酒等，這些民俗早已經深刻銘記每個人的腦海裏，是無法根除的民族記憶。

因此這種文化交流是順暢的、毫無疑義的，這個基礎就是對重陽節的文化一致性認知。

總之，後疫情時代裏傳統的重陽節日習俗肯定會發生變化，人們在重陽節時期的交流也一定會呈現多元化。而現代科技手段進行交流更具有明顯特徵，無論是短信、微信、視頻，還是各種會議軟件都無疑都是好的現代交流手段。即使在疫情之後的很長一段時間裏，節日期間不接觸的網絡交流可能是一種常態，這也是後疫情時代產生的一種新的生活方式。

2020 年 9 月 29 日初稿

關於設立「公筷節」建議

一、背景

筷子，又稱箸、梜、筯、櫡等，是我們祖先的創造發明，也是中華民族標誌性的重要的代表文化符號之一。

筷子的歷史非常久遠，從有筷子雛形開始算起約有 8000 年歷史。在浙江蕭山跨湖橋文化遺址（距今 8000～7000 年）中，就發現有先民使用木筷的痕跡；到了揚州龍虬莊文化時期，其遺址中又出現了五六千年前的骨筷，這些都與早期中華民族的文明緊密相連。

在數千年的歷史進程中，筷子不僅是中國人日常生活中的餐具，更與人們的習俗、文化、禮儀息息相關，孕育了優秀傳統文化，積澱了最深沉的文化記憶與精神追求，並且代代相傳，生生不息，對延續和發展中華文明、促進人類文明進步，發揮著重要作用。

在社會發展中，筷子也不是一成不變的，如其材質就在不斷進步，從竹木筷發展到青銅、鐵、金、銀、鋁等金屬筷，還出現過紅珊瑚、玳瑁等稀有材質的筷子，另外還有骨頭、塑料、玻璃、瓷器等筷子，這些都構成筷子的大家族。

筷子不僅有著深厚的文化積澱，同時筷子使用能鍛鍊人們的頭腦，訓練手的靈活；然而，它也有「負作用」。由於共食的原因，眾人的筷子會在一個碗裏夾菜，關於這種情景，在 100 多年之前，徐珂就注意私筷夾菜帶來不文明現象，他在《清稗類鈔·飲食 7》記載：「歐美各國及日本之會食也，不論常餐盛宴，一切食品，人各一器。我國則大眾雜坐，置食品於案之中央，爭以箸就而

攫之，夾涎入饌，不潔已甚。惟廣州之盛筵，間有客各肴饌一器者，俗呼之曰每人每，價甚昂。然以昭示敬禮之意，非為講求衛生而設也。」這位晚清文學家看到筷子在一個碗裏夾菜存在的問題，造成大家「爭以箸就而攫之，夾涎入饌」，「不潔已甚」。到了 20 世紀 30 年代，豐子愷也看到這種飲食的弊端，「共食的時候，七八雙筷子從七八隻口中到公用的菜碗裏往返數十百次。每碗菜裏都已混著各人的唾液了。」（1931 年《中學生》四月號《寄宿舍生活的回憶》）這種共食制使得筷子帶來了的污染污染源是不言而喻的。梁實秋也在文章裏說過情景：「一般菜上桌，有人揮動筷子如舞長矛，如野火燒天橫掃全境，有人膽大心細徹底翻騰如撥草尋蛇，更有人在湯菜碗裏撿起一塊肉，掂掂之後又放下了，再撿一塊再掂掂再放下，最後才選得比較中意的一塊，夾起來送進血盆大口之後，還要把筷子橫在嘴裏吮一下，於是有人在心裏嘀咕：這樣做豈不是把你的口水都污染了食物，豈不是讓大家都於無意中吃了你的口水？」（《圓桌與筷子》）其實梁實秋也看到了筷子吃飯菜時候的不文明現象，更關注到了唾液會互相傳播疾病的潛在危險。

這些歷史的關注，客觀上已經在呼籲改變這種狀況，要使用公筷，只有公筷就可以解決這種不衛生或許會導致細菌傳染的現象。

1988 年上海市甲型肝炎流行，計有 30 多萬人患病。由於慘痛的經驗教訓，上海人源頭上遏制了疾病的傳播，改變了吃毛蚶的飲食習慣，做到了飯前洗手，同時在飯店裏使用公筷的做法也得到推廣。到 2003 年非典時期，上海再次提出要實行公筷制度，希望得到社會的廣泛關注。根據醫學統計，我國胃病患者中，每 10 人就有 6 人是幽門螺旋桿菌攜帶者，其傳播途徑正是多人混食用餐時所用的筷子。時過境遷之後這些又都被忘記。今春，新冠肺炎流行，造成巨大損失，學校停課，工廠停工，人們再次注意到要改變中國人傳統的用餐習慣，就必須大力提倡公筷，減少細菌的傳染。

由此可見，現在倡導使用公筷，杜絕導致細菌傳染，不是新話題。每當疫情傳播，大家就開始注意到聚餐時候呼籲使用公筷，而一旦疫情過去，就會慢慢忘記公筷使用，這已經被歷史在反覆證明。為什麼多次提倡公筷減少污染源的傳播而收效甚微呢？

其原因：一是不重視公筷的使用，認為的可有可無，特別在家庭裏公筷的使用率很低，除非遇到家裏有人生病才會主動單獨用筷夾菜。二是使用公筷雖已有多年，但都沒有真正落實，特別是小餐飲店，由於成本、場地等原因，基

本不提供公筷；許多稍有規模的飯店，只象徵性地提供一雙公筷。三是對公筷使用無法進行有效監督。

二、分析

真正意義上提倡使用公筷，並且將公筷提升成為一種制度性的飲食文化規範與公筷管理監督的法規建設來說，在國內尚屬第一次。

2月16日，上海筷箸文化促進會起草《使用公筷倡議書》，就首次提出公筷的制度性建設與法規的制定，並提交給主流媒體，引起廣泛關注。接著，媒體進行網絡調查，短短的一天時間就有10多萬人的閱讀量，並有5000多人參加投票，贊成使用公筷，占調查人數的百分之%92之多。2月23日，上海市健康促進委員會、上海市精神文明建設委員會辦公室、上海市衛生健康委員會、上海市健康促進中心聯合向全體市民發布使用公筷公勺倡議書，100家飯店表示響應。

在政府層面，有關部門積極參與公筷行動，上海也有市民參與其中，根據上海筷箸文化促進會的網絡上200人是問詢調查，答卷200張，有189個人都表示要支持使用公筷。而上海筷箸文化促進會的會員均一致表示要以身作則，從我做起，把公筷使用落實在以後的聚餐活動，並且表示也要家裏推行使用公筷，真正從日常生活裏杜絕病毒的感染與傳播。

在我們的調查中，還發現公筷難以落地的原因，與中國人的文化心理有著密切的關聯。

中國人是一個講究的是感情民族，一直遵循這樣一個原則：桌面有感情，菜肴能傳情，筷子裏面更是一種情意的交流，是溫馨的一種表現；給人夾菜是兄弟之情、是家庭之情，而不是把他當做外人，這種情感深入人們的骨髓之中，很難一時就能夠改變的。2、這種私筷夾菜的歷史非常久遠，與中國人的合食制有非常密切關係，待客之道直接有關，希望不要虧待客人。一般都以最好的菜肴夾給最尊貴的人，不管是家族的最長者，還是外來的尊貴客人都如此。3、與長期的物資匱乏也不無關係，如今早已脫離過去那個時代，聚餐已經成為非常常見的現象，而長期形成了中國人特有的吃飯時候爭搶習慣卻沒有改變。這種傳統的觀念與行為一時難以根除，表現出來的還是以自己的筷子夾取食物或者菜肴來款待別人是對人最大的尊重。更深層次的原因是數千年來中國人的熱情、豪爽，以及不注意生活小節的家族文化的表現。

目前存在的問題是，公筷的概念模糊不清，雖然提倡多年，卻一直未能有效地解決使用公筷的原因之一。

何為公筷，除了沒有概念不夠清晰之外，長期以來，人們僅僅將筷子作為夾菜吃飯的工具，沒有把公筷與私筷區別對待。公筷是相對私筷而言。所謂私筷是個人使用的筷子，而公筷獨立於私筷的，在餐桌上共同使用的一種筷子。

公筷是在合食（聚餐）時候用來夾取菜肴到自己碗裏的工具。過去我們把公筷僅僅說成是為了防止自己的疾病傳染個別人：「很多人誤以為使用公筷，是防止別人把病傳染給自己，其實這是一種誤區。使用公筷，最大的作用，是防止可能的疾病從自己身上傳染出去。」（百度百科）僅僅只停留在這樣的層面是不夠的。公筷是為了防止交叉感染，而不是單一的。

公筷是一種特定的概念，而不是所有是筷子都是公筷，也就是說普通的筷子，而用作公共之用就是公筷。

所謂的公筷，必須要有一定的標準、標誌，沒有一定的標準、標誌，不利於公筷的推廣與發展，也難以推行的一個重要方面。通過調研，我們發現公筷需要制定一定的標準，如必須有統一的形制（包括長度、粗細、重量）、材質和顏色，以區別於普通的筷子。這樣可以將公筷與私筷區別開來，不僅便於識別。同時更好地使用與監督。根據我們的觀察，公筷、私筷長相差不多，容易混淆，也不利於公筷的推廣。

現在所說的公筷，不是真正意義上的公筷，沒有特定的公筷形制、顏色、長度等使人一目了然的外觀，只好把普通的一把私筷中的一雙或者幾雙拿出來作為公筷的用途，其實在某種程度上來說，是起到公筷的作用，但卻不是現代的真正的公筷。

總而言之，公筷就是筷子的一種類別，是有特殊符號的專門夾取菜肴的公共用具，而不是一個人專屬或者其他一般筷子所能夠替代的筷子。目前我們還沒有如此的共同認知，需要大家提高認識，解決盲區，來創建一種筷子類別，使得公筷成為社會公知；如果沒有這種共同廣泛的社會認同，對公筷的使用肯定就缺乏積極性與持久性。

要改變這種數百年來所形成的慣性，還需要教育來倡導，對民眾進行公筷教育，要對生產筷子廠家與飲食行業進行公筷的宣傳，同時更要對使用公筷的下一代孩子們進行啟蒙，要他們從小改變傳統觀念，養成使用公筷公勺的良好習慣；還可以通過學校的老師對孩子進行公筷教育，而孩子最容易養成習慣，

也最容易聽老師的話，這樣公筷的教育就順理順章，孩子們就會成為公筷的繼承人與實踐者，把好的公筷習慣帶到家裏，傳播到社會上。當然這是一個長期的任務，應該放在議事日程上來。

三、建議

為此，我們建議設立公筷節，這是加強公筷意識的最有效的文化途徑。

由於公筷還沒有成一種制度性的文化，因此有人擔心，疫情過後，公筷行為慢慢地會被忘記，就像甲肝流行、非典之後的情景，公筷使用應該是一個長期的目標，不僅在家庭裏，更需要在公共場所的餐廳、飯店等聚餐地方，作為一個長期的堅持的事情，最後的目的地是要改變人們的用餐時候的使用習慣。為此，有必要設立「公筷日」，以加強對公筷的認知。

我們認為，公筷節日的設立，可以更加全面更能夠展示公筷文化各個層面，可以全面引起社會的關注目光。公筷日雖然時間比較短，但根據宣傳內容的需要，靈活地安排各種各樣的與公筷相關的宣傳內容。更重要的是，公筷日是一種全民參與的快樂的時刻，讓大家在自娛自樂的氛圍裏，更好地體驗公筷的一種文化氣息。

公筷節設立的時間：為了保證公筷成為一種制度，要有一個時間節點來共同進行關注，而加以不斷地宣傳，建議每年的 8 月 8 日作為公筷節日來提高人們對公筷的關注和提升公筷的社會價值。

8 月 8 日作為公筷節理由如下：第一，這一天沒有與其他節日衝突；第二，此時正屬於學生放假期間，他們會有時間來參與公益宣傳活動；第三，8 是中國人的吉祥數字，大家喜歡；第四，最重要的 8 與八仙桌有一定關聯，也是一種飲食符號，同時也是聚餐時候的人數相同。正由於上述四點原因，公筷日定於 8 月 8 日為好。

公筷節的基本構想：公筷節是一種超前也是非常及時的文化設置，也是一種公共文化教育，重要意義非常深遠的，而且對中華民族中存在的不良飲食習慣做一種徹底的決裂。

當然公筷節設立，首先要對其進行理論上的研討，並且進行各種公筷情況的社會調查，做出各種可行性的報告，特別營造出公筷使用的輿論氛圍。其次，公筷日需要有更多的文化展示。如公筷內容的文藝類節目演出。第三，公筷節日可以提高民眾的積極性與參與度，有好的可以體驗的各類活動讓大家來關

注與加入，特別是孩子們的參加，可以帶動家長等人來宣傳公筷、使用公筷、製作公筷，也可以展示公筷的實用價值與藝術魅力。

在公筷節期間，要引導生產廠家熱心公筷製作與設計，公筷產品與作品的展示與評選，一方面可以提升民眾的注意力，同時也能夠引起生產廠家的興趣，也是公筷日能夠發展進步的可靠條件。

2020 年 11 月 6 日

清州筷子節之感悟

一、基本情況

筷子節是在韓國舉辦的一次國際文化活動，也被韓國報紙稱之為世界筷子節，時間是 11 上旬月起到 12 月中旬為止。

我們到韓國的時間是 11 月 9 日，參加活動之後 15 日下午離開清州，16 日返回上海。

筷子節的地點在韓國清州。這是一個美麗的城市，路上車水馬龍，人卻很少，顯露出靜謐安詳的氣氛。街頭非常乾淨，沒有清潔工，路上也沒有廢紙之類的雜物，有的只是街頭的銀杏樹葉子，金黃色撒滿一地。那一排排的銀杏樹進入深秋，樹上的葉子都黃了，這種黃色別具一格，非常好看。此外，還有一種楓樹葉是另外一種紅顏色，不像國內的楓樹葉淺紅色或者深紅色，類似的楓樹葉卻是紅得發豔，令人感覺是假的一般。在韓國仁川機場附近和清州等發現紅紅的令人難忘的楓樹葉。

參加國家有中、日、韓、新加坡、越南、緬甸等。

筷子節，是清州 2015 年舉辦的文化活動中的一個重要項目。

之所以在清州舉辦筷子節，起因是中日韓三國有一個「東亞之都」的協作城市，如中國的青島、漳州等，日本的新潟、福井等。每年會在一個國家舉辦文化交流。今年輪到韓國清州舉辦，其主題就是筷子。

這次參加此次筷子節的新聞媒體達 150 多家。日本 HNK 電視臺跟蹤拍攝，在仁川機場就開始拍日本浦谷先生，請他談談筷子文化以及參加筷子節的

感想。韓國的阿里郎電視臺不僅拍攝了研討會，還專門採訪了中日韓專家，並且在博物館、表演場地等作了仔細的拍攝。

最後，中日韓三國學者初步達成共識，要將筷子作為文化遺產申報聯合國教科文組織，但是既然是國家層面申報就必須要取得國家有關方面的認可與支持，否則也是空話。

清州文化局長表示他們在這方面有經驗，有信心將筷子申遺成功。

二、節慶活動內容

主要有三個方面，一是筷子展覽。二是筷子表演。三是參與互動。

（一）筷子展覽

筷子展覽布置在兩個博物館內。兩個博物館四五十米。第一館在小山坡上，第二館在山腳下的平地上。中間通過一個平緩的小道，將它們聯繫起來。在小道的一旁有藍、紅、黃色彩反差很大的圓圈形的立體雕塑，非常奪人眼球，也指引人們走向第二個博物館。

這些立體雕塑，粗粗一看，就是一般的藝術作品，再仔細看看，就發現這些圓形雕塑的材料都是被廢棄的一次性筷子，將其組合起來再進行藝術創作。這些作品色彩豔麗，同時也有指示作用，更重要的是其與本次主題相符合，而且有環保的意識。

第一博物館內的筷子展，一進門就看見韓國的調羹、筷子，左面開始也是韓國古代的銅筷與調羹。然後才是上海提供的各種各樣的筷子展品，隨後是一些字畫，韓國的農業社會的與生活相關的用品等。

第二博物館的筷子，琳琅滿目，色彩繽紛，給人一種最高境界的藝術享受。其絕大多數展品都是現代社會的筷子及其用具，其中也是中、日、韓最有代表性的筷子。在這些筷子中間，除了有機器鍛造除了的製品，也有純手工的筷子作品。在韓國筷子展中，多數是金屬的筷子，顯示一種富麗堂皇的感覺。

而在日本筷子展櫃裏，大多數為木質筷子，漆筷佔據絕對的地位，精緻而富有日本文化特色。一些為日本的教授和工匠製作的手工筷子，每一雙筷子長短不一，顏色豐富多彩，螺鈿鑲嵌的筷子，閃閃發光，表現出筷子不同特色的筷子文化。

（二）筷子表演

筷子表演，是這次筷子節的重頭戲之一，也是重要的一個環節。所謂表演，就是筷子製作者在展臺前進行筷子的製作，或者半成品筷子上的繪畫。

韓國人有兩位筷子製作人：一個製作銅勺銅筷的年輕人，一起來的是一對夫婦。男子製作時候，赤腳來固定銅勺，將表面的銅銹進行剷除。當時天還是點寒意，到了下雨，穿著羽絨服也不覺得熱的時候，他依然如此製作，表現得是一種頑強與執著。另外是一對韓國老年夫妻。他們是用山裏生長的灌木枝條來製作筷子，只是對枝條進行打磨光滑。這樣的筷子顯得有點粗礦，但別具一格。由於語言不通，沒有更多的交流，但是從大家互相交換的眼神中可以知道，他們對筷子另有一種不同凡響的認知。

代表中國到韓國進行表演的是唐正龍、陸春彪先生。

陸春彪是一位文化館館長，長期從事非遺工作的管理幹部，對松江文化非常熟悉，對筷子製作及其表演都有獨到的見解，特別是到韓國之前做了大量的準備工作，並且對唐正龍的筷子製作，以及對他各種業務上進行指導（如中式服裝、傳統工具），為唐正龍不斷鼓勵打氣，讓其增加民族自豪感與自信心，也為唐正龍的表演成功做出了不懈的努力。

唐正龍是一位竹編非遺傳承人，從前沒有製作過筷子，由於竹編與筷子所使用的原材料都是竹子，因此很熟練地掌握了筷子製作的技藝。特別是在接受到韓國表演之前，就一再製作了各種筷子，達到了一定的水準，受到大家的好評。這次到韓國，一邊製作筷子，也一邊編織竹籃、竹球等，這些富有中國特色的作品，受到韓國市民的歡迎。

一天，有個韓國人來到展臺前要訂購 100 雙筷子，一下子要訂購如此多，完全出乎我們的意料。沒有想到中國的筷子如此大受歡迎，當時也沒有帶這麼多的竹子或者半成品，更不可能再從國內運輸出口到韓國，那樣的話，關稅就非常可觀，面對如此的生意，我們只好放棄了。

我們從 9 日到達清州，一直到 15 日離開清州，我們的表演一直在延續，到 15 日下午即將離開之前，還形成了一個小高潮。我們展臺前擠滿了人，將我們帶去的筷子、竹籃、竹區搶購一空。

（三）參與互動

互動是一個日本與韓國筷子製作十分注重的環節。

　　這種互動，是讓來現場的人，有一種親身感受，而不至於游離於筷子節之外，這是值得學習的地方。我們過去認為，筷子的製作筷子是製作者的事情，而不願意或者從根本上木想到讓更多的人參與其中，而怎麼讓參觀者加入筷子製作的行列中，這次我們親身感受到從來未有的熱烈場面。

　　特別是孩子們參與筷子的製作，興趣濃厚。到了星期六和星期天，在日本兩位筷子表演者攤位前，小朋友是人頭攢動。其中一個女性筷子扮演者的攤位前更是人氣十足。小朋友圍繞在桌子前，紛紛仿傚日本扮演者的做法，將白色的筷子上用彩色筆任意描繪自己喜歡的各種各樣圖案。

　　之後，這些被孩子描繪的筷子，放入已經寫好地址的信封裏，放進紙箱子裏。據說這位日本表演者要將這些筷子拿回日本，要給這些筷子重新包裹生漆，燒製定型之後再寄回韓國孩子家中。這樣就算完成彩繪筷子的製作。

　　另一位日本筷子表演者製作的是螺鈿筷子，他將已經鑲嵌在筷子上的螺鈿，讓孩子用砂皮進行打磨，打磨之後，放在水裏清洗。這樣也將這些打磨之後的筷子，放進信封裏拿到日本進行烤漆之後，再寄回韓國小朋友家中。

　　這兩種筷子製作的價格都是 1 萬日幣，但還是吸引了大量小朋友的注意力，激發了他們的參與熱情。

　　相對我們的攤位前面就缺少這樣的氣氛，人們來看的僅僅是唐正龍的高超的筷子製作技藝，在驚訝之餘，卻沒有動手的欲望，也沒有自己想親自製作筷子的需求。與日本攤位面前相比較，我們的攤位冷清了許多。這應該是一種不知之處，既然筷子節是一個節日，而沒有人參與到筷子製作的隊伍中，總有那麼一種互動缺失的感覺。

　　在 11 月 11 日在忠北清州國民生活館召開的筷子節開幕式上，就有一個環節，為「筷子神童選拔大會」現場。參賽的孩子坐於飯桌前，用筷子將盤子裏的豆子夾至玻璃瓶。孩子們的手雖小，但將豆子一顆顆準確夾起來的筷子尖端卻沒有絲毫鬆懈。孩子們的臉上寫滿了認真。父母或是聲援，或是拍照，十分忙碌。外國記者們也將孩子手握兩隻扁平的鐵筷、夾小豆子的身影頗為新奇地用相機記錄了下來。

　　最後是一位以一分鐘夾了 29 顆豆子榮獲小學組最高獎的女生韓靜恩（清州南平小學 4 年級）發表了感想：「我從幼兒園開始就自己用筷子吃飯了」，「參加了這樣的比賽我感到很開心。因為獲得了獎品筷子，今後一定努力使用筷子」。

（四）研討會

韓國筷子節的一項內容，非常重要的會議是中日韓三國學者的研討會。

提交論文的中國代表有中央美術大學設計學院江黎《有意思的筷子設計》、無錫吳文化研究會筷子文化研究室顧問桑梅《筷子是人類手指的延伸》、無錫吳文化研究會筷子文化研究室吳琦華《預測再有十年全世界每個人都會使用中國人的筷子》和徐華龍《筷子文化與家庭教育》。

提交文章的日本作者有浦谷兵剛、三村田有純，韓國作者有李御寧、鄭義道、蔣來赫、朴蓮玉。他們的文章從歷史、考古、經濟等角度闡述了筷子的起源、發展及其文化形態。

最後，是問答環節，這是不多見的三國專家坐在一起就筷子這樣一個用餐工具進行了各自觀點的闡述與交鋒。

其中特別是對於筷子的起源於何國，大家有不同的表述。我作了一個簡短的發言，就是可以放置這種爭論，而更多的將注意力放在筷子文化的發展上面。

關於起源是筷子文化研究中一個非常重要的問題，以後還會涉及這方面，但筷子起源不是筷子文化唯一的問題。其實，關於筷子起源，已經有歷史資料以及考古發現，並且都有擺放在那裏；再說有關起源問題有過幾次討論，沒有達成一致，也很正常，可以先擱置起來。現在，中日韓三國更要關心的是筷子現在以及未來的發展，例如筷子的工藝、材質以及各種各樣的習俗沿襲、禮儀繼承等都是應該值得關注的內容。

這些觀點得到了大多數與會代表的贊同。

三、幾點想法

（一）筷子文化需要傳承

筷子是一種吃飯工具，其也附著於文化，而恰恰使用人口最多的中國卻熟視無睹，大多數人不瞭解筷子所包藏的文化。

這次清州筷子展，吸引了眾多孩子們來參觀，他們冒雨打著傘從一個展覽館到另外一個展覽館。雖然人數比較多，但是他們都非常有秩序，沒有一點嘈雜聲，在老師的指引下，再到筷子表演展櫃前觀看中日韓筷子專家的製作演示，並且讓孩子參與筷子製作、繪畫的實踐中。

日本浦谷先生雖是一位身價過億是老闆，卻對孩子的筷子教育付出了很多的心血，特地出資邀請越南、新加坡留學生來參加筷子節和筷子研討會，十分令人敬佩。

（二）筷子文化需要政府的支持

韓國非常重視這個筷子文化，清州市長親自出席開幕式，並且發言，中日韓代表登上主席臺，並且到臺上與觀眾見面。

韓國很注重文化品牌的打造，特別在文化遺產與非物質文化遺產方面的保護宣傳方面作出令人刮目相看的舉動。在繼端午祭之後，最近又有暖炕、泡菜等一連串申報聯合國非遺項目成功，肯定需要政府的大力支持與推動。

在筷子申遺方面，他們非常有信心，要聯合中國、日本共同進行申遺活動，為此特地舉辦這樣的筷子節，以促進中日韓筷子申遺工作不斷向前發展。

（三）筷子是多樣性的

日本的漆筷、中國的竹木筷、韓國的金屬筷都各自有自己的特徵與特色。這是長期以來國家飲食文化在筷子上的表現。

除了這些主要的區別之外，在每個國家的筷子還有各種各樣的樣子。日本的漆筷，顏色就非常豐富多彩，這些顏色都是經過特殊處理的，沒有污染也不會掉色，再加上其尖尖的筷頭，更是日本文化的標誌。韓國的金屬筷，有不銹鋼扁扁的筷子，也有上方下圓的筷子；特別是在不銹鋼上雕塑、刻字就成為十分方便的事情，因此也成為一種流行。中國的紅木筷是高檔的筷子。這次到韓國的廠商是山東等地的生產單位。

（四）筷子可以藝術化

筷子是一種實用的吃飯工具，其實它也可以承載美的功能。在日本筷子演示的攤位前經常擠滿了小朋友，他們都是為了在日本的筷子上留下自己的繪畫。這些都是半成品的筷子，筷子上半部分是原色（即白色）。小朋友可以根據自己的喜好隨意塗畫，這就大大地引發了孩子的興趣，常常會到攤位結束了，他們還不願意離開。據說，這樣一雙筷子賣價 10000 日幣，進行塗畫之後的筷子，日本筷子演示專家，要拿回日本進行加工烘烤之後，再按照原先寫下的地址，寄回韓國小朋友的家中。

這種藝術化的筷子，是自己參與製作的也是獨一無二的，因此受到家長和孩子的喜歡。

（五）多進行交流

中日韓都是使用筷子的國家，都進行這方面的交流很有益處。這次到韓國，不僅看到了三國的筷子形制及其文化，也發現其中的差異，以及不同的文化特色，同時也可以知道中日韓三國在筷子文化研究領域方面各自不同的視角，和著重關注的焦點。

在筷子文化方面，總的來說，中國關注的筷子歷史比較多，日本關心的是當代筷子的現狀及其發展更多一些，而韓國則更多的在傳承筷子傳統，積極宣傳筷子文化做了許多努力與工作。

以上是我參加韓國世界筷子節的一些感悟。

最後，我想以給清州報紙所寫的《筷子節有感》一文，作為結束語：

這次到清州參加筷子節，最大的感受是，體會到韓國政府及其文化部門對筷子文化的重視。你們不但將筷子作為吃飯的工具，而且看到了其中所附著於的傳統及其文化，並且試圖弘揚這種傳統及其文化，體現了新的時代精神。

筷子節是一種新的節慶活動，你們舉辦得非常成功，這是國家層面上的一種設計，中日韓都有專家學者參加，有展示，也有研討，更有廣大本國市民的積極參與的項目，同時還激發了孩子們對筷子的興趣，使得他們動手參與到筷子的製作中，這些都是非常好的有價值的文化創意。

筷子記載著中日韓三國的文明歷史，也承載著我們共同的願望與理想。

希望筷子節成為我們共同的狂歡的節日。

2015 年 12 月 20 日星期日

從人到佛祖菩薩的劉薩訶

劉薩訶是離石的重要歷史人物，是中國佛教史上有貢獻的大師，同時也是對外進行文化交流的使者。他身體力行，到天竺取經，認真學習印度佛教理論，在中國許多地方傳播佛學知識，做出了前所未有的功績。

為此，劉薩訶在《佛祖歷代通載》《佛祖統紀》《佛祖統紀》《律相感通傳》《遊方記抄》《佛祖歷代通載》等書都有文字記載，敘述了他不平凡一生，其中最為全面的介紹，應該屬於《法苑珠林》卷五十一。

文章云：

> 并州離石人，生於田家，弋獵為業。晉武帝太康二年（281 年）得病，死而復蘇。自云，見一梵僧語之曰：「汝罪重，應入地獄，吾憫汝無識，且放。今洛下、齊城、會稽並有古塔，及浮江石像，悉阿育王所造。可勤求禮懺，得免此苦。」薩訶既醒之後，改革前習，出家學道，更名慧達。如言南行，至會稽、海畔、山澤，處處求覓，莫識基緒。薩訶悲塞煩冤，投造無地，忽於中夜聞土下鐘聲，即潛記其處，剌木為剎。三日間，忽有寶塔及舍利從地湧出。靈塔青色，似石非石，高一尺四寸，方七寸，五層。露盤似西域于闐所造，面上開窗，四周天全，中懸銅磬。常有鐘聲，疑此磬也。環繞塔身，並是諸佛、菩薩、金剛、聖僧、雜類等像，狀極精緻微細。瞬目注睛，乃現出成百上千圖像，面目手足，咸具備焉。斯可謂神功聖蹟，非人智之所能及。邑里見者，莫不下拜，念佛生善，齋戒終身。《輿志》云：「阿育，釋迦弟子，能役鬼神，一日夜於天下造

佛骨寶塔八萬四千，皆從地出。」〔註1〕

這裡的介紹，文字不多，卻是非常珍貴的文獻資料，把劉薩訶主要活動軌跡與功德做了完整的敘事。

在此，文章傳達了許多文化很多信息，將劉薩訶身世做了一個基本敘事。

一、劉薩訶身世

劉薩訶是一個真實的人物，而非虛構。

劉薩訶最早記載在《法苑珠林》上，而《法苑珠林》是佛教經典，又名《法苑珠林傳》或《法苑珠林集》，形成在唐代，為我國佛教文獻中極其珍貴之一部大型書。而唐去晉代未遠，因此可信度甚高。

劉薩訶真實身份，表現為以下四點：

（一）劉薩訶原是一位獵人

據《法苑珠林》卷五十一》載：劉薩訶是「并州離石人，生於田家，弋獵為業。」

此言可知，劉薩訶原來是一個獵戶，專門以射殺飛禽走獸為生。弋，就是抓捕空中飛鳥；獵，指的是殺死大型動物，如熊、豹之類。所謂弋獵，就表示不放過任何自然界的活體，殺生無數，除了人之外，難怪瀕臨生命盡頭，僧人說他是「汝罪重，應入地獄」。〔註2〕殺生是佛家之大忌，直到此時，由於受到僧人（觀世音菩薩、閻王等）點撥，劉薩訶這才猛然驚醒，幡然醒悟。

（二）死而復活

死而復生在普通人看來是不可思議的事情，但是劉薩訶得到僧人指點而復活，改弦更張，皈依佛門，這也一個奇蹟。

《乾道四明圖經》：「晉太康二年并州離石人劉薩訶生業弋獵因病死而復蘇。」《解惑篇》：「并州劉薩訶暴死七日而蘇」，《遊方記抄》：「至晉太始元年。并州西河離石人劉薩訶者。死到閻羅王界。」

這些文字都說明劉薩訶的死而復生。這種不一樣的死亡體驗也是普通人無法體會的，由此說明他的非凡經歷，同時也證明了劉薩訶的超過常人的地方。

〔註1〕事見《法苑珠林》卷五十一《感應緣‧西晉會稽鄮縣塔》。
〔註2〕《法苑珠林》卷五十一《感應緣‧西晉會稽鄮縣塔》。

（三）劉薩訶死後骨頭也被說成是「骨小細如葵子」，大有舍利之遺存

明徐應秋《玉芝堂談薈》卷十二：高僧傳劉薩訶師卒於肅州，形骨小細如葵子，中皆有孔，可以繩聯續。

這裡，也將劉薩訶作了進一步的神化敘事。

（四）將劉薩訶前身說成是利賓菩薩

《太平廣記》卷第九十三《異僧》：「七年月既久，石生室滅，至劉薩訶師禮山，逆示像出。其薩訶者，前身元是利賓菩薩。」這是因為劉薩訶的瞻禮，而有石像的出現，如此奇異的現象出現，在普通百姓的眼裏，肯定不是一般凡人所為，因此把劉薩訶說成是利賓菩薩的再現，也是一種自然的神化過程，符合信眾的思維邏輯。

從劉薩訶的身世，可以看出他的一生是曲折離奇，有平凡無奇的開始，卻有不同於凡人的作為與成就。其告訴人們一個道理，普通人經過深造，拋棄紅塵，革新換面，全心身地投入佛教懷抱，潛心修行，可以成為超脫凡間的菩薩，也對信徒起到模範作用。

二、劉薩訶的功績

總結劉薩訶對佛教文化的貢獻，可以歸納如下：

（一）發現舍利

劉薩訶的發現舍利，是其功德之一。

《宋史》：西河離石人劉薩訶於丹陽城禮阿育王塔，見放光明，集眾掘得鐵函。函中人有銀函，盛舍利及佛爪髮，詔遣沙門釋雲迎之。

舍利是梵語 śarīra 的音譯。在佛教中，僧人死後所遺留的頭髮、骨骼、骨灰等，均稱為舍利。佛教徒尊敬佛的舍利和佛弟子的舍利，主要是由於高僧大德生前的功德慈悲智慧。因此舍利的發現者，對當時來說是非常了不起而且神聖的一件事。

（二）建寺廟

《江南通志》記載：晉太元九年，劉薩訶於越王城，望氣得舍利，於此建長干寺。

劉薩訶得到舍利，其實本身就說明劉薩訶修行十分的法力甚高，否則就沒

有可能獲得舍利這樣的機緣。他得到舍利並非自己供奉，而是在越王城（即今杭州市蕭山區城廂鎮湘湖村西北 700 米城山山巔）建寺廟，讓信徒來朝拜，也說明他弘揚佛法的無私心理。

印度的藍莫塔（位於今印度中部巴斯提縣），唐法顯、玄奘都曾在印度禮拜過此塔，就因為塔中有舍利。法顯在《佛國記》中記載了那竭國頂骨舍利的朝拜盛況。如今舍利依然是寺廟的弘佛之寶，普遍受到了信眾的瞻禮。

由此可見，劉薩訶發現舍利，功德無量，不是一般的事蹟。

其中最重要的貢獻是：

1. 弘佛江南

根據《法苑珠林》卷五十一記載：薩訶既醒之後，改革前習，出家學道，更名慧達。如言南行，至會稽、海畔、山澤，處處求覓，莫識基緒。在此，口語看到劉薩訶在死亡線上走過一圈之後，出家更名，所謂「如言南行」，就是指到南方學習佛教，傳播佛法。

有記載說，劉薩訶在公元 390 年至 397 年梁安帝隆安 3 年先後在江南建業、丹陽、會稽、吳郡、鄞州等地雲遊巡禮。〔註3〕為江南地區的弘揚佛法做出了大量的事情，付出了辛勞與心血。

明釋智旭《閱藏知津》：興福始慧達劉薩訶，終法悅，共十四人。

此處所說興福寺，位於江蘇省常熟市虞山北麓，南齊延興至中興年間初名「大悲寺」。梁大同五年（539 年）大修並擴建，改名「福壽寺」，因寺在破龍潤旁，故又稱「破山寺」。興福寺，1983 年被列為全國佛教重點寺院。

2. 取經天竺

江南三地巡禮後，即毅然踏上了赴天竺（古印度）孤身取經求法的漫漫西行路，當大師隻身行至于闐（今新疆和闐縣）「巧遇」著名高僧法顯、慧景及道整等，便一起共同前往取道西行。〔註4〕

唐道宣《集神州三寶感通錄》卷中記載：太武大延元年，有離石沙門劉薩訶者，備在僧傳，歷遊江表禮鄮縣塔。至金陵開育王舍利，能事將訖西行。至涼州西一百七十里，番禾郡界東北，望御谷山遙禮。

太延（435 年正月～440 年六月）是北魏太武帝拓跋燾的年號，歷時 5 年餘。

〔註 3〕《高僧傳》。
〔註 4〕百度百科詞條。

北魏太武帝拓跋燾改革政治，發展經濟，獎勵農業，節約開支，統一了北方大部分地區，但是進行了大肆的滅佛活動，命令五十歲以下沙門盡皆還俗，以從征役，指責沙門之徒，假西戎虛誕，生致妖孽。太平真君七年（446 年）下詔滅佛。宣布佛教為邪教，在各地焚毀所有的佛像和佛經，沙門無少長悉坑之，禁止佛教的傳播，北方地區佛教勢力一時陷於衰落。

這或許是劉薩訶西方取經的外圍動力。

三、劉薩訶成功的時代背景

（一）佛教興盛

任何人的成功都離不開那個時代的背景。

劉薩訶的出家，正是晉朝剛剛興起，佛教得到大發展的時期。晉武帝司馬炎雄心勃勃建立晉朝，革新政治，振興經濟，屬行節儉，推行法治，頒行戶調式（包括占田制、戶調制和品官占田蔭客制），人口增殖，整個社會呈現繁榮景象，史稱「太康之治」。催生了繁花似錦的太康文學，出現一批像左思、陸機、潘岳文學家，他們是當時的洛陽文壇上的主角，創作了許多著名的著作如陸璣《三都賦》，張載《劍閣銘》以及南朝鍾嶸著有《詩品》等。

同時，晉代佛教興盛，朝野對佛教的信仰，已經相當普遍。相傳西晉時代東西兩京（洛陽、長安）的寺院一共有一百八十所，僧尼三千七百餘人（法琳《辯正論》卷三）。這雖然是後世的記錄，未必即為信史，然而竺法護時代已有「寺廟圖像崇於京邑」之說（《出三藏記集》卷十三）。而見於現存記載中的，西晉時洛陽有白馬寺、東牛寺、菩薩寺、石塔寺、愍懷太子浮圖、滿水寺、槃鵄山寺、大市寺、宮城西法始立寺、竹林寺等十餘所。

佛教的「五戒十善」對建立和諧的人際關係、和睦的社會秩序，具有直接的教育作用和約束力。而佛教平等圓融、普渡眾生的精神和教義，能與任何時代、任何地區的文化中優秀的部分相協調而得到彰顯，具有亙古常新的價值。

兩晉時期，南北地方建造了許多名剎，也出現一批高僧，有佛教般若即色宗創始人支遁（道林）、般若學派宗師竺法汰高徒竺道壹，以及略後的慧皎、曇斐、洪偃、智永等。隋、唐時期佛學鼎盛。

（二）佛教中國化

佛教不是中國土生土長的宗教，卻能夠受到中國產生巨大影響力，並且成為五大宗教之一，就在於佛教的中國化。

首先，是翻譯。

通過翻譯，將將大量的佛教經典的印度文字翻譯成為中文，這就是中國化的過程。

西晉時期，佛教活動仍以譯經為主，竺法護為當時的代表，所譯經典有《光贊般若》《維摩經》《寶積經》《涅槃經》《法華經》等各部類經。劉薩訶到天竺取經同時，可能多多少少參與了佛經的翻譯，否則是得到佛經知識的。

南朝的譯經事業，在中國佛教史上佔有重要地位，無論是譯經卷數或其範圍，都相當可觀，如僧祐的《釋迦譜》《出三藏記集》，寶唱的《名僧傳》《比丘尼傳》，慧皎的《梁高僧傳》等都是重要的佛經。絲綢之路上的外國僧人參與佛經翻譯，如彊梁婁至，西域人，於武帝太康二年（281）在廣州譯《十二遊經》一卷一部。又如安法欽，安息人，於同年迄惠帝光熙元年（281～306）在洛陽譯《道神足無極變化經》四卷、《阿育王傳》七卷等五部。沙門支法度，在惠帝永寧元年（301），譯出《逝童子經》一卷、《善生子經》一卷等四部（上述二部現存）。又有外國沙門若羅嚴，譯出《時非時經》一部（現存）。

其次，是傳播。

在南北南明，有大批外國僧人到中國弘法，其中著名的有求那跋摩、求那跋陀羅、真諦、菩提流支、勒那摩提等。而他們弘佛的對象是中國人，也必須用中國人會懂的形式來傳播，客觀上也起到中國化的過程。

同理，劉薩訶對佛教傳播花費很大力氣，也起到了非常大的效果。劉薩訶的傳播用的也是漢語，而不是印度文，否則信眾也無法接受，更無法理解。除了講解佛經教義、故事之外，也會加入一些中國的例證，從客觀上來說，也起到中國化的作用。

以上兩點，出於一個推測，雖無文字記錄，但從劉薩訶的傳道軌跡來看，應該不是一種誤讀。

（三）阿育王寺

阿育王寺，在今浙江鄞縣東二十里寶幢鎮阿育王山下。相傳西晉太康二年（281）僧人慧達首建舍利塔，藏釋迦牟尼遺骨。由此可見，阿育王寺是劉薩訶傳教歷史上的一個高峰，也是中國佛教文化的一座豐碑。

也有人說阿育王寺不是劉薩訶所建。《宋高僧傳》卷第二十七：「未久之間，聞四明鄮山有阿育王塔。東晉劉薩訶求現。往專禮焉。」宋張津等纂修《乾道四明圖經》卷一《御書四》：「阿育王山廣利寺在縣東三十五里，晉義熙元年建。……寺有東塔院相去二里，即劉薩訶所禮舍利塔湧出之處，西塔院去寺五十步其塔唐明皇時建也。」

這是或許是一歷史公案，已經難以判斷。可以肯定的是阿育王寺與劉薩訶有一定關聯。

《佛祖歷代通載》：「會稽育王塔緣起。有劉薩訶。病死入冥見梵僧。指往會稽育王塔處懺悔。既穌出家名惠達。及至會稽遍求不見。偶一夜聞地下鐘聲。倍加誠懇。經三日忽從地湧出寶塔。高一尺四寸。廣七寸。佛像悉具。達既見塔精勤禮懺。瑞應甚多。明州塔此其始也。」

而且鄮縣阿育王寺舍利殿上的對聯與也劉薩訶相關：

> 劉薩訶跋涉山川由吳丹陽沐洛下而達鄮峰聞地中有金石聲始瞻寶相晉義熙經營殿宇歷宋元嘉梁普通以迄昭代閱世上幾滄桑劫不改常規

阿育王寺的建造是在印度大興建寺造塔的情況下，但它沒有沿襲外國傳統，而是完全中國化。《陶庵夢憶》記載：阿育王寺，梵宇深靜，階前老松八九棵，森羅有古色。殿隔山門遠，煙光樹樾，攝入山門，望空視明，冰涼晶沁。右旋至方丈門外，有娑羅二株，高插霄漢。便殿供栴檀佛，中儲一銅塔，銅色甚古，萬曆間慈聖皇太后所賜，藏舍利子塔也。舍利子常放光，琉璃五彩，百道迸裂，出塔縫中，歲三四見。

阿育王寺雖幾經興衰，依然還可以看見中國式建築群，天王殿、大雄寶殿、舍利殿、法堂等渾然一體。如今的舍利殿中設舍利塔，內置七寶鑲嵌的木塔，就是傳為劉薩訶當年持來之塔。

鄮縣，屬東南沿海，現屬於寧波管轄，也是絲綢之路的海上起點，而劉薩訶的足跡將兩個絲綢之路（陸地與海上）連接在一起，也是非常難得的一位踐行者與見證人，難能可貴的第一人。

江南地區特殊的人文地理環境，適合於佛教的傳播，宋張津等纂修《乾道四明圖經》卷二記載：按《隋書》：江南之俗，火耕水耨，食魚與稻，以漁獵為業，雖無蓄積之資，然亦無饑餒之患，信鬼神，好淫祀，小人多商販，君子資官祿，市廛列肆埒於二京，人雜五方，故俗頗相類京口。東通天會，南接江

湖，西連都邑，亦一都會也。其人本習戰，號為天下精兵。俗以五月五日為鬥力之戲，各料強弱相敵，事類講武。會稽郡亦然，川澤沃衍，有海陸之饒，珍異所聚，故蕃漢商賈並湊，君子尚禮，庸庶敦龐，故風俗澄清，而道教隆洽蓋其風氣所尚也。

　　而且江南富庶，也是劉薩訶在江南地區長期傳播佛音的重要的條件之一。

2020 年 10 月 3 日國慶節休假中

絲綢之路的佛教文化開拓者

劉薩訶（360～436），也稱之為慧達，其為後西河離石縣胡人。《梁書》、《宋書》記載他是「胡人劉薩訶」。

離石縣，地處山西省西部，呂梁山脈中段西側。歷史上就是漢人與胡人混雜居住的地方，東漢永和五年（140）西河郡治遷此，三國魏黃初二年（221）復置縣；晉屬西河國，永興元年（304）匈奴左部帥劉淵起兵反晉，建北漢政權，置都於離石；後燕置離石護軍；北魏明帝置離石鎮；北齊天保三年（552）置昌化縣；北周建德六年（577）縣改石州。所謂北漢是匈奴主導的政權，後燕是十六國時期鮮卑慕容氏所建立的國家，北魏是鮮卑族拓跋珪建立的北方政權，北齊也是鮮卑化政權。由此可見，劉薩訶是一個胡人是無可置疑的。

當時作為一個胡人西行取經，無疑是極具眼光的，有積極的社會意義的。

一、佛教盛行的時代

劉薩訶生活在一個佛教文化非常盛行的時代。

帝皇信奉佛教。北魏拓跋氏從道武帝（396～409 年）和晉室通聘後，即信奉佛教。道武帝本人好黃老，覽佛經。見沙門，都加敬禮，並利用佛教以收攬人心。繼而任趙郡沙門法果為沙門統，令綰攝僧徒，並於都城平城（今山西大同市）建立塔寺。

北朝佛教盛行，從朝廷到一般社會，都有佛教信仰，其盛行程度之高，有了一個家族、一個村落都建立了佛教組織，叫作「義邑」，是由僧尼和在家信徒構成，而大多數以信徒為主。這種機構，原來為共同造像而發起，然後逐漸發展，兼及於修建石窟、寺院，舉行齋會，進行寫經、誦經等事。

　　另外，北朝各代翻譯了大量的佛教經典，如《付法藏因緣傳》，又譯《大吉義神咒經》、《雜寶藏經》、《方便心論》等。

　　之所以北朝時期佛教興盛，一個原因是時局動盪造成佛教大盛，特別是在政權更換快速，戰爭頻仍，民不聊生，外族入侵，造成生靈塗炭，生活艱苦。普通百姓在現實生活既找不到出路，就寄心於宗教，尋求心靈的慰藉，於是佛教也就在這背景下興起。

　　與此同時，當時的佛教典籍遠遠不夠教徒學習。據章巽先生《法顯傳校注》說，法顯奉佛教虔誠，在長期為僧中，常感歎律藏不全，竟以 58 歲以上的高齡，於後秦弘始元年（399）與慧景、道整、慧應、慧嵬等 4 人從長安出發，越過隴山，至西秦國都金城（今甘肅蘭州西），在此度過了西行的第一次坐夏。

　　由於這種背景下，希望求得更多的佛經的僧人開始向外尋找，到佛教的發源地取經就成為他們的願望。

　　與劉薩訶同時代的到西方取經的有很多人，比較著名的是法顯。

　　法顯本姓龔，平陽郡（今山西臨汾西南）人。三歲即剃度為沙彌。20 歲受大戒為比丘，志行明潔，儀軌整肅。取經路上，遇到重重險阻，第一次失敗。在公元 400 年，法顯結伴西至敦煌（今甘肅敦煌）。停留一月餘後，法顯等 5 人便隨敦煌太守李暠的使者先行。〔註1〕

　　由此可知，到印度去取經的有一批教徒，他們要到西方取經，為了引進更多的是佛教典籍，以擴大佛教的影響。

　　《中國全史》第 035 卷《魏晉南北朝宗教史》：法顯自姚秦弘始元年（399）從長安出發，至東晉義熙八年（412）到達長廣郡，次年才到達建康，前後共計 15 年。途中經過西域 6 國、天竺 21 國及歸途中的師子國和耶婆提國（今印度尼西亞的蘇門答臘），共計 29 國。同法顯從長安出發的有慧景、道整、慧應、慧嵬 4 人，至張掖又加入智嚴、慧簡、僧紹、寶雲、僧景 5 人，于于闐又遇到慧達，共計 11 人。

　　至此，可見慧達是有別於法顯之外的另外一支去印度取經的人。

　　當時信奉佛教的地域，除了印度，還有伊拉克、伊朗、巴基斯坦包括新疆等地區，劉薩訶等人到了如此佛教滋養之地，肯定是如魚得水非常高興。慧景、慧達、道整三人已到那揭國（今阿富汗東部賈拉拉巴德附近一帶）供養佛影、佛齒及頂骨。

〔註1〕《中國全史》第 035 卷《魏晉南北朝宗教史》。

當然取經的道路，非常艱難。出敦煌後，便進入沙漠地帶。當時這條路是很艱險的，上無飛鳥，下無走獸，四顧茫茫，莫測所之，唯視日以準東西，望人骨以標行路，在沙漠中行了 17 日，才到了鄯善國（今新疆若羌）。又西行 15 日，到了焉夷國（今新疆焉耆境）。因在此地所得資助甚少，智嚴、慧簡、慧嵬 3 人便西返高昌國（今新疆吐魯番）尋求行資。法顯等因得到苻公孫供給，遂得繼續西行，穿越今塔克拉瑪干沙漠，經 1 月又 5 日到了于闐國（今新疆和田東南）。此地盛行大乘佛教，因法顯等想觀看此地之佛行像，便停留下來。慧景、道整、慧達三人向竭叉國（今新疆塔什庫爾干塔吉克）先出發。行像完後，僧紹隨西域僧去罽賓（今克什米爾），法顯等向子合國（今新疆葉城西南）出發。〔註 2〕

為此，很多人付出生命的代價。慧景有病，道整便留下看護，僅慧達一人到弗樓沙國與法顯相見。之後，慧達也隨寶雲、僧景一道回國，而慧應又死於佛缽寺。〔註 3〕可見西行求法之不易。

應該說，劉薩訶是中國歷史上第一代赴印度取經（早唐玄奘 230 年），並最早歸國弘法度生的高僧慧達大師。

二、神化的劉薩訶

從歷史記載看，劉薩訶是一佛教徒，是一現實生活裏的人，但被神化，如：死而復生等，預言超群，這些都說明人們對他敬佩與尊重。

劉薩訶死而復生，在史書上多有記載。

《梁書》卷五十四《列傳第四十八》：劉薩何遇疾暴亡，而心下猶暖，其家未敢便殯，經十日更蘇。說云：「有兩吏見錄，向西北行，不測遠近，至十八地獄，隨報重輕，受諸楚毒。見觀世音語云：『汝緣未盡，若得活，可作沙門。洛下、齊城、丹陽、會稽並有阿育王塔，可往禮拜。若壽終，則不墮地獄。』語竟，如墮高岩，忽然醒寤。」因此出家，名慧達。

《胡三省注資治通鑒》卷第一百五十七：晉簡文咸安中造塔，孝武太元九年上金相輪及承露，其後有西河離石縣胡人劉薩何遇疾暴亡，七日而蘇，因此家，名慧達。

這些記載都證明了，劉薩訶（慧達）是死而復生。正是這種死而復生得，

〔註 2〕《中國全史》第 035 卷《魏晉南北朝宗教史》。
〔註 3〕《中國全史》第 035 卷《魏晉南北朝宗教史》。

使得劉薩訶大徹大悟，覺醒到一個非凡的境界，能夠發現常人無法抵達的心靈高度，也為劉薩訶的智慧超凡做了有效的鋪墊。

　　他能夠到丹陽，登高就發現阿育王塔下有舍利等一系列重大發現，也是他佛力超群的表現。《梁書》卷五十四《列傳第四十八》：劉薩訶「遊行禮塔，次至丹陽，未知塔處，乃登越城四望，見長千里有異氣色，因就禮拜，果是阿育王塔所，屢放光明。由是定知必有舍利，乃集眾就掘之，入一丈，得三石碑，並長六尺。中一碑有鐵函，函中有銀函，函中又有金函，盛三舍利及爪髮各一枚，髮長數尺。」

　　在《白話梁書‧海南諸國傳》一書裏更加說得非常清楚：離石縣有胡人劉薩何遇疾病暴死，而心下仍有暖意，家人未敢馬上下葬。經過十日又醒過來，說：「見到有兩吏攝我，向西北行，不知其遠近，到十八地獄，隨即報上罪之輕重，受各種酷刑。見到觀世音說：『你的生緣未盡，如果能活，可作沙門和尚。洛下、齊成、丹陽、會稽均有阿育王塔，可前往禮拜。如果能壽終而死，則不會墮入地獄。』說完，我好比從高岩上掉下，忽然就醒了。」因此便出了家，法名慧達。遊歷禮拜寺塔，接著到丹陽，不知塔之所在，便登越城向四下里觀望，見長干里有奇異氣色，便就其地禮拜，果然是阿育王塔所在，一次次放現光明。因此知道一定是有舍利，便聚集眾人就地掘之，入土一丈，得到三塊石碑，均長六尺。中間一碑上有鐵匣，匣中有銀匣，銀匣中又有金匣，其中裝著三顆舍利及爪、髮各一枚，髮長數尺。於是遷舍利靠北，在正對簡文所造塔之西面，造一層塔。十六年（517），又令沙門僧尚伽造三層塔，此即高祖所建者。初時穿土四尺，得到龍窟及古人所捨之金銀釧釵鐲等各種雜物寶物。大約深九尺，作方形玉石磉，磉下有石函，函內有鐵壺，用來裝銀坩，坩內有金鏤罌，裝三枚舍利，像粟粒那麼大，圓正光潔。函內又有琉璃碗，內得四枚舍利及髮、爪，爪有四枚，均為沉香色。

　　對於劉薩訶的神奇之處，在於古代筆記和明清地方志〔註4〕裏都有記載，大大地豐富了劉薩訶的形象，同時也弘揚了佛教文化的神力。

　　《太平廣記》卷第九十三《異僧七》：當時那個地方的山神，在寺廟尚未倒塌之前，收取了利賓菩薩的神像，運到很遠的空中；寺廟破毀之後，山神又

把菩薩的佛像安置在地下石室中供奉。後來年頭太多了，石像仍然存在而石室卻已不見了。等到劉薩訶法師前去拜山時，石像便從地下冒了出來。那個薩訶法師的前身，原是利賓菩薩。

劉薩訶對寧波佛教文化也有重要推動作用。

《明一統志》卷四十六：阿育王山，在府城東五十里，舊名鄮山。晉太康中并州人劉薩訶得阿育王塔於此，因名。

阿育王山，原名是鄮山，是因阿育王寺廟建塔而命名。其位於浙江寧波鄞縣。始建於西晉武帝太康三年（公元 282 年），也是中國現存唯一以印度阿育王命名的千年古寺。《明一統志》將阿育王寺與劉薩訶聯繫在一起，也證明了劉薩訶的影響力。

在《浙江通志》卷十三記載的地理位置更加清晰：阿育王、山志山去府治四十里，其源始於天台，以太白山為近，祖有湧現岩，乃塔湧之所。西晉太康間有劉薩訶者神人指示云，會稽有阿育王寶塔，汝往頂禮，於是薩訶精誠敬禮，至於鄮山，忽一夜寶塔從地湧出，舍利騰輝。

這裡，不僅介紹了阿育王寺的地理位置，而且將阿育王寶塔劉薩訶與塔緊密相連，不僅證明他獨特的慧眼，而且表現出對佛塔的尊重與敬仰。佛塔，又名浮屠（梵語佛陀的音譯），佛塔最初是用來供奉舍利、經卷或法物。根據佛教文獻記載，佛陀釋迦牟尼涅槃後火化形成舍利，被當地八個國王收取，分別建塔加以供奉。由此可知，佛塔是一個神聖的地方，劉薩訶不顧路途遙遠，去「精誠敬禮」，最後感到神靈，造就「忽一夜寶塔從地湧出，舍利騰輝」的奇觀。

劉薩訶是偉大的，因為他一生都追求自己的佛學理想，始終如一。劉薩訶不僅到處取經、傳經，還著書立說。據《宋史》卷二百五《志第一百五十八·藝文四》記載：僧慧達《夾科肇論》二卷。可見，劉薩訶弘揚佛法，身體力行，毫不懈怠。

由此，劉薩訶得到人們的尊重。在甘肅，為了表彰劉薩訶的功績，人們修建西峰寶剎，成為劉薩訶圓寂之處。《甘肅通志》卷十二：西峰寶剎，在州城西三里，相傳沮渠防遜（牧健）時有神僧慧達圓寂於此，為立浮屠事。

可見，對中國文化有貢獻的人，老百姓也不會忘記他的。

2017 年 10 月 24 日

上海非遺名錄技藝類項目參與市場競爭中的成功、不足及其對策

　　在上海非物質文化遺產名錄中有許多具有競爭力的項目，在市場經濟活動中生存得很好，有滋有味，而有的項目則由於自身條件等方面的關係，市場競爭的環境下，非常艱難地支撐著，不僅自己原有的品牌慢慢地被人們遺忘，有的甚至到了危急的地步。針對這種狀況，有必要來研究一下，上海非物質文化遺產名錄項目目前的生存狀況。

　　其中有成功的案例，也有失敗的經驗，都值得好好進行總結，以期達到這些非遺名錄項目能夠很好地進行定位，把寶貴的傳統的非物質文化遺產保留下去，使之更好地為人們的生活服務。在新的市場環境中，要使得非遺名錄項目能夠煥發出行的青春，打開更大的一片天地。不僅依然保留非遺的文化傳統，而且還有發展的空間，真正成為滋潤人們精神，豐富人們生活的一個組成部分。

　　上海非遺名錄項目從來就不是在暖房裏生長的，而是在嚴峻的市場裏摸爬滾打出現的。既然有這樣一種市場打鬥的歷史背景，因此它們也不會在乎如今的市場競爭。過去，它們起起落落，不斷地磨礪，成為某一領域的佼佼者；如今，非遺名錄項目也能夠抗擊市場經濟的風雨，抵禦各种競爭的寒潮，迎來一種新的面貌，成為現代市場經濟中的弄潮兒。

　　今天成為上海非物質文化遺產名錄項目，其中不少是很有競爭力的好品牌好企業。它們貼近市場，接近生活，具有敏銳的嗅覺，使得它們能夠知道市場所需要之所在，這些經驗值得好好研究。

第一節　成功

在市場競爭中能夠獲得成功的非物質文化遺產名錄項目，其經驗在於以下幾個方面：

一、發揚優勢，爭得市場

非遺是一種文化，而文化是需要建立在一定的物質的基礎之上，而上海非遺很多名錄項目是手工的技藝傳承，而這些技藝就是依靠祖輩的家族傳承，特別是在上海這樣一個充分競爭的，傳承了數百年甚至幾千年，也就是在市場競爭的條件下進行的。

上海的糕點是非常有名，得到廣大民眾的喜歡，如王家沙點心。其店雖然因地得名，迄今已有六十餘年的歷史，從一個個體經營的點心店經過整合、發展之後成為一家現代企業，一直在堅持以上海人喜歡的點心為追求目標，結合江南點心風味變化而不斷出新，製作各種各樣新的點心，以滿足市場的需要。其博採眾長，兼收並蓄，自成一格，終於在激烈是點心競爭中，生存、立足、發展起來。由於有自己的品牌，有主打的產品，如香鮮鹵多的蟹粉小籠、香甜可口的八寶飯、鮮嫩味美的蟹粉湯糰，等等，這些點心品牌，為王家沙贏得業內讚譽，聞名上海，成為家喻戶曉的點心店。

中式點心的王家沙點心製作技藝進入上海非遺名錄項目，西式點心凱司令蛋糕製作技藝也成為上海非遺名錄項目，這是上海開埠之後所形成的歷史文化，造就了一種兼容並蓄的海派傳統。

凱司令是上海第一家中國人開的西餐店，據說是在 1928 年為了紀念北伐戰爭勝利而起的店名。凱司令在上海人心目中是品味和浪漫的代名詞，是一種身份的象徵，至今退休的老年人還會到聚會在凱司令喝一杯咖啡，吃一頓大餐。

凱司令蛋糕製作是按照上海非遺名錄中的技藝類申報成功的一家老字號西點製作技藝，其做麵包、西點等在上海都有很好的口碑，這家所做的栗子蛋糕，更是聞名邇遍。因此，其成功申報成為上海非遺，是名至實歸的事情。

然而，麵包、蛋糕是一個高利潤的行業，在上海這樣一個有著濃厚海派文化色彩的地方，西式麵包、點心是人們喜歡的食品，無論是早餐還是午餐都可以用來作為主食，正因為如此，近十多年以來，各種各樣麵包店的連鎖店、加盟店開得如火如荼，上海老字號的麵包店（房），都受到了莫大的衝擊。在這

樣的情況下，凱司令蛋糕製作技藝依然屹立在市場，出現各種新的產品來迎合消費者的需要，並且有了一批永遠追隨的「粉絲」。他們中間有附近被拆遷的老年人，也有聞名而來的年輕人，每天凱司令不大的店堂裏，熙熙攘攘，人頭攢動。

人們到凱司令來購買的不僅僅是普通的麵包、蛋糕之類食品，而是一種舊時海派文化的回憶，也是一種時尚文化的追求。長期以來，凱司令西餐與西式糕點在很多上海市民的眼裏，這就是上海高檔的生活，成為不同凡響的身份象徵。

這種深入骨髓的類似這樣有生命力的非遺，上海還有很多，表現出的市場強有力的優勢地位。

上海鼎豐釀造食品有限公司成立於清朝同治三年（1864 年），在改進工藝，發展生產，成為上海品牌，被評為上海地方特產，獲得「國家銀質獎」。鼎豐乳腐遠銷全國各地，出口到歐洲等其他國家。

乳腐生產是一個競爭非常激烈的地方，各種品牌林林總總，大多數都是地方的特色產品，歷史悠久，在民眾中具有良好的口碑。北京「王致和」品牌始創於清康熙八年（公元 1669 年），至今已有 340 餘年的歷史，企業幾經傳承和演變，產品質量不斷提高，成為百姓佐餐佳品。廣東開平廣合腐乳創建於 1893 年，同樣也是一家老字號企業，成為全球食品行業巨頭亨氏集團的全資子公司新加坡福達食品集團有限公司的重要產品，在上海的市場佔有率非常高。再如，江西永叔府食品有限公司是一家集生產、經營、開發為一體的民營食品企業，2004 年建立，是一家歷史比較短的生產乳腐的企業，其加工生產的具有鄉土風味的，色、香、味俱佳的乳腐地方特色食品，更加加劇了乳腐的市場競爭。

在競爭中，鼎豐乳腐不懼競爭對手，堅持按照傳統工藝生產，選用優質黃豆為原料，輔以上等糯米和玫瑰花精緻而成，營養豐富，是現代餐桌上開胃助食的佐餐食品。如今，這家廠已經成為是全國大型乳腐生產企業之一，年產量 2 千噸，年銷 5000 多萬元，出口額 200 多萬元，真正做到了非遺品牌的價值，人們到奉賢遊玩，都把鼎豐乳腐買回家，當作一種珍貴的饋贈禮品。

這種市場優勢是長期建立起來的，其產品的優質、價值得到了社會的認可，才會引起人們有如此強烈的購買欲望。

二、一技之長，立足市場

　　產品的生產需要各種技藝，沒有獨到的生產技藝，就無法佔領市場先機，還可能由於雷同而被市場淘汰；只有不斷進行技藝革新，才能夠在市場上立足，才能夠發展。這種一技之長，是企業的生命，也個人的名片；沒有一技之長就會加劇市場競爭的搏殺，是不會得到人們的關注與認可。

　　石氏傷科是享譽上海的一大中醫骨傷科流派。通過幾代人的不懈努力，石氏傷科得到長足發展，在上海幾乎人人皆知，而且譽滿海內外，成為我國傳統醫學的一枝奇葩。石氏傷科之所以成為江南傷科的一大流派，與其在技藝上的獨樹一幟，是分不開的。

　　在手法上，石氏理傷注重內外兼顧，整體調治。善於以損傷為主結合體質、兼邪，辯證施以內服藥，也擅長用巧勁正骨上骱，強調「穩而有勁、柔而靈活、細而正確」的準則，總結十二字為用，即「拔伸捺正、拽搦端提、按揉搖抖」。

　　在方藥運用上重視方隨證變、藥隨病異的醫療原則，而不是墨守成規，通過長期的實踐積累，與醫療實踐總結出了各種膏方、湯藥，如骨密靈、逐痰通絡湯、三色敷藥、消散膏、麒麟散、新傷續斷湯、牛蒡子湯、調中保元湯、石氏傷膏、等一系列名方驗方，受到了患者的歡迎。事實上也證明這些藥方，是石氏傷科的看家本領。

　　即舉麒麟散為例，可以看出一技之長也是在漫長的實踐過程中摸索出來的經驗總結。

　　在傳統醫書上，黃麻燒成炭之後，具有治療跌打損傷的作用。《王仲勉經驗方》有「跌僕折傷疼痛接骨方，黃麻燒炭、頭髮炭各一兩，乳香五錢為末，每服三錢，溫酒下立效。」可見黃麻實為治傷良藥。可惜的是，一般藥房無此藥，石氏則在實踐中用苧麻根代替黃麻，因為苧麻根亦有涼血止痛之功。而且藥力較雄烈而藥性平和，起到很好的治療效果。

　　再舉骨密靈。

　　骨密靈是石氏傷科有關人員研製而成，係深褐色口服的液體，每支 10 毫升。其由黃芪、黨參、河車粉、巴戟肉、附子、丹參、鹿角粉、蓯蓉、菟絲子、骨碎補、杜仲等研製而成。此方側治療陽虛型的骨質疏鬆症，體現了石氏壯陽毋忘求陰的論治原則，始終把握住益肺胃之氣，充盈宗氣，生化氣血這一要點，從而使肝腎得以滋養，後天得以補給，骨骼代謝得以改善，以達到骨吸收和骨形成平衡之目的。

所有這一切都是不斷總結、創造的結果，或者在某種程度上來說，這是石氏傷科的一技之長，沒有這種技藝上的超過其他傷科的本領與方藥，是不可能被人們認可，更不可能產生近於神話一般的神奇石氏傷科的各種民間傳說。而這些神奇的民間傳說，不脛而走，更加增添了幾分石氏傷科的神秘色彩。

烏泥涇手工棉紡織技藝是上海市徐匯區的地方傳統手工技藝。從其緣起而言，就是有元時代的一種嶄新的生產技藝，這是前所未有的創造，為上海棉花生產和紡織業的飛速發展打下了堅實的基礎。

根據研究，烏泥涇手工棉紡織技藝傳承源於黃道婆自崖州帶回的紡織技藝。在此之前，上海地區雖然有豐富的棉花資源，脫棉籽的技能十分低下，黃道婆回到家鄉，也對傳統的脫棉籽的技術進行改造，成為炫耀於世的一技之長。棉花收穫後，第一步工序是去籽。隨著軋花業成為專業，紡織品加工以及紡織工具製造業同農業分離出來，形成各個獨立的手工業部門，為松江府的紡織業的發展奠定了基礎。同時，黃道婆還傳播植棉和紡織技術，改進了捍、彈、紡、織等手藝，創製了「配色」、「挈花」成「折枝、團鳳」的織造工藝，這些技藝都是當時先進的生產力的表現，能夠在市場上站穩腳跟，超越其他地區，為松江地區的紡織業帶來新的騰飛。

由此可見，新的技藝是一種傳統的突破。這種突破，已經不是所謂的一技之長那麼簡單，而是根本性的全新創造，和前無古人的技術革命，因此它所帶來的社會影響力和經濟上的效果，無比巨大，可以改變一個地區經濟的發展進程，激發出地震式的人們生產的潛能，增加人們的財富，甚至可以改變一個地區的經濟，改變人們的觀念。

前者所說的石氏傷科，是一技之長的充分展現，屹立在中國醫療傷科的前列，而烏泥涇手工棉紡織技藝表現的更是一種曠古未有的技藝創造，被永遠地記載在上海乃至中國的文明史上。

三、敢於競爭，佔領市場

競爭是一種手段，其目的就是要將自己的產品銷售出去，並且佔領市場，獲得應有的利潤。

老鳳祥金銀細金製作是上海技藝類非物質文化遺產，是一種傳統技藝，在傳統的基礎上老鳳祥更將這種技藝進一步發展起來的，為市場打造各種各樣受民眾喜歡的金銀飾品。老鳳祥最獨特的工藝就是金銀擺件工藝，而金銀擺件

也是其他首飾珠寶公司的主要產品，市場競爭十分激烈，大陸的香港的臺灣的乃至國外的金銀珠寶商店鱗次櫛比，毫不誇張地說，在這個行業裏的競爭達到白熱化的程度。

老鳳祥除了生產以金銀為主要材料製成的供室內陳設欣賞或兼具實用功能的漢族傳統手工藝品。還注重研究不同消費群體的時尚需求，加快產品創新節奏，糅合「傳統與時尚、大眾與精品、普通與主題」三大元素，推出了動感鑲嵌、婚嫁、節慶、硬金、玫瑰金等不同流派的系列產品金飾品的款式設計，滿足多層次的個性化需求。另外，吸收國際最新的時尚設計元素，為老鳳祥品牌增添新的含金量，提升了老鳳祥產品的傳播力和市場號召力。

在業內眾多企業出現「關店潮」，實體店持續萎縮的情勢下，老鳳祥逆勢而上，不降反升，全年新增加盟店 125 家，累計達到 1229 家。加上已設立的 172 家自營銀樓（專櫃）和 1556 家經銷網點，截至 2015 年年末，老鳳祥全國營銷網絡總量已達到 2957 家，同比淨增 221 家。2016 年，老鳳祥 2016 年營業收入目標為 367 億元，利潤總額為 18.52 億元。〔註 1〕

這些都說明了老鳳祥的競爭力在加強，這種市場的競爭力也造就了市場的佔有率，同時也不斷地豐富老鳳祥的品牌意識，獲得更多人認同。

第二節 　不足

既然是市場經濟的競爭，就會有成功，當然也會有失敗，而且在很大程度上成功的幾率是少數，大多數會在競爭的過程中淘汰，或者是在成功的路上倒下，這就是殘酷的現實。

上海非遺目錄項目，有先天的優勢，因為它們在長期的市場經濟的大潮裏站穩了腳跟，並且取得過輝煌，但是在當今的市場經濟的條件下，有的卻遭到市場的排斥，業績下滑，市場不斷萎縮。有的雖然目前尚有較好的市場表現，但也存在著一定的風險，我們應該提前預判，看到已經成為上海非遺名錄項目的目前或者未來可能蘊含的危機與存在的種種不足。

一、季節性太強

在上海非遺裏，有的項目參與市場競爭，最大的不足就在於其產品的季節

〔註 1〕《中國黃金網》2016 年 6 月 30 日。

性太強，其銷售的時間段僅僅就在那麼一兩個月裏，過了這個時間段就會被人們遺棄，這樣對於產品帶來巨大的銷售壓力。

杏花樓廣式月餅製作技藝，是申報成功的上海市第一批非物質文化遺產項目。

月餅是一種節日食品，在中秋節必須要吃。《清嘉錄》卷八中就有一節寫月餅的文字：「人家饋貽月餅，為中秋節物」。其實，清代之前就有月餅的存在，早已經成為千家萬戶的中秋節時令食品。在上海，中秋節主要有三種月餅：一是潮式月餅，二是蘇式月餅，三是廣式月餅。杏花樓的月餅就屬於廣式月餅。

不僅如此，由於月餅的利潤非常之高，到了中秋節前後就有各種各樣的月餅打入上海，加劇了月餅市場的競爭。杏花樓月餅同樣面臨著嚴峻的挑戰，目前而言，杏花樓月餅不存在供求失衡問題，還處於供不應求的末期階段，要改變這種狀況，就必須要有預判意識，盡早地突破月餅季節性銷售的重圍，改變這種狹路相逢的境遇。

現在已經遇到這樣的問題，就是月餅的重糖重油，與現代人的養生觀念產生衝突，遭到詬病，越來越多的人買月餅是為了送禮，而不是作為節日的食品。在這樣的狀況下，也需要提前布局，預判市場的走向，以免由於季節性太強，影響了月餅的銷售，造成積壓而形成浪費。

二、技藝過期

擦筆水彩年畫技法，是上海非遺，是隨著月份牌的大量社會需求而產生的一種繪畫技藝，周青、杭穉英、謝之光、金梅生、關蕙農等人，在從事月份牌繪畫時候所運用的一種技藝。

月份牌即月曆。中國傳統的日曆稱為「曆書」。舊時曆書一般以黃紙木版印刷，被叫作「黃曆」；同時，曆書統一由朝廷欽天監頒發，故又被叫作「皇曆」。根據傳統，每年農曆的十月開始，皇帝向寵臣頒送曆書；地方上則由知縣監督，通過里正向百姓贈曆書，稱之「送曆書」。近代以後，隨著上海印刷術的發展，傳統的木刻曆書被製作更精美、圖案更清晰的石印、銅版印刷曆書替代。

上海開闢租界後，外國資本家在滬廣設洋行。為要推銷商品，必得找一種為我國人民喜愛的廣告贈品，以廣招徠。他們最早從本國運來西洋美女、風景片，後來才發現把寓意吉祥的中國傳統畫——當年作曆本，越年還可欣賞，以之用來推銷商品，影響持久，效果最好。

1894 年（清光緒二十年），英商利華公司採用最新的銅版印刷技術印製了《八仙上榜》月曆，月曆以大部分版面印製八仙圖案，兩側邊框印上公司名及經銷商品名，下面以每月一份印上每月日期、星期等，該曆以每月為一份而被叫作「月份牌」。最初，月份牌僅作為印製者贈送給客戶的禮品，1906 年出版的《滬江商業市景詞・月份牌》中記載：「中西合曆製成牌，繪得精工異樣佳；分送頻年交往戶，藉招生意賀同儕。」之後，月份牌成為人見人愛的記日印刷品而廣為發行，許多著名畫家參與月份牌設計。

月份牌的出現，是對傳統年畫的一種發展。這裡所說的發展，不僅是頁面的增加，更是內容的創新。不再是一年一幅畫面，而是一個月一個畫面，在內容上不僅僅是歷史故事，更加入現代社會的人物，並植入廣告，擴大了社會影響，增加了市場的銷量，而擦筆水彩年畫技法就是這樣的背景下產生，這種技法能夠細膩刻畫出人物形象，其藝術效果遠遠超過傳統的年畫，這是一種大的繪畫技藝的創新，因此受到大眾的歡迎。

周慕橋被認為是早期月份牌年畫畫家的著名代表，而周慕橋則是土山灣畫館培養出來的畫家。

以後，人們又看到了鄭曼陀（1885～1957）更為時髦的新的月份牌，鄭有豐富的照相館修飾照片的經歷，因此，他很容易地就使用碳粉來做繪畫的底子，先將描繪內容的輪廓和明暗關係繪製出來，再在這樣的黑白形象的基礎上敷以水彩，層層皴染直至畫面顯得豐富和飽滿。同時值得注意的是，畫家選取了時尚的美女形象，這樣的形象與人們習慣了的古代仕女造型相去甚遠。

如今月份牌早已消失在人們的視野，在這種一種情況下，擦筆水彩年畫技法就很難有生存的基礎，雖然在上海大學數碼藝術學院成立了擦筆水彩月份牌年畫技法研究中心，但是沒有使用技藝的運用，很可能只剩下一種歷史的記憶而已。

三、資源稀缺

上海是一個資源非常缺乏的地方，之所以市面上什麼都有，林林總總，不計其數，就在於市場經濟的自然調節，缺乏的資源就會流入，這種流入需要的前提，就是價格是提高。由於價格的原因，上海缺少的物資就必然運抵，以保障市場的供應。

紫檀雕刻是上海非遺項目，屬於手工技藝類別。應該說這種技藝是非常珍貴，非普通者能夠掌握。然而既然是紫檀雕刻就必須要建築在紫檀這一木質材

料的基礎之上，沒有紫檀何從談起紫檀雕刻。紫檀，不是上海所產，而且越來越缺乏的一種稀缺的木材資源。紫檀，又稱之為小葉紫檀，多產於印度、緬甸等熱帶、亞熱帶原始森林。紫檀生長速度緩慢，要 800 年以上才能成材。正因為如此，紫檀雕刻面臨的是材料的稀缺，而紫檀技藝的傳承，更面臨著材料有限而存在的消失危機。

徐行草編是上海獨有的漢族傳統手工藝品，已有近千年歷史，但由於黃草難於長期收藏保管，再說草編產品大多數為日常實用品，傳承作品量較少。如今嘉定城市化建設步伐的加快，種植黃草的土地，大片黃草正在消失，徐行草編的原材料更加匱乏，雖然大聲疾呼要進行保護，但是事實卻不容樂觀。

在這樣一種資源缺乏的嚴峻現實面前，要傳承手工技藝談何容易。

四、喜好的轉變

人們的喜歡與追求，是產品流行的主要因素。越是大眾喜歡的產品，其受眾面也就越大；與此相反，產品不受歡迎，沒有人喜歡，那就決定了這個產品是短壽命的。

喜好，是一種社會學意義上的心理趨勢，一旦這種趨勢發生逆轉，人們不再喜歡，那麼市場就會蕭條，產品則無銷路。中國的旗袍的發展史就是一個非常典型的例子。

旗袍的由來，現在流行的說法是根據滿族女子的服裝而來，其實旗袍就是在傳統服裝的基礎上加上西式服裝製作手法，用現代婦女形體理論而創作出來的一種新的女性服裝。由於是傳統文化與西方文化的對接的產物，深受時尚女性的歡迎。旗袍表達的是一種積極向上的氣勢，象徵著文明進步，正與當時的社會發展緊密聯繫在一起，因此會中國人所廣泛的接受。

旗袍的演變是與當時政治、社會和時尚分不開的。

1927 年，國民政府在南京成立，女子的旗袍跟了政治上變化而發生大變。婦女地位有了提高，旗袍的下擺的高度也有了一定的提升，但是囿於傳統封建觀念的束縛，還不敢較大幅度地升高，於是就在下擺處用蝴蝶摺的衣邊和袖邊來來進行掩飾，以防止過於暴露。因為這時的婦女（特別的年輕女子）已經走出了閨閣，到了社會裏，他們需要和男人一樣的生活節奏，需要參與各種社會活動和工作，因此她們就有必要改變自己的服飾，將自己過去的服裝改造下，企圖與社會同步，旗袍的變化就說明了這一點。旗袍下擺提高是為了行走的方便，是為了加快生活的節奏。

隨著社會的進步，到了 1928 年，旗袍有了一個嶄新的面貌，下擺提升到了小腿肚的上方，這樣就更加方便行走。袖口還保留舊式短襖時的那種寬大的形式，但是領口也有了一定新的設計。1929 年，旗袍的下擺進一步上升，幾乎到了膝蓋，袖口也隨之變小，袖子越來愈短。之所以發生這樣的變化就在於，這時的西方流行短裙已經影響到上海，愛美的女性也開始紛紛仿傚，因此就出現了旗袍變短的現象。

1930 年，由於社會文明開放程度的提高和思想的解放，旗袍的下擺又向上提升了一寸，袖子也不拘泥於中式服裝的裁減方法，已完全仿照西式服裝的樣式了。這樣的旗袍較之過去有了很大的不同，不僅可以使行走感到方便，而且還蹦跳自如。這種旗袍開始受到女學生的歡迎，隨後慢慢地成為社會婦女服裝的一種時尚而逐漸流行開來。

到了 50 年代，由於政治制度、經濟基礎發生變化，人們的審美趣味有了根本性的變革，勞動成為生活的主旋律，這樣旗袍的生存空間已經大為縮小。原來有旗袍的人也都紛紛將旗袍藏於箱底，不敢輕易取出，更不敢隨意穿著，只是在一些非正式的重要場合才偶而穿之。更有甚者的是，將旗袍改著他用了。上海一些專做旗袍的商店和裁縫也都歇業，改做中山裝、列寧裝等其他服裝了。隨之，旗袍慢慢地開始走入下坡路，而一蹶不振。但是這時的旗袍餘音未了，還是有一些愛美的勇敢的上海年輕婦女穿著旗袍，成為上海沉重女性服裝市場的一種點綴。

這時的旗袍講究的是一種健康、自然的情趣，而不再講究女性的嫵媚、纖巧、美態，更強調的是一種美觀大方的服裝文化，因為這就更能夠符合當時的無產階級的審美標準。由於當時的旗袍僅僅作為一種服裝，而沒有將旗袍視作是女性文化的延伸，是一種美的表現，因此旗袍的隱退是一個無法改變的事實。

60 年代上半葉，穿著旗袍就成了少數人的專有權。當時國家領導人出國訪問時，陪同前往的夫人可以穿著旗袍，以表示中國女性的服裝。但是在上海的實際生活裏卻很少看到有穿著旗袍的婦女，因為人們知道旗袍已經成為「國服」，一般人是難以企及的。在現代社會中，本不應該有穿著服裝的限制，但是事實上卻真的如此，這不能不令人難過、心寒。好在這樣的日子，隨著時間的推移，早已成為歷史。

　　從改革開放開始，旗袍慢慢的開始流行起來，逐漸成為女性爭相穿著的對象，不過，這時的旗袍已經不再是淑女、閨秀的象徵，而是成為禮儀小姐的工作服裝，人們稱之為「制服旗袍」。凡商家推銷商品、娛樂場合、酒店門口，都有穿著旗袍的禮儀小姐。這些旗袍都是用化纖或仿真絲的產品做的，又開得很高，色彩非常鮮亮，一般以大紅、紫紅的為主。做工也不講究，比較粗略。這時的旗袍完全改變了人們的看法，原來作為女性象徵的旗袍如今已經演化成為非常普通的工作服裝，特別是穿著在那些從事公關、禮儀等活動的女服務員身上，這無疑是對中國旗袍的一種異化。〔註2〕

　　由此可見，旗袍也是隨著社會、政治、審美等因素的變化而發生變化。雖然海派旗袍製作技藝，是旗袍製作工藝的最高水平的代表，也掩飾不了旗袍逐漸被當代年輕女性所熟視無睹。

第三節　對策

　　綜上所述，上海非遺名錄項目遭遇前所未有的境地，一方面是人才老化，另一方面是後繼乏人。前者表現的是原有的傳承人年歲已大，有的無法勝任技藝的傳承；後者表現的是一般人不願意來學習這種技藝，特別是上海原住民的年輕人也不肖從事此類技藝工作。

　　針對這種現象，必須要認真對待，以期上海非遺名錄技藝類項目的保留、傳承與發展。

一、建立學校

　　學校是傳播知識的地方，也是傳播技藝的場所。

　　在我國，學校教學手工技藝的傳承早在 20 世紀 20 年代就有。包天笑記載了這一歷史事實：「城東女校的地址，在南市竹行弄，一條極小的弄堂，彎彎曲曲地走進去，裏面卻有古老式的，不像租界那種房子的一座房屋。楊白民便利用這座祖遺的房子，開辦這個女校了。他那個女校是家庭式的，因為他的家眷也住在裏面，除了一間廳堂可以作課堂，其餘的屋子，除了自己居住外，便作了女學生的宿舍，為遠道來的女學生住宿（這時外縣如松江、蘇州、無錫、常州、嘉興等地，到上海來就讀的女學生極多）。至於本地通學而走讀的也不

〔註 2〕徐華龍《中國民國服裝文化史》，花木蘭文化出版社 2015 年版。

少。⋯⋯楊師母雖在中年，尚有睡在搖籃中的小女孩兒，她主持中饋，更三一位家庭主婦。於是住在他們家裏的女學生，課餘之暇，便給她抱小孩，有時還幫助楊師母燒小菜。她們的課程中，有幾項屬於家務的，如縫紉、烹飪之類。縫紉不必言了，那時毛線工作，正在長足進步，而烹飪一課，亦別有風味。」

土山灣手工技藝，還有一種是通過學校教學傳承的現象。土山灣孤兒工藝院其本身就可以視為是學校傳承，在這裡，其手工技藝是通過傳教士的教育和實踐來繼承和傳承的。〔註3〕

這種學校教學傳承的方法，在國外就曾經有過。美國建國初期，各地刺繡職業學校課程中一般都設有絨繡，由美國東北部新英格蘭地區康特女士開設的學校學生製作的絨繡作品，現被視為珍品保存的就有 50 多件。

如今，絨繡技藝傳承，也通過學校來將絨繡的知識與編織手段傳授給學生，讓他們瞭解這種文化，然後給予他們指導，會有越來越多的學生來學習，喜歡絨繡，再慢慢地加入絨繡興趣班，成為絨繡的後備人員。

2013 年 9 月 17 日，《新民晚報》報導：絨繡青黃不接，繡工屈指可數的情況後引來各方關注。一個月後由洋涇街道出資，對學生免費授課的「洋涇絨繡傳承人培訓班」在上海市第二輕工業學校正式開課。61 名女學生共同飛針走線，學習時間預計兩年。首期培訓班指導老師全部由市、區級國家非物質文化遺產傳承人擔任，費用則由洋涇街道全額承擔，對學生免費培訓、免費提供教材及絨繡材料。〔註4〕

學校的非遺培訓，是一種正規的學習，也是傳承非遺文化的最好方法。

二、汲取西方文化精髓

上海是一個開放的城市，有很強的包容性，特別善於吸收西方文化，再將中國文化原有的傳統進行嫁接，從而形成具有新的上海海派特徵的文化，無論是中山裝的形成還是旗袍的出現都是中西方文化融合的結果，真正做到了具有時代特徵及中國特點的文化。

上海本來就有這樣的本領，將傳統工藝與西方技藝完美結合，其中在土山灣出現的黃楊木雕刻技藝，就秉承中國木匠技術與西方雕刻技藝的精神，將黃楊木雕刻藝術達到非凡的程度。

〔註 3〕見徐華龍《非物質文化遺產與民俗》第 75～76 頁，杭州出版社 2012 年版。
〔註 4〕《新聞晚報》2013 年 10 月 18 日。

黃楊木雕藝術起源於土山灣。最早的授藝人是西班牙籍修士范佐廷（J.Ferrer），由他把技藝傳給上海最早的中國輔理修士陸伯都。陸在范去世後，即把范設立的畫室搬到了土山灣，成立了繪畫、雕刻工場，工場主要製作聖像、雕塑等宗教工藝品，幾乎上海的天主堂都有他們製作的畫像和雕塑。張充仁的父親張少圃為木雕藝人，受其父親影響，他在從事西洋鉛筆畫、水彩畫、油畫的同時，還學習雕刻。另外一位對土山灣雕刻做出貢獻的人是葛修士，為法國人，耶穌會修士，曾是土山灣育嬰堂木工、雕工二部主任。徐寶慶先生三歲時就進入土山灣工藝場學習雕刻藝術，後師從兩位西班牙、日本雕刻家那勃斯嘎斯和田中德，以及浙江的一位木雕師傅，將西方的雕刻藝術和中國傳統雕刻技巧相結合，形成了自己的雕刻理念和藝術風格，開創海派黃楊木雕藝術，是海派黃楊木雕創始人。〔註5〕

黃楊木雕刻可以說中西方文化的典型代表，其技藝更是互相滲透，達到天衣無縫的地步。

在中西文化交流史上，土山灣創造了最早的手工技藝：最早出品彩繪玻璃，最早採用石印和珂羅版（俗稱玻璃版）印刷技術，最早的絨繡編結技術等，另外還有雕刻、泥塑、鉤針、彩繪玻璃、珂羅版和石印印刷工藝、刺繡、花邊、雕刻、鍍金、鍍鎳等手工技藝，也都是從這裡流傳開來，成為上海乃至中國老百姓手工技藝的一個組成部分，從這個意義上來說，土山灣是中國近代新工藝、新技術、新事物的發源地。

正由於上海有這樣的傳統，可以相信在未來的市場經濟的競爭中，還會有這樣中西合璧的成功範例。

三、擴大新媒體宣傳

廣告是一種宣傳，可以讓更多的人知道說宣傳的內容，過去的非遺名錄項目的產品主要靠的是報紙、雜誌一類的傳統媒體的廣告宣傳。

而在此之前，人們依靠口耳相傳，以期達到廣告的效應。這種用口碑建立起來的產品知名度，在媒體不甚發達的時候，效果良好，同樣可以起到家喻戶曉的地步。譬如高橋鬆餅，它起源於1900年光緒年間，有一百多年歷史了。鬆餅的陷是甜味的，比如赤豆沙就一定得選崇明的赤豆，若是棗泥陷，這大棗非得是山東產的。起酥用到的豬油，和麵用到的井水，無一不是精挑細選。這

〔註5〕見徐華龍《非物質文化遺產與民俗》第69頁，杭州出版社2012年版。

種精細的製作工藝，再加上高橋鬆餅的門店往往開在熱鬧的地段，如上海福州路會樂裏口、老西門、淮海中路陝西南路交叉口。這些地方人流如梭，門庭若市，自然依靠的就是口耳相傳。這種無形的帶有農業社會的廣告，將高橋鬆餅的讚譽不斷傳頌，以至於名聲鵲起，傳之久遠。

嘉定竹刻早在清末民初就一定的市場知名度，但是還十分注重廣告宣傳：「需要指出的是，儘管當時嘉定竹刻在全國竹刻市場佔有一定地位，但筆者查閱同治十一年至 1949 年《申報》，卻發現當時上海最活躍的竹人是陳阜如、支慈庵、金西厓、黃漢侯、林介侯、張志魚等，他們在上海非常活躍，並常在《申報》刊登廣告出售作品。嘉定竹人或竹刻店在這方面則相形見絀。」〔註6〕這裡，一方面批評了嘉定竹刻店和竹刻製作人的保守，不思進取；另一方面又讚賞上海竹刻名人雖然他們的作品已經廣受歡迎，但依然積極宣傳，擴大影響。因此，上海的竹刻欣欣向榮，不斷發展，而嘉定竹刻逐漸式微，到了「八一三」事變之後，嘉定竹刻店相繼歇業，甚至近乎中斷。

然而，現在各種媒體多如牛毛，線上線下，紙質的互聯網的，層出不窮，人們被信息轟炸得昏頭轉向，無所適從，在此情況下，某一種產品要脫穎而出，談何容易，沒有大量的廣告投入，是不可能達到預期的效果。再說今天的市場也今非昔比，各種品牌的糕點層出不窮，令人目不暇接，在這種情形下，必須要擴大宣傳，否則就很有可能會坐以待斃。

但，在上海非遺名錄項目中，卻不注重廣告宣傳，帶來的後果是，美女（產品）藏於深閨，卻難以與婆家（顧客）見面。很多廠家與產品卻老大自居，最後的結局就是人老珠黃，慢慢地退出（婚嫁）市場。

四、進軍海外市場

上海產品一直有很高的海外聲譽，再加上上海的企業管理嚴格，服務優質，誠信誠心，贏得了國外的市場。特別是原來所謂的上海名特優產品，更有很強的市場佔有率。而如今的非遺名錄技藝類項目，有的就是原來的名特優產品，更加有了海外擴張的資本。

南翔小籠製作技藝是我國首個小吃類的國家級「非遺」。南翔小籠創始於清代同治年間（公元 1871 年），由於競爭，南翔鎮上的糕團店老闆黃明賢將叫賣的大肉饅頭，另闢蹊徑，由大改小，做起了小籠饅頭生意。用精白麵粉緊酵

〔註6〕潘峰《晚清民國嘉定竹刻》，《工藝美術》2016 年 11 月 18 日第 155 期第 3 版。

為皮，一兩麵團拆成 10 小塊麵胚，用麻油拌和，每只收口有 20 多道折褶。肉餡選精豬腿肉，不用味精，用雞湯煮肉皮成凍，拌入餡肉，餡內灑入少量研細的芝麻，加入蟹粉或蝦仁或春筍。出籠時呈半透明狀，形如荸薺，小巧玲瓏，海內外享有很高的知名度。

南翔小籠在美國、日本、新加坡、馬來西亞等國家都有分店，受到讚美。由於有獨特的上海地方風味，2002 年 6 月在馬來西亞吉隆坡第四屆中國烹飪世界大賽上榮獲金獎。

走出去，到海外，是上海非遺名錄中技藝項目必須要面對的問題。特別是國家「一帶一路」的戰略背景下，跨出海外的一步，是十分重要的大事，業是一種考驗。其結果有兩個，一是失敗，一是成功。這是一個選擇題，如果不去選擇，就沒有海外的成功。這種成功不僅需要努力，更需要有內在的具有中國文化傳統的技藝，否則難以談成功二字。走出去就是要打進國際市場，一方面可以傳播中國傳統文化，另一方面也可以開拓新的市場，如果能夠達到經濟效益、文化影響的雙贏目的，那麼非遺名錄項目的傳承與傳播，就進入一種全新的廣闊天地。

2016 年 12 月 11 日星期日

疫情之下的藝術變化與交流

疫，根據辭典解釋，是全民生病。根據字意解釋，是拿著武器的人有了生病的軀殼，這是非常大的社會問題。歷史上有病疫、饑疫、兵疫、瘟疫、災疫等等，2020 年則出現意想不到世界範圍的新冠肺炎病毒疫情，其影響人數之多，地域之廣不亞於以往任何一次。

總之，疫情給人類帶來無窮的災難，不僅人與人之間的關係發生新的變化，而且也給社會與人的思想帶來巨大震動與改變。

疫情是一場人類的災難，也肯定也會產生傳世之作的生活基礎、主導思維與藝術空間。

一、有關疫情的傳世之作

在中國歷史上，曾經出現過各種各樣的疫情與災難，這些疫情與災難都為作者創作帶來新的感受與靈感。所謂憤怒出詩人，就是不一樣的現實對作者心靈衝擊而創作的作品，而這樣的作品更加具有感染力與共鳴性。

舉宋代為例，蘇軾、項安世、范成大等都有表現疫情的詩歌，都構成宋代文化一個不可或缺的部分。

蘇軾《春宵‧去杭五年吳中仍歲大饑疫故人往往逝去聞湖》：

> 來往三吳一夢間，故人半作冢累然。
>
> 獨依舊社傳真法，要與遺民度厄年。
>
> 趙叟近聞還印綬，竺翁先已返林泉。
>
> 何時杖策相隨去，任性逍遙不學禪。

此詩說的是蘇軾看見吳地（即杭州蘇州等地）的民眾由於饑饉、疾病而去世的悲涼情景，足見當時疫情給社會帶來的痛楚。

　　春天是疫情大流行的時間段，宋代范成大有一首詩歌《民病春疫作詩憫之》：乖氣肆行傷好春，十家九空寒螿呻。陰陽何者強作孽，天地豈其真不仁。去臘奇寒衾似鐵，連年薄熱甑生塵。疲痾憊矣可更病，我作此詩當感神。此詩，表達了詩人對疫情中死去的民眾的憐憫與傷感。

　　在宋代詩歌裏，還可以看到：為了抵禦疫情而祈禱，項安世創作了《賀孟漕為疫禱雨》詩歌；同樣在王炎《居民多疫為散藥》一詩歌裏，可以看到為了人們的健康而在街頭撒布藥物的情形。

　　還有一些宋詩，表達的是疫情摧殘之下，有人無奈死去，有人則去積極嘗試新草藥，以找到抗擊疫情的新藥。

　　戴表元《鄰友疫》就是這樣一首詩歌：歲惡災妖熾，人窮性命輕。如何赤髮鬼，亦及白眉生。忍楚嘗親藥，停哀寫子旌。鄉鄰拘俗忌，哭弔並無聲。

　　所謂「忍楚嘗親藥」（忍受痛苦嘗試新的藥物），就是為了「停哀寫子旌」（停止子女去世的悲哀）。

　　於現代而言，當時更是缺醫少藥，因此有人也痛心疾首第說「南海逸風多失性，東吳喘月不逢醫」，人們更多的是將希望寄託於神靈：「一元祀典古所重，九穀民天命在斯」。

　　這些宋代詩歌之所以成為傳世之作，就在於他們表現了社會的現實與民眾的疾苦，表達的是人所有的喜怒哀樂情感，具有共同的心靈感應，其藝術魅力就不僅僅是一時一世，而是成為人類文化的一個組成部分。

　　從世界藝術史來看，疫情之後都有傳世的作品出現，已經得到了歷史的證明。特別是經過反思的疫情災難片也是可以納入優秀傳世之作的範疇。如美國、韓國等國拍攝的疫情災難片都是非常精彩的藝術作品，不僅有強大視覺的震撼力，同時給人留下各種有益的思考與反思人性的導引。

二、藝術需要表達疫情下的社會與人物

　　一切藝術作品都離不開社會生活，疫情也是一種生活，只不過是特殊的生活而已，因此反映疫情的藝術是特殊的藝術。

　　新冠肺炎是人類第一次遇見的病毒，人們對其恐懼是與生俱來的，符合人的最普遍的心理活動，在疫情之下，人們的行為與往往是非理智的，作為個體之一自我封閉才能夠隔絕，在這種情況下，藝術的表現也變得比較單一。

　　這種單一，主要指的是疫情背景的單一，而不是題材與內容的單一。這時候的藝術創作的內容同樣是豐富多彩的，其藝術感染力在某種程度上來說，可

能會更高更具有。主要表現方面在於對疫情下的社會與人們的變化,換言之,是疫情對社會的影響,人們在疫情下的生活狀態及心理活動,只有把握這基本的原則,其創作出來的藝術,才能夠算是如今疫情之下的創作。

除了表現疫情之下的社會無序和新出現的管理方法,人們的恐懼心理及失常行為之外,也應該表現在疫情裏出現的積極人文活動,尋找文明行動與道德曙光,這就是藝術創造的全新的畫面,只有如此才能夠使得藝術有真實可信的一面,同時也展現藝術家的思考與觀察。

疫情之下,還需要表現的是人性的魅力。例如母子都得了新冠肺炎,在醫療條件十分匱乏的情況下,年邁的母親把呼吸機讓給兒子,自己則沒有機器而死去。如此感人的例子很多,都是藝術創作的很好素材。當然工作在第一線的醫護人員同樣可敬可佩,也可以成為藝術表現的主角。

上海一位畫家表現的一位醫生的形象,得到社會認可也是例子。畫面上只有一個醫生,沒有多餘語言與多餘的色彩,由於獨特的視角與構圖,將醫生的崇高與職業的偉大,在疫情特殊的背景之下充分進行渲染,將藝術的魅力得到無限的發揮,成為當今社會一幅優秀的宣傳畫。

康复出院了 麦荣邦

　　《白蛇傳》是一部悠久的民間故事，有各種各樣的異文，其中一則流傳於江蘇等地的異文，就有疫情有關的民間敘事。說的是許仙與白娘子合開的藥店保和堂，治好了很多很多病人的疑難病症，也包括當時出現的疫情，由於他們的藥有神效，同時給窮人看病配藥還分文不收，所以藥店的生意越來越紅火。

　　故事裏的疫情一筆帶過，過去很少有人關注，如今在此特殊背景下，來看《白蛇傳》可以看出其獨到的藝術成就。關於疫情的敘述，筆墨甚少，但是對於故事情節的發展，許仙人品高尚與白娘子治病救人的人物塑造做了鋪墊。起到畫龍點睛的作用。

　　小農經濟社會，人們的創作靠口耳相傳，現在科技發達，為展現疫情的藝術可以有各種現代手段，如手機、照相機等手段，這些攝影就可以直接記錄疫情之下的人們真實生活、變化的街景乃至有價值的靜物等。可以說，好的攝影作品就是一幅有價值的藝術。除了照片、視頻之外，還可以更高層次的美術、繪畫、舞蹈、音樂、電影、電視片和文學的創作，而疫情這種特別的生活場景與人與人之間的關係都可以作為進一步藝術加工的基礎。

　　需要強調的是，必須要對疫情進行真實全方位的記錄，要忠實於現實場記，要對現在的疫情做文獻式的保存，而不僅僅在乎對當下有積極的主觀意義，這些原始的素材才是創作藝術的最基本的要素。只有這樣，才能出現文藝復興時期阿爾佈雷希特・丟勒《啟示錄中的四騎士》那樣偉大的作品。

　　《啟示錄中的四騎士》中有四個騎士，分別代表征服、戰爭、飢餓和死亡。其中死亡可以用刀劍、饑荒、瘟疫、野獸，殺害地上四分之一的人。這個作品雖然沒有直接表現瘟疫，但通過死神的形象來告誡大家瘟疫對人類的影響。西方在黑死病大流行時候創作了不少類似作品，有極度焦慮、恐懼的展現，同時也表現了對未來的渴望與人性的追求。

　　在抗擊疫情中，中國的畫家也創作了大量的歌頌醫護人員的作品，很多省市的美術家協會組織畫家來製作這類題材的作品，其中不乏有優秀的藝術，但是大多數是命題作文的宣傳畫，缺少內在的深刻思想與社會記憶。

　　還有一些疫情繪畫，沒有直接表現疫情的畫面，只表現大自然的風光，沒有出現殘酷的現實景物，而是表現樹木花草，山水雲霧等，試圖用人與自然的和諧來反映疫情過後的美好願景。應該說，這些作品比純粹以醫護人員、或者針筒、口罩等來體現抗擊疫情的主題要好，但其主題並非一目了然，或者可以說有的牽強附會，如果不看文字說明，還以為僅僅是一幅普普通通的風景畫。

三、疫情之下的藝術交流

　　在歷史上，亞洲是一個民族之間交流非常頻繁的地區，文化藝術的交流同樣如此。在唐代就有與日本的文化交流。據宋《北夢瑣言》卷一記載：日

本王子善下圍棋，曾經到唐朝與高手比賽圍棋。這就是一個圍棋藝術交流的例子。

過去在交通十分不便的情況下，各國之間的交流雖有交流但是甚為不暢，現在疫情也與過去那種交流有著某種相似；只不過以往是山水阻隔、交通工具落後所致，現在是疫情在客觀上把人們的交往與藝術的交流進行了人為的隔離與封閉。因此有必要打破這種無形的阻隔，人們需要生活，也需要展現自己的藝術才能，而藝術在交流中菜能夠發展。

疫情下的藝術需要特殊的表達方式，也需要特殊的渠道進行藝術交流。

（一）平臺交流

如今的交流平臺，都完全是網絡化的交流平臺，都十分方便，已經不需要千里迢迢來到對方所在地，進行面對面的討論與交流，再說提供文章或者有關圖片之類的文獻或者資料都沒有問題，較之過去真是天壤之別。但有一個缺陷，對於一個問題的探討不可能全面深入展開。

（二）語境交流

藝術是一個大概念，也可以細分出許許多多的小概念，而每一種藝術裏都有自己獨特的表現形式與表達方式，也都有自己的創作原理與基本概論，儘管如此，每一種小的藝術種類都應該符合藝術的基本原則與創作規律，因此就有了交流與對話的基礎語境，在這樣的前提下，交流才會更加流暢，才是不同地方不同民族所創作的藝術進行交流的基點；否則會出現「雞吃米、鴨吃穀、各說各」的尷尬場景。

而我們亞洲在數千年的歷史進程中，有著互相影響的文化、相似的文化背景與感受，因此交流起來更加容易。我們的藝術大多數是現實主義的表現方法，可見這種藝術交流彼此熟悉，在這種語境下，我們的交流更加流暢，理解更加直接，這是客觀存在的文化語境，在相似的地域文化與歷史背景下形成的語境，對話顯得更加方便，較之於歐美文化更加熟知，也彼此深感親切。

（三）體驗交流

快子是亞洲許多國家的餐飲工具，大家都有共同的吃飯夾菜的生活體驗，對於筷子絕不陌生，因此筷子並不生疏，對於筷子藝術估計一時摸不著頭腦，很難理解藝術與筷子如何聯繫在一起。油畫需要畫布，國畫需要墨汁或者顏料，筷子藝術就是在筷子作畫的技藝的作品。

　　眾所周知，藝術是生活的典型化表現，而生活為藝術提供最基本的素材，因此真正的藝術離不開生活的肥沃土壤，當然藝術也需要對生活進行提煉，展現在觀眾面前的是一種既熟悉又陌生的作品，而這種藝術作品還應該包藏一定的思想意義。在疫情肆虐之下，人們通過對生活的觀察，已經創作出大量的有關抗擊疫情的各種宣傳畫，其中不乏有一定藝術價值的作品。

　　2020 年 7 月，公筷公勺創意大賽在上海舉行，這是在疫情裏舉辦的一次具有藝術性的筷子設計競賽。所謂公筷公勺，指的是玉私筷私勺相對立具有公共功能的飲食工具，其出現的原因就與疫情直接相關。

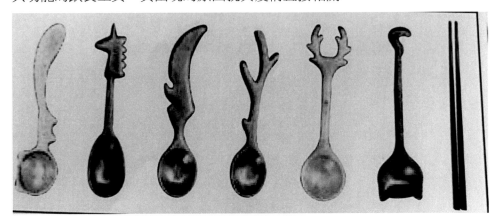

　　共餐制是中國人的飲食方法，就決定了吃飯時候，會用自己的筷子從大家的碗裏夾取菜肴，這樣不可避免會帶來細菌病毒的傳播。關於這一點，從清末開始就不斷有賢學名師告知，要改變這種餐飲方式，但是數千年的歷史，我們沒有改變，到了新冠肺炎病毒的今天，大家才真正又一次感受到無形病毒下的惶恐，也因此開始重視飲食衛生，希望有公筷公勺來阻止細菌的擴散。

　　這次大賽，藝術家與設計者帶來許多具有藝術價值的筷勺，雖然不是普通的實用性的器具，但是在實用的飲食工具上附加現代的設計元素，大大地增加了傳統餐具的藝術性，為飲食氛圍帶來不一般新的藝術享受。

　　關於筷子藝術化，早在清州筷子慶典上見過，這與當時組委會領導和卞光變局長直接指揮有很大關係。2016 年與 2017 年的清州筷子慶典上的筷子展廳規模有足夠大，筷子勺子的展品可謂是各式各樣、千奇百怪，非常有設計感，藝術感，將筷子藝術推向了一種極致，這是我至今難忘的一種回憶。

　　在一般人們的心目中，筷子只是用來吃飯的，但在藝術家的眼裏筷子可以是一種加工的材料，或者說在筷子上可以創造許多造型的藝術作品。之所以如

此不同，在於人們的眼光不一樣，藝術的實踐與體驗也大不相同，藝術筷子可以創造非同一般的經濟價值與文化審美。

明末清初，雲南有一位姓武的筷子雕刻藝術家，他製作加工的筷子精美，完全是一件藝術品，如火純情，有各種各樣的亭臺樓閣，旌旗山川，人物栩栩如生，景致刻畫到位。據說當時他製作的筷子，千金難求。不過此人高風亮節，朋友來求，只需要給他喝點酒就行；但是達官貴人來求其筷子，他卻滿口拒絕，即使嚴刑拷打，甚至送進監獄，也毫不鬆口。別人給了他一個外號「武風子」。

小說對其描寫可能過於誇張，但從中可以看到生活用品同樣可以是藝術創作的載體，也能夠產生高超的藝術作品。在亞洲文化背景下，對於筷子藝術的感受肯定會比其他地區不使用筷子的人來說，我們更容易理解筷子藝術與藝術筷子，也更加容易進行交流。

四、結語

總之，由於疫情還在繼續，有關疫情的創作題材依然有人在醞釀、在構思、在創作之中。而藝術之間交流與思想的碰撞也在進行，大多數處於一種「隔空打虎」的狀態。所謂「隔空打虎」，就是利用現代科技手段進行交流，無論是短信、微信、視頻、還是各種會議軟件都無疑是最好的交流方法。即使在疫情之後的很長一段時間裏，不接觸的藝術交流可能是一種常態，這也是亞洲藝術交流史上值得記錄的一段印記。

2020 年 9 月 16 日星期三

上海春節的信仰觀

要談上海春節，首先要對上海的行政區劃有個基本瞭解。上海在開埠之前，是一個傳統的農業經濟為主的社會形態，因此春節所表現出來的文化元素，也都是與其他江南地區一樣，都與農民的生活有關。春節是一年四時八節中的第一個節日。舊俗以春節、立夏、端午、中秋為四節，而春節又是「四節」之首，因此特別看重這個節日。春節一般從除夕前一天開始，稱之為小年夜，除夕為大年夜，正月初一正式為春節，一直到十五元宵節，才為春節結束，如今到初五就基本過完年，工作、生活逐步常態化，到了元宵節就把春節過完了。

春節，上海人俗稱「過新年」。春節雖然是古老而隆重的傳統節日，在上海市區與郊區的春節也不盡相同。傳統春節除了穿新衣，給鄰里、親戚、朋友拜年，吃混沌，年夜飯、祭神等。開埠之後，上海的春節開始有了變化。最主要的一點就是穿著的新衣服，不再是長衫馬褂，而是西裝。

在此，本文討論一下上海春節期間的信仰方面的問題。

在上海郊區依然保持著農業文明的傳承鏡象。從清嘉慶二十二年《松江府志》記載就可以看到正月開始各種信仰之盛：一日，拜天地、家廟；立春之候，祭芒神。鞭土牛。「舊志於七日、九日會佛寺，名『龍華』，今廢，數日內，各鄉鎮社祠中，禱卜，以占以歲之豐歉水旱」。還要到佘山施相公祠祭祀，香火為盛，還有婦女祭拜廁神紫姑神，〔註1〕

〔註1〕《中國地方志民俗資料彙編》華東卷（上）第 3 頁，書目文獻出版社 1992 年版。

到了二十世紀三四十年代，華一村的過年習俗，與周遍的村莊大致相似，供香燭，拜天地，祭祖宗。各家在大門上貼有「百無禁忌」的紅紙條，也即遲遲起床。起床後，開門放爆竹。接著，小輩向長輩拜年，長輩則用紅紙包包錢給小輩，名曰「壓歲錢」。周遍的村莊大多數是在吃年夜飯時大人向小孩發壓歲錢，唯獨華一村給壓歲錢的習慣是在年初一。〔註2〕

由此可見，上海春節是一種文化信仰的節日，人們在春節中煥然一新的生活氣息，仍然反映出強烈的傳統的信仰概念。

一、意識轉換

春節期間是民俗的大展覽，只不過是信仰文化的集中表現，或者說背後潛藏的信仰文化，用明示的民俗方法進行了展示。

（一）放鞭炮

眾所周知，放鞭炮原來驅鬼迎新的做法，隨著社會的轉變，改變成為祛邪，現在又成為想在來年求得財運的做法。舊時，人們有春節早起的習慣。男女老少換上新衣帽，穿戴整潔。開門第一件事是燃放鞭炮、爆竹，稱「放開門炮」。原意是驅邪，後來也含有開門大吉、高升發財的意思。滬上竹枝詞：春申爆竹雲間樂，風景依稀是故鄉。〔註3〕

（二）兜財

過去上海城鎮市民在早飯前還要去「兜財」，又名「兜喜神」，即按當年曆本上所指示的喜神所在方向到野外走一圈，以求新年喜、財富。《京華春夢錄》有記載：「院中有俗，元旦黎明，攜帕友走喜神方，謂遇得喜神，能致一歲康寧，而能遇見白無常者，向其乞得寸物，歸必財源大辟。」喜神是本地崇拜的偶像之一，除春節。兜喜神方外，凡遇女子出嫁，必要查喜神方位，新娘子上轎後，轎口還要對準喜神方向稍停一刻，稱為「迎喜神」」。

請注意，在民間信仰裏，即使在春節這樣吉祥的日子，遇到白無常，也無大礙，他也會給遇見他的人帶來財運。在舊時上海人觀念裏以清明、中元（農曆七月半）、十月朝（農曆十月初一日）、冬至四節為「鬼節」，因此，在這個時間見鬼（特別是白無常）是好的象徵，也會因此帶來財運和喜事。

〔註2〕《華一村民俗志》第66頁，新浸書局（香港）2007年版。
〔註3〕顧炳權《上海洋場竹枝詞》第382～383頁，上海書店出版社1996年版。

除了一般的老百姓外，讀書人也有自己的求財的辦法。春節清晨「兜財」大多是讀書人為之，習慣到附近寺廟去燒香，稱「歲懺」，以早為好，稱為「燒頭香」。人們大多不辨何神，不分佛道，見廟就燒香，見佛就磕頭，去附近數家寺廟燒了香後方歸。解放後，「兜喜神方」俗除，「燒頭香」者日少，僅有極少老年人為之。

在過年期間，出門盡可能碰到雨天，一般不會認為是壞事，據說遭雨淋後會發財，也因此說「有財有勢」。勢的讀音與水相同，故言。

（三）點火把

元宵節晚上點火把，是上海郊區農業文明傳承下來的一種習俗，青浦、松江、南匯等都有元宵節點火把的活動，因此也成為孩子們喜歡的遊戲。「花三擔，稻六石，蠶豆小麥收兩石，再多點，不礙啥，再少點，不肯罷。」〔註4〕這是人們祈求豐收的巫術行為，旨在用火把來表達對於來年豐收的願望，現在大多數被認為是普通的節日習俗，而其真實的期盼與情感已經被弱化。

上海這種火把在過年期間的點燃，不是為了慶祝「年」喜慶與到來，而是一種對年後農業的豐收在做儀式，在做期盼。

（四）燒香

過年過節去廟裏拜佛燒香，是上海的傳統，一直延續到今天，每逢春節，靜安寺、龍華寺、玉佛寺、東林寺、城隍廟乃至郊外的七寶寺、隆慶寺、真如寺、法善寺等，周邊數條道路都非常堵，香火鼎盛，香客如梭。

20世紀初，春節期間上海人有到紅廟去燒香更是盛況空前。紅廟離南京路不遠，也是著名的廟宇，據說非常靈驗，因此引得大家前往燒香拜佛。有錢人、沒錢人都去朝拜，有的是西裝筆挺，有的衣著普通；有的是老闆，有的是夥計，還有小偷，特別奇怪的是妓女更是趨之若鶩，喜歡來紅廟。藤蔭歌席詞人《洋場新年竹枝詞》：「燒香紅廟門前因，但祝慈航渡我身。」〔註5〕各色人等，都喜歡在過年中間選擇去紅廟，都有一個目的，求得來年求財得財，求好運得好運。

從表面來看，人們只看到燒香、點火把、放鞭炮等都是年節的民俗活動，其信仰意思卻深藏在每一個中國人的心靈深處，難以磨滅。

〔註4〕阮菊明主編《江南古陸祝橋民歌民謠選》第10頁，上海文藝出版社2007年版。
〔註5〕顧炳權《上海洋場竹枝詞》第382～383頁，上海書店出版社1996年版。

二、形式表現

公開的與暗示的兩種。

（一）祭祀祖先

祭祖，是農業社會裏春節期間最常見的習俗，在上海也曾經非常流行這樣的風俗。年初一的早飯前，還要點香燭，置糕餅、蜜棗、桂圓之類的供品，一般供四色乾果，四色糕點，而碟中還要插貼冬青、柏枝，或大紅紙剪成的元寶、方勝圖案等，舉行拜天地，拜家堂、拜祖宗人影（即畫像）的儀式。舊時，松江鎮有錢人家的家堂大都設在牆門間上頭，家堂內供有先祖牌位。祖先的人影大多掛在後廳上，一般掛父親、祖父、曾祖、高祖四代畫像，這些畫像在上一天，即大年三十那天掛好，到正月初八或十六日那天取下（取下人像時還需點香燭、獻供品）。行拜天地、拜家堂拜祖宗人影時，由家長率領，按尊長輩份，依次磕拜，心中默念：「一年如意，歲歲平安，闔家康樂，金玉滿堂。」一般先拜天地，再拜家堂，最後拜影，這些祭拜的供品與儀式相仿。勞動人民家庭大多家中無祖先人影，故只拜拜家堂。上述儀式算是活人給祖宗拜年，至今這些習俗都已消亡。

（二）壓歲錢

早飯後，小輩向長輩磕頭拜年。小輩在磕拜時，長輩可坐，也可立，沒有定規。拜年畢，長輩給孩子「壓歲錢」和「喜果」。「壓歲錢」文人稱為「壓穢錢」，說是壓邪。清末民初時，「壓歲錢」是用紅絨線穿扎一百個銅鈿或二百個銅鈿成一串，銅鈿不通用後，改用紅紙包數十枚銅板作「壓歲錢」。「喜果」則是用紅紙袋封裝起來的橄欖、蜜棗、桂圓之類的干果。

讀書人還習慣在此日用梅紅紙條寫上「元旦書紅，諸事亨通，財源廣進。萬福攸同」等字樣，貼在牆上，以求吉利，俗稱為「元旦書紅」。也有喜寫「姜太公在此百無禁忌」的，以為能壓邪。

舊時，小孩子前往拜年能得到一袋喜果，有時還能得到「壓歲錢」，解放後，送喜果之俗日衰。而送「壓歲錢」仍流行。若親戚家去年新死了人，在春節期間上門拜年時就要備一副紅燭，俗稱「插燭」，是紀念死者的一種儀式。客人進門，不能先坐下喝茶。要先拿出紅燭，交給主人。主人隨即將紅燭插到死者牌位前的靈臺上點燃，客人前去磕頭，磕畢，主人就將紅燭吹熄，「插燭」結束，主人赫邀客人入座喝茶。「插燭」般只在正月半之前這段時間進行，過了正月半，就無須這套儀式了。

春節是我國人民最為重要的傳統節日。民國初年，始把農曆正月初一改稱春節。解放後，政府尊重人民風俗習慣，把農曆正月初一至初三日改為春節假日。但是在民間，把元宵前半個月都作為春節。

在當時的竹枝詞中，可以看到無數這樣的描述。

放炮開門燭禾殘，茶名元寶闔家歡。連稱茶喜多如意，果品還裝金漆盤。（海上釣侶《過年竹枝詞》）

城門徹夜不曾關，向曉香豐水一般。何時燒香周十廟，往人環繞看雲鬟。（倉山舊主《滬上新正詞》）

婦女齊燒八寺香，金蓮遍踏講經堂。東家阿姐西家妹，幾度人前避阮郎。（顧翰《松江竹枝詞》）

（三）飲食講究

舊俗元日、立春日以蔥、蒜、韭、蓼蒿、芥辛嫩之菜，雜和食之，取迎春之意。立春作春盤。杜甫詩：「春日春盤細生菜」，由來已久。《唐摭言》載，東晉李鄂，立春以蘆菔、芹菜為菜盤饋贈。周處《風土記》及宗懍《荊楚歲時記》皆謂元日造五辛盤，可發五臟氣。李時珍《本草綱目》謂：「五辛菜，辛溫無毒，歲朝食之助發五臟氣。常食溫中，去惡氣，消食下氣。」五辛，即五葷，《倉頡篇》：「葷，辛也，凡物之辛臭者，皆曰葷。」五辛盤製作，各地不盡同，但就近取辛辣之菜。啖生蘿蔔，叫做咬春。上海舊俗除夕吃生菜。

年年吃慣闔家歡，鮮肉紅燒水筍乾。雞切塊頭魚切片，醋烹芥辣十分酸。（映雪老人《除夕竹枝詞》）

春盤八簋啟家廚，壓歲錢還重五銖。有客顏酡逢巷口，夕陽紅處送歸途。（張春華《滬城歲事衢歡》）

吃魚，象徵著年年有餘。陳金浩《松江衕歌》：「淡紅帖子賀鄉問，嶽廟排場聽說書。歸去鄰家吃年酒，春盤只殘段頭魚。」在農村，鄉人年頭互訪，一般都要留客人吃飯，叫「吃年酒」，但不食魚，取年有魚（餘）之意。

要喝酒，「親朋齊集坐中庭，擺出佳餚酒滿瓶。如此春盤須暢飲，莫辭過量酒難醒。」（海上釣徒《過年竹枝詞》）

元旦，在祭拜祖先之後，才能吃早飯，而且以糯食為主，如糖拌小圓子，稱「糖圓」，取甜蜜、團圓之意；再如糖年糕，則取「年年高」的好口彩。

正月十五是年的最後節點，因此更有祝賀之意義。

在嘉定有《正月十五為啥吃賀年羹》的傳說：嘉定農村，每逢正月半，家家都要吃賀年羹。說起這賀年羹的由來，還跟嘉定四先生之一的唐時升有關係呢。唐時升是嘉定城裏人，才學高深，卻家境清貧。後來，他門下有個學生做了大官，回到嘉定，未及歸家便先去拜見恩師。那一天，剛好是農曆的正月十五。唐時升見學生登門，心裏當然歡喜高興。師生倆高談闊論，不一會兒，便時至中午。唐時升吩咐妻子準備飯菜。唐師母心想：家裏窮得哪還有什麼好東西可以拿出來招待大客人呀！但是，她轉念又想：學生雖然做了大官，但總是晚輩。尊師敬長，客隨主便，入鄉隨俗，量他不會不懂。於是，師母就把灶上供接灶君老爺的紅棗、地栗、老菱和豆腐乾、油條子等統統拿下來，將碗櫥裏的冷麵、冷飯、冷餛飩和素小菜統統合併在一隻鐵鑊子裏，燒成一鍋菜粥。學生接過師娘端來的熱氣騰騰的菜粥，吃得津津有味，越吃越鮮，越吃越想吃。幾碗下肚，額角冒汗，兩頰生風，連連對老師說：「這粥好吃得很！叫什麼名字呀？」唐時升想了想，說：「叫賀年羹！」從此，農曆正月十五吃賀年羹，就成了嘉定的一種風俗習慣。〔註6〕

風物和民俗傳說是一雙胞胎，風物離不開傳說，離開傳說，風物只好停頓；而傳說需要有風物的載體，離開風物，傳說就成為虛構的一般文學作品。《正月十五為啥吃賀年羹》的傳說，是一則地方性的傳說卻有普遍的意義，此傳說雖然說的是老師與學生之間的關係，其實也說明一個普遍的道理，人們之間走動是必須的，是在感謝「年」的恩典。

（五）禁忌

正月初一頗多忌諱，不許孩童胡言亂語，不能說不吉利的話，忌諱碰到不吉利的事 J 不掃地，說是防止財氣外溢。習俗一般尚紅，婦女於是日大多穿紅裙、紅鞋。春節第一天，早飯忌用水淘飯。

舊有「初三大於初一」之說，意思是初三的祭祀儀式要比初一更隆重。但初三的節日氣氛畢竟不能與初一相比，只不過是初三須重演一番初一的儀式。到清末民初時，此俗也就更淡薄了。新出嫁的女兒大多在初二、三與夫婿同回娘家拜年，可是得在當天回轉大家，不在娘家住宿，稱為「正月不空房」。

〔註6〕周關東、沈雲娟主編《嘉定民間故事選》第 123 頁，上海文藝出版社 2009 年版。

三、改革需要基礎

　　春節是一種文化，是中華民族共同創造的，也是大家狂歡的節日。辛亥革命，推翻了封建階級幾千年的統治，也廢除了封建時代通行了幾千年的「萬年曆」，資產階級共和國成立後宣布廢除舊曆，改用中華民國紀年，通用陽曆，但是，這次革命正像它在政治上沒有徹底消除封建制度一樣，在民俗文化方面也沒有徹底改革舊傳統。

（一）曆法改革

　　上海光復後的頭一個新年，革命黨曾試圖廢除陰曆年，改過陽曆年，這個嘗試失敗了。以後，有關方面曾向政府多次提出「請禁舊曆」，於每年四月後將翌年《新舊日曆對照》及《節氣時分》通告書商，備編次年新曆之用。再後，政府曾通令各省市，一切舊曆年節之娛樂，賽會及習俗，統照國曆日期舉行，改正商店清理帳目及休息時間，並作了大規模的宣傳。但是，家家戶戶過舊曆年，各行各業也要過舊曆年，出現了「二曆並存 9 一歲二年」的特異風俗。

　　上海光復後的第一個元旦，滬軍都督府為推行新曆法，通令全市以陽曆元旦為年節舉行慶祝，然而這個通令，不要說在鄉村無人理會，即使在城市裏，響應者亦寥寥無幾，形不成節日氣氛。又將傳統的元宵節，改在陽曆 1 月 15 日慶祝，發動各行各業舉辦燈市，居民仍不為所動，只有各業所屬商團支隊積極響應。結果出現了「夜觀兵」的情景，成為時人的笑柄。詩人作竹枝詞諷之曰：「維新元旦話今朝，初次新年尚寂寥；十五夜間重補祝，真稱特別鬧元宵。提燈盛會到天明，滬上堪稱不夜城；但見商團軍士眾，鄉人只說夜觀兵」。

　　革命政府企圖改行陽曆的嘗試，也未獲得成功。詩人帶著詼諧以竹枝詞誦道：「改行陽曆始今年，春夏秋冬盡失傳；老病最防交節氣，從茲終歲得安然。」

　　陽曆，雖為世界公共之曆法，但是，它不適用於鄉村廣大的農民，無節令時分，不能作為進行農事活動的依據，在農村很難推廣。而且，陽曆的每月每季每半年的日數又不一律，每月日數無定，每年之日期與星期不生相互關係，難以記憶，有諸多不便，所以在城市裏也難以推行了。

　　辛亥革命後，臨時大總統通令全國改用陽曆，改用民國紀年，各機關、學校、團體雖然奉行不誤，但在民間，各行各業卻仍沿其舊。在新印日曆時，比較開明的書商，多是新舊曆並用。如商務印書館發行的日曆，以民國紀年，以新舊曆月、日期互相對照，各月陽曆月日均注有星期，陰曆注明二十四節氣。有些守舊的書商和個人，則用黃帝紀年代替民國紀年，或只甩甲子紀年，用《爾

雅》之「太歲」紀年，甚至還有用宣統紀年的。有竹枝詞敘其事：「新歲齊刊月份牌，各家爭賽畫圖佳；編年民國和黃帝，竟有仍將宣統排。」「四千餘載有誰言，黃帝無端溯紀元；民國告成仍改卻，暫且重立舊中原。」

直至民國五年，有名「天虛我生」者，著碑文仍不肯用民國紀年，該年歲在丙辰，記為「歲在柔兆（丙）執徐（辰）」。

民國元年七月，上海錢業會館提出打破舊曆年結帳傳統的要求，經七月十九日總會常委特別會議議決，準照錢業議，俟本年舊曆年底結帳後，即以昭年舊曆元旦起改用新曆結帳。實行按新曆結帳，首先碰到的是舊俗的阻撓，有竹枝詞為證：「新曆收錢到號頭，商人慾改乏良謀，倘然力鏽從前俗，反說無錢任自由。一帳單一紙去紛紛，月底仍然大小分；尚有一般常欠債，不逢三節沒分文。」「月底如何大小分，蒙君交易轉疑君，恐防節裏難尋稱，半月休嫌討得勤。」

民國元年十二月，由上海工商業大資本家主持的商務總會的常委會又做出了一個決議：元旦為一年之始，且為臨時政府成立之日，各業自應休息～天，並升旗懸燈。決議作出後，民國二年的各業始停業休息。各行業資本家的堅持，並紛紛起而仿行之，始使陽曆年元旦逐漸突破舊傳統，成為城市生活中的一個重要節日。

鄉村年景又如何呢？民國年間，上海流行過一首歌謠，名字叫《新年十月歌》，將上海鄉村從正月初一到初十的歲時風俗，描繪得具體生動，淋漓盡致：

> 年初一，一覺醒來太陽照東窗，起身忙換新衣裳，家堂灶君天香點，祖宗尊像掛中堂，九子果盤裝齊整，預備客人來來往，今朝叮囑傭人莫掃地，小兒吃飯莫淘湯。

> 年初二，兒童更歡喜，昨日初一不出門，今日要到親眷人家去拜年，哥哥弟弟手相牽，東家留飯吃，西家排酒筵，臨到走，還有二百壓歲錢。

> 年初三，去拜文母哉，姑爺帶仔姑娘一同來，入得門，笑口開，拜見丈人道恭喜，拜見丈母說發財，茶又好，酒又好，隔壁伯婆含笑閣姑娘，啥時候，踏月養個小寶寶。

> 年初四，夜不眠，家家接財神，處處放吉鞭，五路正神當中坐，招財利市分兩邊，斤頭蠟燭煌煌亮，齋供羊頭元寶魚，闔家拜跪忙碌碌，一心奉敬亦敬至矣，嗚呼，哪有千萬財神，分身到你店堂裏。

　　年初五，朋友要吃開張酒，酒酣快猜拳，五對八馬不離口，有個朋友聯下去，有個朋友要分手，來來去去各自忙，來者心歡喜，去者心悲傷，勸君莫悲傷，以後必須要巴巴結結，爭個好面光。

　　年初六，仍穿新衣服，鑼鼓聲喧震耳聾，預備元宵習練熟，元宵鬧花燈，各處有風俗，龍燈身嬝嬝，蝦燈芒簇簇，叮囑小兒勿買糖，省下錢來買蠟燭，狀元及第舊名詞，要換共和稱五族。

　　年初七，人生日，早餐餐畢取秤來，秤出輕重最劃一，哥哥稱了六十斤，弟葶稱了四十七，開口問哥道，哥哥休發詡，四年弟弟多吃肉，發個大塊頭超過你。

　　年初八，穀生日，農戶家家祈豐年，世間一日沒了穀，將有何物來充饑，一粒穀種下地，待到秋成九秋天，不知費了氣力幾多許，才得摔襲摜稻吃新米。

　　年初九，天生日，世間人人都靠天，做事先求弗欺天，婆婆拜佛好修行，新年無事都念經，修得百年無毛病，交好運，退災星，好行方便發善心。

　　年初十，地生日，有天還有地，比是爺娘不多異，人畜房屋都依地，米麥百穀都生地，菜蔬幾昧拿賽祭，祭他生日他歡喜，人生忠孝與節義，地維賴以應，作事須求腳腳踏實地。

　　從這首歌謠所記新年十天的活動中可以看到，傳統的年俗，在農村似乎沒有發生過重大變化。從祭祖祀年，以及禁掃地，到出門拜年，壓歲錢，新嫁女歸寧，迎財神，各項行事多保留著傳統的原貌。但是，也應看到，在傳統裏除了添入一些新觀念，如「狀元及第舊名詞，要換共和稱五族」，「作事須求腳腳踏實地」等等；夕卜，舊時宗族例下那種父系家長統治的禮儀，以及婦女「走三橋」以卻病疾的風俗已不見蹤影了。這當然是民國以後，民主共和思潮的衝擊，以及家庭結構的變化所導致的結果，可見，經過辛亥上海光復這場大革命的洗禮。

　　在城市裏，以家庭為單位進行印年俗，諸如做年、守歲、拜年、接財神、壓歲錢、飲年酒、吉祥語等風俗；基本上仍然保存著傳統的形式。然而，城市畢竟與鄉村不同。上海城市是工商業集中生產貿易的地方，是資本主義經濟的基地，大機器生產和大宗商品進出口貿易，以及與之相適應的飲食遊樂場所的出現，都為鄉村所無，而為城市獨具的要素。這一些，在辛亥革命後的鼎革風

潮中給傳統的歲時行事風俗以巨大的影響，資本主義奢侈、浮華、拜金，崇財、鬥富、爭勝之風，在新年裏更加集中地表現了出來。

初五「接路頭」之風大盛。財神誕本在初五，而接財神者往往想塑財神捷足先登，急不可待，於初四夜就動起手來，供祭物、焚錫箔，叩首接神之時，鑼鼓之聲震人耳鼓，爆竹之鬧通宵不已。有的人家則別開生面，圖「悶聲大發財」，不響鑼鼓，也不放爆，接財神之風的大盛，反映出嚮往發財的社會心態。

新年中各界休業，飽食終日，無所事事，消遣娛樂是為活動之主要內容，所謂：「城中人愛洋場去，城外人爭入廟園，同是一般尋樂處，大家相見在無言。」

（二）放鞭炮改革

同樣在放鞭炮的問題上，政策與傳統也會發生矛盾，這些矛盾的出現，也是由於強大的民俗文化傳統的慣性與政府所做的行為是相背，或者也可以這樣說，民間習俗是一種文化，是經過幾百年甚至幾千年的歷史而形成的文化，它不僅具有內在的思想慣性，而且也有行為上的慣性，這二者共同造成春節習俗的產生。正因為如此，在很多情況下，民間習俗不是一下子可以改變的，除非刀架在脖子上，否則一般是不會輕易改變傳統做法的。上海春節期間燃放鞭炮就是例證。

在 80 年代，上海就出臺關於春節期間不准燃放煙花爆竹的強制性規定，但是收效甚微。其實這樣的禁放在上海歷史上就有過，早在上海開埠不久，上海租界就對爆竹的禁與不禁，就產生過激烈地爭論。關於這一點，在當時記錄的《工部局董事會會議錄》裏就能夠查閱到這方面的情況。

當年上海租界當局需要處理許多市政問題，其中就有關於禁放爆竹一事，由於此間涉及上海人的傳統習俗，令這些參加會議的工部局董事們頭痛不已。

1872 年 10 月 21 日董事會上，一位叫柯迪特的董事說，爆竹「這種令人討厭的東西應於鏟絕，或在某種程度上予以禁止」。會議決定讓警備委員會起草一份管坤辦法，以便把山燃放焊竹而帶火的種種影響減少到最低程度。一個月後，警備委員會的決定在董事會上獲得通過，即規定「自晚上 10 點至次日上午 7 點，禁止燃放爆竹」。其他時間似乎可以燃放，但對外國人又加了一條「會議指示捕房督察，在外國人離開租界時，制止燃放爆竹，在這些場合上燃放爆竹不予批准」（1872 年 11 月 25 日）。這就是上海最早的燃放爆竹的禁令。

　　這一禁令剛頒布，就引起中國居民的普遍反對。工部局不得不考慮華人的風俗習慣，指示巡捕房修改，在中國農曆新年期間，「允許華人連續 10～12 天燃放爆竹」。華人高興了，卻引來一些外國人的不滿，他們決定「以身試法」，以示抗議。1873 年 7 月 4 日美國國慶日，租界內的一批不安分的美國僑民到了晚上大放爆竹，當巡捕房把「是否應該根據附則第 35 款傳訊他們」一事提到工部局董事會議討論時，意見出現分歧。大部分董事認為，「燃放爆竹不僅妨礙了附近居民的安寧，而且還會對駕車騎馬的人引起危險的事故，因此必須盡可能加以控制」，並希望「把他們反對任何在租界內燃放爆竹的強烈措辭記入會議吧錄」。會議決定對那些違反者傳票傳訊，「加以警告」，以示效尤。但是也有幾位董事不以為然，表決時投了反對票（1873 年 7 月 7日）。

　　事情並沒有結束。包括同孚洋行在內的被警告的美國人不服處罰，寫信到董事會為自己辯護，措辭之強硬，讓董事都感到驚訝。他們的理由是：華人在新年能燃放爆竹，為什麼他們在本國國慶日不能「享受同樣的特權」呢？董事會對此進行了長時間的討論，分歧更大了。一種意見贊成用傳票傳訊，另一種意見則認為聽其自然，不要干預。持後一種意見的董事擺出道理說，既然華人在中國新年有 10 — 12 天可以燃放爆竹，那麼訃美國僑民也享受在 7 月 4 日節日燃放爆竹的權利是合理的。贊成處罰的董事反駁說「華人把燃放爆竹看成是一種宗教儀式，如果阻止他們這樣做，結果很可能是把他們趕出租界。而對於外國人來說，不妨想他們是比較通情達理的，在這方面他們並不希望和華人享受同等的待遇。」兩種意見誰也說服不了誰，僵持不下。最後會議只能來個「冷處理」，決定「目前不再討論此事，也不再進行書信聯繫，……把本界董事會所提抗議和所持觀點記錄在案，提供下一屆董事會作借鑒」（1873 年 7 月 21日）。

　　幾乎每年春節，工部局都會收到幾封要求禁燃爆竹的信，讓董事們傷透腦筋。1879 午 1 月，奧匈帝國駐滬領事和布賴納洋行來信，「他們抱怨華人燃放爆竹給他們帶來的煩惱，並請求工部局不准華人在中國新年燃放爆竹」。會議決定答覆他們說：「一般來說在中國有 14 天是准許燃放爆竹的，但今年將限制在 7 天，並且在那期間要盡可能使居民少受煩擾。」1 月 20 日董事會會議還正式決定將 14 天燃放爆竹的 14 天減為 7 天。儘管這樣，新年後的工部局還是收到一些外國人的「投訴信」，說夜間的爆竹聲致使其「備感煩躁」云云。

巡捕房也報告對違章行為處以罰款,「但無法制止此類事件再次發生」。在 1881 年 1 月的會議記錄中,我們看到董事會把「中國新年例假」改為 10 天。但是,「把在中國新年燃放爆竹的時間限制為一到二天,並規定在 10 點以後不得再放」(1881 年 2 月 11 日)。

燃放爆竹始終是困擾工部局的一個大問題。雖然時緊時鬆,常有反覆,但始終以禁放為主,而且越來越嚴。1939 年 2 月 16 日工部局發出第 5061 號布告,再申禁止事宜,說:「本局自本年 5 月 1 日起,至再行布告之日,禁止貯藏、販賣或製造爆竹,令特面告周知。」(《燃放爆竹,工部局頭痛的城市公害》,作者:柳和城,載《檔案春秋》2005 年第 1 期)

如今,上海在春節期間,對燃放鞭炮的規定已經不那麼嚴格,事實上,老百姓在春節裏燃放鞭炮有著內心的衝動和渴求,他們不會因為政府的規定而改變傳統,當然他們也考慮政府的規定,但是傳統的力量太大,同時民間習俗的文化同樣制約著人們的行為,並且大多數民眾的合力形成的,因此傳統的改變不是一時一刻的事情,需要長期的自我認識和自我放棄,才能夠達到應有效果。

三、上海春節應該創新

上海春節一直在變化之中,特別是開埠之後,不斷有西方文化的影子進入,成為有新的文化面貌,同時被認為是一種時髦而被追求,因此就成為新的春節,也逐漸與傳統節日有了很大不同。

過去正月初一有各種各樣的習俗,譬如,午飯稱「歲朝飯」,還應吃素。飯前,還需祭祀家堂和祖宗人影,供品全用素菜,擺酒盅碗筷,點香燭,斟酒,用小碗盛飯,飯上插上柏枝、冬青,家中老少依次磕拜。祭畢,吃午飯。這是一種農村習俗,現在這樣的風俗早已經不存在。

投入親友的家門內,就算已上門拜過年了。如客人登門拜雛,應先向尊長拜年。如該家廳上掛有人影,也需前往磕拜。拜畢,主人端出果盤,內貯糕餅、糖果之類以待客。主人先向客人敬米花糖湯,喝完糖湯,再敬加有兩隻橄欖的茶,俗稱「元寶茶」。城中市民互相走動拜年不一定留客吃飯」鄉間農民在年頭上互訪,都要留飯,以好酒好飯相待,俗稱「吃年酒」。相互吃來吃去,過了正月半方休。無論城鎮鄉間,舊時春節互拜或吃年酒都不須備禮。近年來,送禮之風逐漸時興。

正月初四，所有商家店鋪接「五路財神」。但在歷代《松江府志》中沒有此俗的記載，可能當時的士大夫以為經商是下九流，不足既入志。據《集說詮真》介紹，財神有種種。松江一向供奉趙公明，民間稱為趙公元帥。據《搜神記》、《真誥》記載，在晉、梁時代，趙公明還被視為冥神、瘟神一類。直到元明時代，道教中才有趙公明能驅雷役電，喚雨呼風，除瘟禳災，買賣求財，使之宜利（見《三教源流搜神大全》）。由此可以推論，松江供奉財神趙公明不會早於元明時期。

五路財神，泛指眾財神，故民間也稱「接財神」。是夜各店並不營業，但要擺出本店的各種商品，特別是些金銀首飾店，更要陳列金銀元寶、珍奇古玩飾物，以此炫耀貨源充足，貨物齊全。

到了 21 世紀，很多小的店鋪都是外來人員進行承包經營，到了春節就關門不再營業，回家過年，這樣的話，一般到了初五也不大會開門，也正是這樣的年假的關係，他們的店鋪都不會在這個時候進行開門儀式和慶典活動。而一些大的商店，特別是私人的飯店和酒店都會搞點開門儀式，放鞭炮，象徵著迎財神，即使是這樣也沒有過去那種隆重而繁瑣的祭祀活動。過去松江縣城商家都要在店門口懸掛本店牌號紙燈籠，用兩張方桌拼成長供桌，桌前圍上繡花的紅綢桌圍。桌上供蜜棗、桂圓之類較精細的乾果，豬頭、雄雞、鯉魚等三牲。雄雞頭上貼一紅紙卷，嘴中銜青大蒜一支。供桌上還置菜刀一把，上黏一小方紅紙。另外，還備活鯉魚一條，鯉魚俗稱「元寶魚」，這天被商家稱為「活元寶」。活鯉魚的前胸後背及雙眼均貼上紅紙剪成的小元寶，再用紅線繫住其背刺，懸於梁上。鯉魚頭須朝裏，取招財進寶之意。此外，各店還供些本店經營的主要商品。入夜後，點香燭，按店中尊卑為序，店主、店員等一一磕拜，待到半夜子時，各店家爭放爆竹，迎接財神。如今，這樣煩瑣的迎財神儀式已經不復存在，取而代之的是簡單的放鞭炮，商家比的是誰的鞭炮多，誰的高升響，在這些鞭炮和高升裏，寄託著他們發財的願望和事業的興旺。

其實，不光是商家要進行迎財神的活動，普通的居民家裏也都十分希望有發財的機會，因此上海人對於年初五的情結十分濃厚。年初五的夜裏也都像年三十一樣守到零點，然後放鞭炮和高升，與此相反的是，守歲之後，卻是煙火大作，已經完全沒有過去用鞭炮來迎接新年的味道了。

另外，燒頭香也是從上世紀 1980 年代興起的新年俗。除夕守夜未結束就趕到寺廟排隊，等待第一個燒香祈願。大家都知道自己未必能夠第一個燒到頭

香的人，但是大家都願意去趕這個熱鬧。因此春節早晨的龍華寺、靜安寺等著名的寺院人山人海，私家車將附近的馬路圍得水泄不通，以至於需要大量的警力來維持秩序。

不斷變化、不斷發展，就是上海春節的真諦。

2023 年 1 月 13 日修改

2023 年 8 月 24 日再修改

海上風俗雜錄

一、婚禮

《川沙縣志》（二十四卷，民國二十六年上海國光書店）

禮婚禮多沿舊俗，略載道光、光緒兩志。光緒初，民間納采只用銀飾，亦有以銀圓四枚、六枚為代者．聘金、節禮，婚儀等，至多不足百金，貧家無論矣。近則侈靡日甚，富厚之家黃赤無足奇，聘金等禮動至撒百金，筵饌珍羞，無美不備。小康者竭力效之，甚至貧戶亦以樸陋自慚。娶婦者典貸無餘，遣嫁者需索不饜，女子過門，質變殆盡。致貧之道，此其一端。

貧家子多早聘，蓋恐年長無肯與婚者，往往在襁褓即為聘定，或過門童養，至十六七歲為之成婚．仰事俯蓄，生計未諳，苟無恆產，又無恒業，何以聊生。

前輩嫁娶，事事撙節，猶苦不勝#近則百物皆昂，而妝奩必求其盛，衣飾又極其華。力竭則與媒妁為難，向婿家要索。風俗之刁，於斯為甚。推原其弊，緣鄰近上海，漸染所及，實為體面二字所誤爾。

舊時婚禮，儀節太繁，耗費太甚。儐相樂工，誅求無厭，蠢愚無知，益為受累。邇來縉紳家多改新禮，工商家之稍開通者問亦有之。然所貴文明者，首在去繁就簡，黜華崇實，若故事奢靡，無乃已甚，苟能斟酌得宜，庶乎近焉。

貧家生子長大，身無恒業，亟亟求婚；而女子過門，恐無生計，於是要求需索，曰茶禮若干也，時節若干也，門包若干也，有則嫁，否則不嫁。婿乃老羞變怒，致有糾眾搶親之舉，終成怨偶，是為惡俗。近年此風稍稍戢矣。

有妻者又娶處女成婚，禮節與娶妻無軒輊，非若置妾之簡略，美其名曰「兩頭大」。是為重婚，既背人道，又干法紀。

橫沙地環海，俗尚儉，迎娶多用人力車，媒妁在前步行，猶有古風。其禮節各從原籍習慣，近亦大同。嫁娶時有合啼雞、轎前鵝、鴛鴦肉、錦纏羊之類，鼓樂導從，彩輿燈燭，輝映道路。

孀婦有財產者，既不願守節，又不便再嫁，乃坐產招夫，俗稱。墊房。喪禮喪禮崇釋道，按七七享薦‧惟舊對喪事不用腥；近今富厚家多予開喪之隔晚請客，乃用半腥，甚有盛設精饌，遠勝於貧家嫁娶者。按之「與奢寧儉，與易寧戚」之義，能無乖謬。

《奉賢縣志》（十卷‧清乾隆二十三年刻本）

婚禮　其婚姻大率以華贍相尚。締姻則問其產，遣嫁或罄其家。自納采（今之始通媒妁）以至反馬（今之滿月雙歸），其問往來縟節多不合禮，且有失於僭逾而不自知者。

雜禮　燕享：其燕享，器用金玉，肴列珍錯，所費往往不貲。至於生辰開宴，張屏書祝嘏之辭，累果構神仙之景，恒（炬）赫陸離，率誇為門庭嘉慶焉。

《楓涇小志》（十卷‧清光緒十七年鉛印本）

禮儀民俗

婚禮　男子將婚始冠，女子臨嫁而笄。議婚不純重門楣，兼主命卜。初聘，曰「文定」（即古問名）。將婚，曰「準日」（即古請期）。正聘，曰「上頭」。合巹，曰「堂前桌」。既婚，見舅姑及諸姑伯姊，曰「會親」。廟見，曰「上幡」。舅姑享婦，曰「花會」。厥明，婦執棋、榛、棗，栗以見，曰「喜果」。歸寧，曰「回門」。父母兄弟至婿家，曰「望朝」。娶妻不皆親迎，惟紳富有行之者。

《青浦縣志》（四十卷，清乾隆五十三年刻本）

禮儀民俗

婚禮　民間婚嫁，無益之費最多，而樂人、喜嫗又增立名色，以耗其財。行聘之前，媒氏先開採帖，將衣服、環珥各若干商之女家，有往返數次斷斷不能定者。又取絨線纏果實，以膠黏瓜子、桐子為花鳥走獸，共成數十盒，然卒（率）以分饋親友，供髫齔娛戲而已。將婚，女家行嫁，自八廚十六箱至一廚兩箱不等，均用鼓樂導之。男家迎娶，亦導以鼓樂，而家中飲御親鄰至有數日不已者，侈汰更為無節。《禮記》「昏禮不賀」，又云「昏禮無樂」，豈宜出此。

《盤龍鎮志》（三卷，一九六三年鉛印（《上海史料叢編》本）

婚禮　鄉俗婚嫁，率多浮費。凡男家擇配有文定禮，超話有節扎，將娶有聘禮。盤中衣服、環珥之屬，多誇鬥豔，又竟取絨線纏果，剪綵為花鳥人物，以飾觀瞻。女家行嫁用櫥箱，多少不等，問以雜物，並有以田產為奩潤者。及期，兩家導以鼓樂，室中張掛燈彩，款飲親友，甚有數日不已者。汰侈無節，去古制禮之意遠。

《金澤小志》（六卷，一九六二年鉛印《上海史料叢編》本）

婚禮　婚配必擇門戶，以釵行文定禮。金銀各稱其家。報允後，乃具幣行聘請期。娶必親迎奠雁，雁不可得，以舒雁代。詰朝，行息燭禮，亦曰「慰靜」，或三日，或七日，或匝月，女宅脥朝。擇期反馬，亦曰「回門」，儉者率以新年為期。

《蒸里志略》（十二卷・清宣統二年鉛印本）

婚禮婚嫁宴會，率尚虛文，不遵古禮。樂人喜媼。又增名色，以耗其財。行聘以前，女家或索重聘，媒氏往返斷斷。妝具，至用鼓樂道之男家；迎娶，飲御親鄰至有數日者，頗屬繁費，亦宜稍節。

貧家生女多則厭之，率行溺斃，以致娶妻聘媳甚難。裏有孀婦自願苦守，或被莠言改嫁，甚至搶孀逼醮，大幹例禁。凡在官紳急宜懲勸，以挽頹風。

《章練小志》（八卷，民國七年鉛印本）

婚禮　民間婚嫁，無益之費，樂人，喜嬪又增名色，以耗其財。行聘前，媒氏開採帖，衣服、環珥商之女家，往返斷斷，取絨線纏果實，膠黏瓜子、桐子為花鳥走獸，共成數十盒，率以饋親友，供髫齔娛戲。將婚，女家行嫁，自四櫥八箱，至一櫥兩箱不等。均用鼓樂導之。男家迎娶，飲御親鄰，至有數日不已者。

《嘉定縣志》（十二卷・清乾隆七年刻本）

禮儀民俗

婚禮　自通媒後，問名曰「求允」，納采曰「行盤」，六禮不及盡行，娶不親迎。合巹次日，婦拜舅姑，廟見。昔時，富家或僭用衙仗，盛列苣燈，鼓樂導引；近者，憲行限制，浮費稍節。至於家貧子壯，往往為贅婿。

《嘉定縣續志》（十五卷，民國十九年鉛印本）

婚禮　婚嫁，曰「文定」，曰「行盤」，曰「迎娶」。文定用銀幣、飾物及茶葉、麨面，通稱「金芽玉塵」；女家報以紅綠色米，通稱一金珠「玉粒」。行盤用銀幣、衣飾、布匹等，距迎娶日或一年，或數月，宣統以降多有在迎娶前一日行之，曰「前盤後轎」。迎娶用彩輿，導以音樂，有力之家前導用鋪司、隊鼓（鋪司皂衣，紅黑高帽。式本元之大禮帽，明太祖令皂隸用之，吾邑至今猶然。隊鼓則邑人李錫秦官廣西巡撫時平苗之軍樂，或曰戚繼光平倭凱旋樂也。此二事喪儀亦用之）。

婚禮有相沿之陋習，曰「爭親」，即女家向男家爭論財幣也（如茶禮、門儀等名目）。往往彩輿臨門，堅拒不納，媒妁調停，大費唇舌，日中往迎，夜半始歸，以致終身不歡者，此習宜力戒之。嫁女之贈物，所謂妝奩者，最儉目七事件，稍豐曰雙箱四杌，再豐曰一櫥兩箱，曰對櫥對箱，最豐曰四櫥八箱。自與上海交通便利以來，俗尚浮華，即中人之家亦非四、五百金不辦。每成婚未及一月，而索逋者盈門。識者洞知此弊，概主崇儉，繁文縟節宜亟革除。

搶親：凡民間聘妻，女家力爭財禮。無力迎娶，或悔婚不願嫁者。則糾人搶之。雖控告到官，往往因已成婚，薄責而和解之而已。

白螞蟻：專為寡婦作媒販賣於人者，俗謂「白螞蟻」，甚有寡婦不願適人，搶去逼醮者，謂之「搶醮」，尤干法紀。

《續外岡志》（四卷，一九六一年鉛印（《上海史料叢編》本）

禮儀民俗

婚禮　婚禮聞名，曰「求允」。納采，曰「行盤」，以盤多為勝。罩以紅紗，綴以花串，絨妝彩結，炫耀鄉里。至於迎娶，亦不親迎，或借用衙仗，盛列鼓吹。近時人多惜費，問有婿至外家合巹，迎婦而歸，謂之「卷帳」。亦有家貧子壯為贅婿者，為養媳者。

《寶山縣志》（十四卷，清光緒八年學海書院刻本）

禮儀民俗

婚禮　婚姻之禮，納采則曰「行盤」。富家以盤多為勝，花鳥亭臺，絨裝彩結，璀璨奪目，務為飾觀。導迎則借用衙杖鼓吹，助以軍容，不惜耗費，然亦千家之一耳。惟婚嫁及時，禮之大者，近時士庶之家或因鍾愛，或因擇婿，有及年而未字者，非古禮也。

《寶山縣續志》（十七卷，民國十年鉛印本）

婚禮　士婚禮，始納采，次向名，次納吉，次納徵，次請期，次親迎，謂之「六禮」。今普通婚禮，始稱。定親，或稱「允吉」，即古之納采、問名二禮也。成婚以前，曰「通信」，曰「行盤」，即古之請期、納徵二禮也。往行盤之舉，士大夫及素封之家始用之。古者納采、問名用雁，取陰陽往來之義；納徵不用雁，以有幣帛可執也。今俗例亦然。惟世家士族行聘茶禮以及束帛元纁，尚有定等；其下者，女家每斷斷於物飾之輕重，金錢之多寡，甚有諸事已饜其望，則復校量門儀，謂之「開門錢」。匪寇婚媾，恬不為怪。故糟糠之願未償，輒喪中人之蓄，中途失業，迨吉無期。積弊相因，釀成鬻帖搶親之辜，其由來漸矣。示禮示儉，力挽頹風，責在為民之表者。

親迎禮，久已不行。婦至，交拜天地，謂之「做親」。此風俗所同，而獨為禮經所無。男相曰「大夫」，女相曰「喜嬪」，即婿從為御，婦從為媵也。夫婦並坐，謂之「花筵」，即共牢而食，合巹而酳也。送入洞房，謂之「入房」，即揖入寢門及室也。男相以花果投床。新婦入帳去巾，即卸布婦席，婿親脫婦繵之意也。鄒夕，婦竣舅姑，謂之「送蓮桂」，即厥明贊（贄）見於舅姑，用腵脩、棗栗之意也。廳事張筵，婦正首席，謂之「待新」，即舅姑饗婦，以一獻授室之意也。三朝，婦家盛饋肴饌，陳祭祖先，謂之「送花幡」，即三日廟見之意也。（《禮》：三月而後廟見。朱子《家禮》改為三日）。顧此惟一二巨族行之，其餘則新婦入門，祭先拜祖而已。蓋古禮久廢，惟婚禮則十仍八九。

《寶山縣續志》（十七卷，民國十年鉛印本）

近始有用文明結婚者（亦稱新式結婚），或以第宅廳事為禮堂，或則假公共會所行之（在邑城者，輒借用明倫堂及縣校禮堂，或農會會場，在各市鄉則借用宗祠，或自治公所）。大致請德望兼隆者為證婚，糾儀，贊禮皆請戚友任之。證婚人宣讀證書，婿與婦鈐印、鞠躬，賓朋交致頌詞，於是婚禮已成，鞠躬致謝而退·雖無一切儀仗之雜沓，而筵席酬應之費未嘗少減於前，此猶僅為表面之改革也。（民國元年，縣議事會議決永禁禮人，樂人、女引等門圖案，曾由縣署出示公布，然惟用文明結婚者間能革除，其他尚沿舊習也。）

沙洲風尚與內地絕殊，婚娶無鼓吹彩輿，小康者新婦昇以羊角車，青布蒙首而已。

《寶山縣再續志》（十七卷，民國二十年鉛印本）

禮儀民俗

婚禮　民初婚禮多沿舊俗。冠服，男用方巾褶子，女則仍用袍帔。十餘年間，改進甚速，士族之家參用新式，新郎禮服青褂藍袍居多；新婦禮服則色尚銀紅，此則僅取其豔麗，習俗所同，不能以色之正、不正繩之矣。

二十年前結婚儀節，夫婦交拜後則設花筵，即古合卺之禮。房字較小者，即就親場設外花筵，大夫、喜嬪（見奴續志風俗》）舉箸，舉酒、舉飯，新郎新婦不飲不食，此雖近子古饗禮，而婚等於祭，未免滑稽，今已漸廢置矣。

舊時，女子結婚時用以障面者，曰「面紅」。珠巾面子送入洞房後始去。面紅，即吉時挑巾之意（《續志》所謂「親脫婦纓」者是）。今競用兜紗，與古禮所謂女子出行必蔽面用意正同，但有唇垂迤地至四五尺者，此則純效西俗，與古異矣。

中國舊有男女不同席之說，以是世族大家男女之防閑甚重。今社交進化，男女賓同席固不足異，新婚夫婦侑酒禮賓，士族之家亦漸有提倡之者。

男女以正，婚姻以時，古有定制，獨習俗之隨人事為變遷，有莫可詰究者。如男子遭父母之喪，就喪次草草成婚者，謂之「促親」；亦有因翁姑或男子患宿，臨時迎娶者，謂之「沖喜」。此或因種種障故，出於事之不得已耳。至生女之家，或計培養需索重聘，致男家無力籌措，醞成搶親惡習；亦有女家並不需索，而男家慳吝，或無行不惜作此非禮行為者。以是，寒門之女有訂婚後即過門為童養媳者，然遇悍姑，往往寢待，非赤貧者多不願為之。更有為婚費艱難，男子死而以其婦配弟若兄，謂之「叔接嫂」者，比特鄉間有之。

《羅店鎮志》（八卷，清光緒十五年鉛印本）

禮儀民俗

婚禮　婚姻之禮，大率以門楣為重，亦互相揀擇，而兼決於命卜。初聘用禮數事，或用代儀，目。求吉，女家曰「允吉」。行盤曰「定親」。富家或先定親，再行大盤，以盤多為勝。盤中置衣服，首飾、茶孔、口禮，多寡不等，女家曰「受盤」，答以靴帽、袍套、茶食等物，另備一方級盒，盒中安放八字，上加歡天喜地一座，若貧賤者不能也。

及期，彩輿到門，親朋從之，謂之「接親」，女家親朋送之，謂之「送親」。需索闊儀，甚至緊閉中門，婚媾而寇讎之，雖士大夫家亦所不免，謂之「爭（俗呼張）親」。交拜天地，謂之。做親」。夫婦並一坐，謂之「花筵」，即古合卺

之禮。鼓樂喧闐，送入洞房，謂之「入房」。司儀致語，以果四投，謂之「撒（撤）帳」。明日拜見舅姑，並見旁尊戚屬，謂之「見禮」。至晚，婿到婦家參謁外舅姑，謂之「拜門」。三朝，婦家以生熟禮送婿家，謂之「上花幡」，即古廟見之禮。逾月婦告歸，謂之「回門」。

夫死，曰「寡婦」；再嫁，曰「再醮」。男子再娶，曰「續弦」。或聯姻後，女家窮而過門，曰「養媳婦」。或男家從省而就婚，曰「入贅」。或年命不通，就女家花燭，曰「借周堂」。或生一二月，男女父母見愛易撫，曰「兌換」。或定親後男死，女曰「望門寡」；亦有男死過門守節，謂之「抱牌做親」；有男病重而接女相見，曰「沖喜」。有男家貧窘，而女家有異志不從，曰「賴婚」，致生訟端，不可為訓。女家苛索聘金，男家無力迎娶，乘夜敲門挾女上轎，謂之「搶親」。至若媒人成兩姓之婚姻，中人成兩家之交易，更有所謂「白螞蟻」者，貧婦喪夫，誘其改志，從中漁利甚至孀婦不從，夜半率眾破門而入，赤身卷去，逼勒成親，致關人命，謂之「逼醮」，又曰「扛孀」。雖良有司出示嚴禁，而犯者如故。

《月浦志》（十卷，一九六二年鉛印《上海史料叢編》本）

禮儀民俗

婚禮　冠為古禮，久廢不舉。婚剛視門第及貧富為奢儉。問名，則先請女家庚帖。卜吉而望媒納采，曰「小定」；納徵曰「行盤」。縉紳巨族，務為飾觀，糖鴛樹鹽，繡果彩串，璀璨奪目。請期曰「道日」，無納吉而有倦妝。娶不親迎，媒為先窖導輿，或借用衙仗鼓吹，而雜以軍容。出閭接親，則有整容·踏甌諸儀。到次日，婿至婦家，獻茶納贄，謂之「望靜」。女家以花幡、果盒妖女，謂之「做朝水」。三朝廟見，滿月歸寧。縟節彌加，輿臺飫犒。其有愛女及貧者，贅婿於家，或即受資為養老，或過三朝、十二朝攜婦而返，名曰「卷帳」，則又以儉廢禮焉。

棍徒鐲有少艾孀婦，則賄誘其遠族私立婚書，糾結黨夥，昏夜破門而入，挾婦登輿，不向（問）蛙從與否，謂之「扛孀」。

《崇明縣志》（十八卷，民國十九年刻本）

婚禮婚禮，備古六禮之意。問名曰「送庚」（媒氏始合，取男家庚帖送女家，配合甲子，曰。合婚。與江南俗先取女庚者不同）。納采曰「定聘」（俗曰「約日」，訛曰「押日」）。媒氏齎男家禮帖及約聘吉期（不定期），縢以銀錠（取文定之意），至女家易允帖。復諏吉納徵（近世禮簡，約日後竟不復納徵），

曰「行聘」。具聘帖、禮金，媵以釵釧、約指之屬（金銀多寡稱家）；女家報帖用紅帕、署金製「允吉」字（或以銀製），媵以彩勝、錦駕，文具之屬，謂之「回盤」（近俗奢，又有絨製對花，錦繡發祿等）。皆媒氏齎之。將娶，先致三節禮（端午、中秋、除年），女家受則允，卻則否。既允，乃請女庚（並女父母甲子），諏婚期，媒氏納諸女家，並致錦衣繡裳、金珠諸飾、禮金、閣儀、盤擔（俗用銀代）諸名色，是為納吉（俗曰「通風」。貧者致銀幣去儀）。婚之前日，女家致奩，曰「行嫁」（凡箱櫃、衣櫥、桌椅、椿奩、銅錫瓷器皿，下至吐壺、猖腧之具咸備。俗以一櫥配二箱，二櫥則四箱，以次而倍。貧者惟箱、桌、盆桶，謂之「三槓」。）

及期，婿親迎，盛服乘輿，具彩輿儀仗，鼓吹前導，媒為先容（若婿不親迎，媒為領輿）。入門，謁女父母，以次及婦黨親長，皆有贄，別有合啼雞（戒旦之義）、輿前鵝（奠雁之義）、錦纏羊（執羔之義）諸物。謁遍，乃饗婿。鼓樂催妝。婿先歸拜父母，俟彩輿至，迎新婦拜堂，向天地行九拜禮（古無夫婦交拜禮，拜天地尤謬妄。《會典》載：天子大婚，先一日遣官祇（祇）告天地，亦無交拜者）。於時有踏甌、跨鞍、傳袋、問龍、帶寶、撒（撒）帳諸儀。禮畢，鼓樂導移花燭入洞房，夫婦並床坐，合巹飲（俗謂之。吃花燭』）。即夕，拜家堂灶神。

三朝，廟見祀祖（庶人無廟祀於堂），送餕（塊，熟食也。古禮三日入廚作食以獻，為婦職之始。是日，女家送布帛、銀錢、果餌等至新房，備犒賞內外僕婢、傭工諸用），以女紅獻尊長，贈姻婭。舅姑宴婦，柬戚屬婦女少者陪席，謂之「坐筵」。滿月歸寧。

或無子愛女，則贅婿以為嗣，有襲女姓者。

蓋夫婦之禮，人倫之始，聖人定制，六禮不備，不足為婚。凡聘者為妻，奔者為妾，何其重也。舊俗雖不盡合古，然猶有禮意焉。末世昌言廢禮，務為苟簡。男女之私，不待父母之命，媒妁之言，自為婚姻。合巹之儀，非俗非古，雜襲必憂。喜怒離合，習為故常。於是夫婦之道苦，睢（睢）麟盉斯之義不復知矣。俗有父母死。停喪娶婦，而後舉哀。其始，由親死中饋無主，以喪三年中祭享飲食之故，不得已而為之，士族猶不忍出此。今苟且成風，雖縉紳之家，亦悍然行之矣。又有殤子而不忍其死，求人女殤為媒合之，迎其柩而合葬焉者，乃《周禮》嫁殤之遺，然有為之立後，則非古也。（《禮》：殤不立後。按，《魏志》：鄧哀王沖年十三死，太祖甚哀，聘甄氏亡女為合（合）葬，命宛侯據予

琮為沖后，此惟魏武為之。）至有未婚夫死，而女為奔喪，服衰麻，守寡以終者，謂之「貞婦」。然從一之義，為成婚者言，若以非禮之正強人情之所難能，責之尋常婦女而不至冥冥墮行者，固難言之矣。（《傳》稱，不告廟而娶者，是不為夫婦，況未成婚而遽以身許乎。故歸有光氏謂之等於私奔，即能致節以終，亦非人情天理之中。）

二、經濟

《寶山縣再續志》（十七卷，民國二十年鉛印本）

或增或減，俾所繳總數始終如額。由會總規訂會期，分致會腳，謂之「會帖」。得彩者或未必需款，需款者或未必得彩，需款者得向得彩者商讓，謂之「買會」。此集則成數可以濟事，分則所擔均屬微幾，往往有節衣縮食為之者，於通財之中寓儲蓄之意。亦有祇（只）供會總收取，不復續交擲彩者，謂之「單刀會」，則僅濟親朋緩亟者也。江灣、吳淞、彭浦接近上海等鄉，有所謂「標會」者，以出錢之多寡為得會之標準。例如五元會或加至四倍以上，其弊較重利貸為尤甚，殊干例禁，但西北各鄉尚不普遍。

授田　古者夫田之制，壯而有室則授田百畝。今農民之家，為子娶婦則分田授之，己則與未娶之子共耕，迨子盡娶婦授田，則留以自耕者謂之「養老田」。此則尚有夫田之遺意，特私產多寡不同，不若古制之皆可使人足用耳。

三、禮儀

《盤龍鎮志》（三卷，一九六三年鉛印（《上海史料叢編》本）

雜禮宴賓：古人燕饗賓客，不取食品，只取禮意。今富家設席，山錯滿前，中人之家亦互相效尤，一席動費多金。財殫力埔，職是之故。

《蒸里志略》（十二卷，清宣統二年鉛印本）

禮儀民俗

冠禮農家子弟，弱冠時邀里中士人命字，為酒食召鄉黨僚友飲食之，謂之「慶號」，即古人冠而後字遺意。

《章練小志》（八卷，民國七年鉛印本）

禮儀民俗

冠禮　古人冠而後字，斯禮久廢。今泖濱農家，弱冠後為酒食，邀里中士人命字，召鄉黨食之，謂之「慶號」，猶有古意。

《嘉定縣志》（十二卷‧清乾隆七年刻本）

雜禮　繼嗣：異姓篡宗，律有明條。邑俗往往育他姓子為後，名曰「過房」。甫生撫育，名曰「血抱」。亦有以贅婿為子，棄置嫡屬，致啟爭端，是在司牧者漸次轉移之，亦教民敦睦之一道也。

《嘉定縣續志》（十五卷，民國十九年鉛印本）

祭禮　元旦，懸祖先遺像而祭之，名曰「齋尊」。或三日，或五日，或至元宵而止。此外，清明、中元、十月朝、冬至、歲除則設位而祭，名曰「過節」，均焚錫箔。清明掃墓，用白紙錢（已嫁女或外孫用紅綠紙錢）繫竹插於墓，名曰「掛墓」。其上元、立夏、端陽、中秋、重陽各節，亦有人家設祭者，薦用時物，不焚箔。祖先忌日，則設祭焚箔，或有並祭生日者；晚近則僅設祭，而不焚箔者日多。

雜禮慶壽：紳富年屆六十或七、八十者，其子若孫為之稱觴，俗稱「慶壽」。先期，柬邀親友筵宴，往祝者多以燭，麵、糕、桃為餽贈。凡非正壽則不舉行，有行之者俗必異而嗤之，蓋原為人子博其親之歡心，並非如官場之以祝壽為斂錢。父母已故而年屆百齡者，亦為之慶祝，俗稱「做陰壽」，唯不多見。

開賀：科舉時代，凡入學及鄉會試報捷者，均定期受賀宴賓，俗稱「開賀」。先期，邀報房到家，書寫報單，入學者用朱砂箋，鄉會捷者用黃綿箋，遍發親友，本家及至戚。發報單時，入門須鳴鑼，俗稱「響報」。報上稱呼，親友甚為注意，有漏略及錯誤者責言立至焉。入學者刻印試藝，以貽親友，謂之「試草」；選登優拔者，謂之「貢卷」；鄉會試捷者，謂之「朱卷」。凡舉子將入京會試時，以朱卷分送親友，親友必另行餽贈，謂之「贐儀」。甚有遍託親友轉贈素不相識之富戶或商家，要索其贐儀者‧俗稱「打抬豐」。習俗相沿，不以為怪。自科舉廢後，斯風遂革。

醵酢：清初，每銀錢換制錢六十文，銀色足者換七十文，故六十或七十文稱一錢，六百或七百文稱一兩。後用銀幣，而六十、七十為一錢，六百、七百為一兩之名仍不廢。凡遇婚喪，親友餽贈及開發僕役工食，均沿此稱。大率送一兩者屬近親，送一圓者屬至親，泛泛之交以六鬣為率，或僅三四錢者，較之他邑猶見儉約。宴會普通用十二碟、四小碗、六大碗，較儉者用八碟六碗，較豐者用十六碟、八大，八小，晚近亦有用翅席者，此日趨於奢之漸也。

《續外岡志》（四卷，一九六一年鉛印（《上海史料叢編》本）

雜禮　宴客　往時宴客，概用十肴，羅列雖多，所費實少。一變而為五簋，再變而為蘇款。每進一味，旋即撤去，若盡列於前，水陸之珍幾至方丈·飲宴相高，富戶猶且不可，而中人亦或傚之，一會之費，常耗數日之食，所當挽其頹風者也。

《寶山縣續志》（十七卷，民國十年鉛印本）

禮儀民俗

冠禮　冠禮之廢，在南宋以降。然人生自幼束髮受書，即為立身之大本。邑中習尚尊儒，故衣食粗供，便思讀書識字。往時，十家之村，無童蒙私塾者實鮮；自興學以後，注重發育兒童知識，鄉村私塾不能不設法取締，而市鄉立國民學校大有供不應求之勢。逐年推廣，改寺觀為黌舍，絕無阻撓之風。知民情所好，無富無貧，無貴無賤，莫不以向學為重也。

《崇明縣志》（十八卷，民國十九年刻本）

禮儀民俗

生育男女冠笄之禮久替。縣弧設帨義亦不明。俗生男三日，以雞卵染茜色遍贈親黨，報以糖果、糕餌（或贈產母羹羞食品）。彌月祭祖，宴親友，啖粉團（有餡），賀者以衣褲、金銀飾具。周晬略同。十歲以上即冠。生女稍簡約，不祭祖。年十二、三即蓄髮為偏髻，十六、七為正髻（俗謂「挽子」），加笄，蓋不盡許嫁始然也。

《崇明縣志》（十八卷，民國十九年刻本）

祭禮　祭禮，祀高曾祖禰四世·或祀五世，或祀三世，或並祀外煙（如外祖父母、妻父母之類），以清明，夏至、中元、十月朔、冬至、除日為祭節。凡祖禰生日，忌辰則專祭，子女周降、彌月及婚喪事皆合祭。祭必於外寢，設座列簋杯箸畢，具水陸之饈、蔬蔬之品，胥熟而薦，酒三巡，精粢為食。四拜，焚楮帛、冥鏹、灌，降而畢。若釋服、週期，則有冥器，冥衣，凡日用之物，四之服，裘葛、金銀，無不畢肖，是亦靡已。

朔望，祀家堂、灶神。家堂，猶古中霤，與灶並列五祀。而或祀文昌，或祀關帝，或信奉觀音、呂祖。其最謬妄者，祀五通·淫祀其獲福哉！若夫田功既畢，秋冬報賽，圓其宜爾。

四、民間文藝

《川沙縣志》（二十四卷，民國二十六年上海國光書店）

歌謠　哭嫁：梁山頭上掛竹片，兩條青蟲顛倒爬。爬來爬去銜青草，青草開花結牡丹。牡丹姐，要嫁人；石榴姐，做媒人。媒人到，十八樣；轎子到，哭爺娘。爺哭三聲就上轎，娘哭三聲就動身。進客堂來，香案登登；進新房來，紅綠牽巾。暖房夜飯墩熱酒，新娘子衣裳蓋拉兩橫頭。新官人三蓬頭辮線拖到腳根頭，新娘子臂膊彎彎做枕頭。

小鋤頭：娘娘提了一把小鋤頭，天津手巾兜上頭，攤開花肚兜，露出兩隻白奶頭。

搖一櫓：搖一櫓，壓一繃，搖到川沙南家浜。南家浜裏吹鑼鼓，陸家浜裏楝花香。

吃得過：吃得過，臭豆腐；著得過，老粗布。

一把芝麻：一把芝麻撒上天，肚裏山歌萬萬千，南京唱到北京去，回來還唱二三年。山歌不唱忘記多，大路不走草成窠，快刀不磨黃鏽起，胸膛不挺背要駝。山歌好唱口難開，櫻桃好吃樹難栽，白米飯好吃田難種，鮮魚湯好吃網難臺（抬）。

黃狗：東一村，西一村，走過一村又一村。村村有黃狗，黃狗會咬人。黃狗最可惡，常常欺我陌生人。

風箏：二三月，放風箏．放得高，大家吃塊糕；放得低，大家吃些黃爛泥。

蚱蜢：草地上，打蚱蜢．蚱蜢跳，小兒笑；蚱蜢飛，小兒追。

月亮亮：月亮亮，大家出來白相相。白相相，拾著一串小炮仗。乒乓乒乓，好像放個連環槍，乒乓乒乓，放完炮仗看月亮。

大姑娘：大姑娘，會織布：大臊牛，會推磨。

買小牛：一塊六角洋，買隻小牛耕。耕由耕不來，要他啥用場。

白吃：白吃白壯，開一爿典當。

小花頭：小花頭，提了一把小鋤頭。小鋤頭，到田裏去兜老兜。攤出花肚兜，兩隻奶奶抖老抖。

勸夫戒賭：日落西山暗模糊，手捧孩兒勸丈夫。勸你丈夫不要賭，手捧茶壺廳裏坐，賽如小遊湖（葉子戲）。勸來勸去勸不醒，剃毛落髮做尼姑。隨你丈夫賭不賭，再不回轉要丈夫。

調調腳：調調腳，調到護塘腳。拾著一個老堂客，攤攤被頭護護腳。

团团小：团团小，坐木凳，外公騎馬做媒人．爺在杭州打頭面，娘在房裏繡紅裙。紅裙紅裙要繡七朵花，大花要繡金家菜，小花要繡萊莉花．榮莉花上種石榴，石榴開花雙朵頭．阿姨阿姨要上州，姐夫連夜到杭州，多買胭脂少買粉，紅綠絹線釣鞋頭。

媛女望爺娘：媛女望爺娘，娘叫心肝肉，爺ⅡⅠ{百花香，哥哥道是親妹妹，嫂嫂道是攪家王。開涼廚，吃爺飯，開箱子，著娘衣；不吃哥哥田裏白米飯，不著嫂嫂箱裏嫁時衣。

殺贓官：月亮亮，照北場，北場頭上點兵將。十六釘，打把槍，戳殺贓官沒肚腸。肚腸在那裏，肚腸掛在槍頭上（讀如浪）。

喜鵲哥哥：喜鵲哥哥尾巴長，銜柴銜米養姑娘。姑娘矮，嫁螃蟹，螃蟹黃，嫁鳳凰；鳳凰飛，嫁野雞。野雞娘子走出來，臉又麻，嘴又歪，看你怎樣做奶奶。

喜鵲叫：喜鵲叫，客人到。坐一回，不要跑。吃杯茶，吃塊糕，客人吃飽了，明天再請早。

姑娘家：責古娘家，不要嘴啦歪！十七八歲到婆家，廿二三歲自當家。到仔大人家，叫他大奶奶；到仔小人家，叫他嬸嬸老媽媽．姑娘家，不要嘻嘻哈哈嘴啦歪！

一隻橘子：一隻橘子丟上天，落在夫家無盡年。生活做好千千萬，老來不值半文錢。

一隻鴿子：一隻鴿子飛過橋，娘娘房裏打衣包。打扮相公南京去，脫卻藍衫換紅袍。

黃鶯蛋：東南角上一個窩。兩隻黃鶯來做窠，生出蛋來黃糯糯，小团吃仔唱山歌。

梔子花：梔子花開來六瓣頭，養媳婦並親今夜頭。一莉時辰等不得，開出西窗望日頭。

洋先生：洋先生，買只馬來騎自相。騎末騎到洋涇浜，拆之爛污無收場。

腰菱花：腰菱花，朵朵開，腳踏氍毯軟悠悠，夫妻兩個正磕礧。暖房夜飯八樣頭，珠涼帽除啦板箱頭，紅鞋子脫啦踏板頭，衣裳脫啦兩橫頭，臂膊彎彎做枕頭。阿媽做個花枕頭，夫妻兩個明仔暖悠悠。

雙板橋：梁山頭上掛尖刀，尖刀落在雙板橋。花花娘子插仔兩朵珠花飄睹飄，一朵落在河裏去，請儂搖船哥哥撩一撩。問伊住在那塔塊，門前三棵高楊

樹。後頭一個木香棚。木香棚底下一根繩，送拔儂搖船哥哥做仔櫓繃繩。日裏搖船鸚哥叫，夜裏搖船棺繃霜。搖來搖去搖著一隻大雄！鵝，拿去望舅婆。舅婆不能轉家裏，拿去望阿爹。阿爹人淘多，貓燒水，狗拾柴，猢猻掃地，老蛤蛇開門，笑殺客人家。

做酒：十二月裏瞄悔冷颼颼，東家做酒做賴灶前頭。未曾好吃吃吃看，黃昏吃仔暖到五更頭。

造仙橋：墳山頭上（讀如浪）種葡萄，連根拔起造仙橋。造個仙橋啥人跑，其（讀如夯）喇娘子跑。其喇娘子插仔一朵仙花搖老搖，落脫來轎底下，叫個搖船哥哥撈一撈。

放炮仗：月亮亮，家家小囝出來自相相。拾著一個小銅錢，買一個小炮仗，劈拍劈拍放到大天亮。

月太太：月太太，下來吃夜飯，嘸啥小菜，蘿蔔乾咾臭鹹蛋。

黃梅：雷打黃梅頭，四十五天嘸日頭。雷打黃梅腳，四十五天赤刮辣。

端午雨：端午落雨猶且可，端六落雨爛脫瓦。

雷打菊花心：雷打菊花心，米貴似黃金。

分龍：二十分龍廿一雨，水車攔在鑄堂裏。

殺鞋子：端午吃粽子，家家殺鞋子。

裁縫手裏出絲綿：裁縫手裏出絲綿，那個清官不要錢。

六月無底：六月無底，黃豆貴甚米。

琅琅琅：琅琅琅，騎馬到松江。松江老虎叫，別轉馬頭朝北跑。

贅婿：入贅女婿不是人，例栽楊柳不生根。要望丈人丈母招橫事，領了家婆就動身。

媳婦怨：梁山頭上掛缽頭，早早夜夜燒豬頭。姑娘碗裏禿肉塊，嫂嫂碗裏禿骨頭。紡紗紡到五更頭，又添條子又添油。眼淚掛到下巴頭，鼻涕押到腳根頭。

一個橄欖：一個橄欖兩頭尖，花花轎子到門前。荷花銅鑼敲一記，姐在房中哭一聲。娘哭親寶妹，爺哭敗家精。

掛燒箕：梁山頭上掛燒箕，姑娘出嫁苦哀啼。嫂嫂勸彌不要哭，七月秋涼接你歸。

喜鵲哥：喜鵲哥，尾巴長，初二初三嫁姑娘。姑娘嫁在季家僑，一擔饅頭一擔糕。阿哥阿嫂要來叫，自己歸寧嘸啥好。

一隻碇（錠）子。一隻碇（錠）子兩頭尖，紡紗織布賺銅鈿。撮個銅鈿啥人要，大哥要。大哥許我十條長手巾，小哥許我十條短手巾。

長手巾：長手巾，攔房門；短手巾，揩臺縫。揩個臺縫黑油濁，後日請大妹吃喜酒。看著大妹頭上，金簪銀簪插滿頭。看看大妹身上，綢綢緞緞著不完。看看大妹腳上，三寸鞋面裝小腳。扭一扭，蹌一蹌，蹌脫一塊階沿石。

七歲姑娘望田頭：月自布衫萬雲頭，七歲姑娘望田頭，手裏擔把小鋤頭。

稻花：踏踏車，開稻花。稻花開得早，下秋收成好。

年三十夜：年三十夜風索索，豌豆小麥都是殼。

烊雪：臘雪不烊，窮人飯糧。春雪不烊，餓斷狗腸。

辮子三寸長：辮子三寸長，娘咯娘。辮子三尺長，只要家婆不要娘。

請外甥：牽牽磨，做豆腐。豆腐漿，請外甥。外甥吃得呼呼笑，舅媽登在房裏激氣攔象生。馬桶攔到陸家浜，娘舅回來說你不要響，我是只有一個小外甥。舅媽就不響，外甥跳跳回家鄉。

鄉下姑娘：鄉下姑娘懶惰煞。織布不高興，燒香高興煞。紅鞋子，綠鞋拔，挑花膝褲稻柴紮。走在路上念唔念，念到龍華塔。前門進去道士軋，後門進去和尚軋。軋得身體扁塌塌，弄得丈夫活氣煞。

媛女歸：梁山頭上鷓鴣啼，嫁媛嫁到太湖西。大哥大船去又不歸，小哥小船去又不歸，正月半夜露水漾漾自家歸。阿爹看見媛女歸，爬浜落水買肉歸。阿娘看見媛女歸，揩臺端凳笑迷迷，阿哥看見妹子歸。關轉腰門假讀書。阿嫂看見姑娘歸，快快攔梭裝做不得知。兄弟看見阿姊歸，捐槍捉棒打野雞。野雞打不著，家雞殺兩隻。

娶媳苦：腰菱花，朵朵開，要個新婦難得來。大盤小盤行過去，眯哩嗎啦（樂聲）吹過來。紅毯子，軟悠悠，蠟燭火，亮油油，提盤嫁妝塞仔一房頭。賣田借債用去多多少，一苦苦煞老老頭。

晚娘：三歲小孩沒了娘，跟著親爺還好過，只怕親爺娶晚娘。娶了晚娘三年整，生個阿弟叫孟良。母親做的龍鬚麵，孟良吃麵我吃湯。端一起碗來涸汪汪，擱下碗來想親娘。

光郎頭：光郎頭，快活多，出門唱只長山歌。手裏拿了金鵝蛋，百花園裏打鸚哥。鸚哥叫，鷓鴣啼，嫁媛嫁仕太湖西。腳踏高山望不見，水白茫茫那得歸。男親家，女親家，男落西沙會當家。棗子開花三寸長，石頭開花彈牙齒，

白蘭花開在後客堂。家西頭，菜子黃，又無露水又無霜。清油蠟燭點點亮，鏡子梳頭洗面光。結得緊，辮得光，丈夫出去有風光。

做媳難：墳山頭上掛小籃，我做媳婦實在難。早晨釣水燒早飯，夜來釣水燒夜飯。大紅花鞋落在水溝裏，官人叫我不要哭。廿年媳婦廿年婆，再是廿年做太婆。

長工苦：暴時落難暴時窮，無柴無米過寒冬，央人求謀做長工。長工苦，苦到正月中，擔繩扁擔到田中。長工苦，苦到二月中，拿了田刀鐵搭到田中。長工苦，苦中，清明節氣鬧動動，家家人家墳上都在煨帛紙，長工墳上出青蓬。長工苦，苦到四月中，車田落種鬧動動，南田耟到北田去，家家人家都在叫吃飯，長工未曾到喉嚨。長工苦，苦到五月中，耘秧拔草鬧動動，抬起頭來望煙囪。長工苦，苦到六月中，東家娘娘撐了雨傘到團中，上塍有水微微笑，下塍沒水罵長工。長工苦，苦到七月中，東家煎烤鬧動動，東家娘娘東場分到西場去，長工未曾到喉嚨。長工苦，苦到八月中，磨刀提稻鬧動動，東行捉到西行去，東家娘娘出來叫長工。長工苦，苦到九月中，耕田種麥鬧動動，南田耟到北田去，東家娘娘出來叫吃飯，長工未曾到喉嚨。長工苦，苦到十月中，牽礱做米鬧動動。長工苦，苦到十一月中，淘米挑水叫長工。長工苦，苦到十二月中，淘米挑水冷凍凍，十隻指頭凍脫九隻半，還要擺在火上烘。長工話喏東家娘娘，十二個月的工錢算還我，也怕討死叫化不高興傲長工。東家娘娘拿了黃楊算盤算還我，十二個月算著一千九百大銅錢。上南去，落北來，開年沒去處，仍到這裡來·東家媽媽，西家孃孃，謝謝也怕沒去處，不到那烏龜地上來。

小麻子：小麻子，推車子，推到六團灣，拾著一個白鵝蛋。拿回去，父親一半，母親一半，小麻子吃得一點點。小麻子，跳老站，跳老站。

梳好頭：蠶豆花開烏油油，小姐開窗梳好頭。潘佛看見微微笑，尼姑懊惱剃光頭。

小孩吃素：小孩吃素小修行，小小舟船出大洋，五湖大海都到過，滿艙珍珠轉家鄉。

外婆家：搖搖船，搖到外婆家。外婆叫我堂前坐，舅媽叫我灶窩蹲。一碗飯，冷冰冰：一雙筷，水淋淋：一盆小菜但有兩三根，再問舅媽討三根，一根悶悶打出門。

女兒望人家：一男一女一枝花，多男多女是冤家，無男無女是佛家。石壁上，好蘭花；石壁底，七對茶盤七對花。我家女兒十八歲，朝朝夜夜望人家。

賀雙親：吉祥草，萬年青，爹爹媽媽老壽星。媽媽在家生貴子，爹爹在外發萬金。

大腳娘姨：大腳娘姨，滿身傻氣，潔白絹頭，掛在腰裏。問你少爺幾好家計，三十六隻輪船停在黃浦汪裏，還有三十六隻停在東海洋裏。吹吹牛皮，賣賣名氣。

一粒花子：一粒花子像胡椒，撒在田裏出根苗。風吹綠葉搖搖擺，朵朵仙花結壽桃。

媳婦歎：石山頭上掛只石金籃，我做媳婦多少難。回到房裏牽夜磨，又到東方踏米秧‧寄聲爹，寄聲娘，我沒工夫望爹娘。

皮匠：一個巧皮匠，沒有好鞋樣。兩個笨皮匠，大家有商量。三個臭皮匠，合成諸葛亮。要想人地無門路，要想騰空沒翅膀。

女兒親：女兒親，不是親，全副嫁妝還嫌輕。兒子親，不是親，討進家婆像閒人。女婿親，不是親，三旬說話面薰薰。夫妻親，不是親，同床合被兩條心。只有銅錢銀子的親，我要用他就動身。

富家翁：做人莫做富家翁，朝積金銀夜積銅‧積得錢多無用處，千家叫苦萬家窮。

萬兩銀：家有萬兩銀，守著不出門，一天耗二錢，耗不到廿年。

癲團蹋蹋坐：癲團蹋蹋坐，吃得肥頭胖耳朵。田雞跳到一丈高，肚子餓得一團糟。

孤兒怨：鴿子叫咕咕，沒娘的孩子真真苦。上身破了衣，下身破丁褲，有誰替他補一補。

門前一條溪：門前一條溪，溪上一條橋。橋下兩隻船，一隻大，一隻小。小船用槳劃，大船用櫓搖。

做天難做四月天：做天難做四月天，蠶要溫和麥要寒，賣菜哥哥要落雨，採桑娘子要晴乾。

姊妹梳頭：南山腳下一缸油，姊妹兩個好梳頭。大的梳個盤龍髻，小的梳個爛羊頭。

紅鞋子：紅鞋子，綠鞋拔，新做堤岸滑邀越。走一步，滑一滑；退一步，拔一拔。

小叔：小叔小叔無道理，撒尿撒在青草裏。青草不開花，翻轉地來種王瓜。王瓜滿肚子，為你阿妹帶八字。我家阿妹年紀小，灶頭把不著，提桶拎不起。

阿妹阿妹不要憂，是我明朝梳好頭，梳個頭來光油油，插朵花來花抖抖。走到夫家去，看見掃帚就掃地，看見面杖就揉麵，揉個麵來薄薄片，切來好像細絹線。盛一碗撥隔壁伯婆吃，伯婆吃得有滋味，明朝叫新婦也授麵。揉來好像牛舌頭，切來好像釘撅頭，吃在嘴裏夾嘴夾舌頭。新婦呀，做一個婦人不會做點心嚏立灶頭，那好在裏場當門頭。

養爹娘：梁山頭上一隻羊，遠望松江糶米糧。大斗量來小斗糶，升籮頭上養爹娘。爹娘養我能長大，我養爹娘那得常。

西官路：西官路上一隻雞，一頭哭嘻一頭啼。旁人問伊為啥哭，屋裏燒湯等我歸（音居）。歸去搭小雞話，早點進棚早點歸，不是我親娘要離脫你，明日東家備酒筵。

沒娘苦：小小雞，怕翻窠，晚娘進門我最苦。跟爺衂，爺嫌我；跟娘咽，娘摘我。自家獨睡冷呵呵，半夜三更推脫被頭啥人照顧我。

學時髦：鄉下姑娘要學上海樣，學死學煞學不像。學來稍有瞎相像，上海已經換花樣。

欠債苦：小小人家欠仔百兩銀，年年加利加弗清。早晨做到夜黃昏，只好傲來貼嗣人。

當家忙：一忙忙，青銅鏡子照梳妝。二忙忙，早起開門掃地光。三忙忙，婆婆房裏送茶湯。四忙忙，滿床兒女著衣裳．五忙忙，柴米油鹽管廚房。六忙忙，丈夫出外理衣裳。七忙忙，端正男兒進學堂。八忙忙，姑娘小叔汰衣裳。九忙忙，男長女大配成雙。十忙忙，交代門頭後輩當。

趕親賒：雨落乒乓響，柴米紛紛漲。親眷弗動身，只好拿小兒打。

窮人山歌：唱唱山歌散散心，別人話我快活人。早晨吃仔無夜頓，黃連樹下去彈琴。

手做生活口唱歌：大家落得笑呵呵。現在學堂裏先生都把歌來唱，我種田人也有幾隻小山歌。

日落西山一點紅，鋤頭柄上掛燈籠。只要主人家中有蠟燭，那怕做到東天日出紅。

看看口頭看看天，看看煙囪勿出煙。啥人家娘娘立仕場角叫吃飯，啥人家娘娘還啦逗來逗去借油鹽。

看看日頭看看天，窮人做煞不會出頭年。窮人還有窮皮（脾）氣，過得一天是一禾。

煙鬼：跨進煙間，求天拜地。鴉片一挑，歡天喜地。鋪上一眠，談天說地。三筒一呼，神氣活現。看見老班，拍拍馬屁。問伊銅錢，明朝後日。膽大放心，決不拖欠。彎弓進來，挺直出去。碰著煙鬼，阿哥兄弟。老癮難過，袋裏無錢。我搭仔儂，尋尋生意。口樹椏枝，也算行業。偷羊捉雞，包討銅錢。有仔梢板，再吃三錢。家里門頭，不必管伊。稱為煙仙，無憂無慮。可惜近來，煙價橫貴。小本經紀，吃弗連瘁。況且官場，禁煙緊急。偶不小心，警察提去。受盡苦頭，毫無話處。想到此刻，一包眼淚。

掛蒲鞋：梁山頭上掛蒲鞋，風菱橘子兩邊排。有錢買些爺娘吃，沒錢不要嘴裏啦。

《嘉定縣續志》（十五卷，民國十九年鉛印本）

花鼓戲：花鼓戲來自東鄉，每於夏秋之夜搭臺扮演，情節淫穢，歌詞鄙俚，而鄉民甚好之。雖禁不絕，大為風俗之害。

賽燈：元宵節有龍燈，皆鄉民為之，城市南翔則問歲賽演花燈，爭奇鬥異，較龍燈為可觀；元宵節後，各廟有施放花炮、煙火之舉，靡資皆巨。

賽龍舟：邑城孔廟前之匯龍潭，湖面寬暢，中有應奎山，樹木叢茂，風景甚佳。遇端陽節則於此賽龍舟。清季時舉行者六七艘，有青鳥、綠白、百子、老黃龍等名，視船之多少定演之日數。每日遍遊四門，夜間亦有全身燃燈者，謂之「夜式」。相傳在洪、楊未起事以前，多至倍數，其盛可想。每值立夏節，先以一竹竿豎於橋柱，焚香燭、錠帛，名曰「立咒」，猶宣誓示以必行。至起賽對，復由好事者拈鬮以定先後，領首者榮之為當頭。輪流競賽，年以為常。屆時，蘇州畫舫（俗呼「燈船」）多來營業，富商豪客挾妓遊宴（俗呼歌妓為「鼻煙壺」），四方賣技者麇集，大率以十日為度，南翔、安亭、婁塘間亦行之，黃渡於光緒七八年亦有是舉，尋廢。

演戲：每歲冬令，城市鎮鄉均借酬神為名。醵資演戲，年歲豐稔演者尤多。邑中所引為遺憾者，平民無正當之娛樂，著遊藝，音樂、運動等會，皆付闕如，宜有以提倡之。

《外岡志》（二卷，1961 年鉛印《上海史料叢編》本）

上元，採柏葉，折竹枝，結棚門外放燈，謂之「燈棚」。近皆木架為之，幔以紗縠，式以布帛，綴以綺繡，飾以珠踏。燈之名目亦以百計，爭奇鬥巧，竟相誇耀。自十三日試燈，至十八日夜止。士女嬉遊，街巷填塞，歌影衣香，

晝夜不絕。兒童鳴鉦擊鼓，團聚為樂，謂之「鬧元宵」。婦女結伴踏月，走三橋，雲行過三橋者一歲吉慶。

食繭團。《開元遺事》云：以官位貼字置其中，以高下相勝為戲，一如成式云，所以為蠶事之兆。楊廷秀云：粉米為繭，書吉語置其中，以占一歲之禍福，謂之「繭卜」。有「小兒祝身取官早，小女只求蠶事好」之句。今有米粉為十二甕，按十二月置甄中炊熟，取驗甕中之燥濕，以卜月之水旱。

放花子。以硝黃之藥和以鐵屑，裝紙筒中燃之，即古之「火蛾兒」也。放流星，即火蛾之類，插以葦稈，緯火藥高入雲中，望之如移星。農家燃高炬田中，名「照田蠶」。

神祠中亦懸燈，鄉人編竹為龍燈，以迎社神。里中少年為滾燈之戲。以竹為燈，形如球，中設機絡，以鐵鈕宛轉滾之而火不滅。無賴子弟十百成群，橫行鄉市，有忤之者，攢擊之立為齏粉。騎駱駝，以四人為足，一人張手足據之，一人騎坐於上，手持長索，復用十人簿之前導，從之鉦鼓。此即滾燈，無賴輩為之，皆惡俗也。

跳索，兩人挽長索高下轉蕩，一人透其中跳躍為戲，便捷輕蹻，百態具呈。此本異域雜戲，即超距遺事也。按，《酉陽雜俎》載：婆羅遮並服狗頭猴面，男女晝夜歌舞。八月十五日行象及透索為戲。透索，即今之跳索也。是日勿轉磨，俗云轉則佛頭暈。

十二月　二十四日，以餳「祀灶」，云是日神訴人過於天章，以餳膠其口使勿言。小兒持紙畫灶神像叫賣於市，言其去舊更新也。掃房舍，云「打煙塵」。丐者儺於市，二人扮男女為灶公、灶姥，持竹葉、冬青奔舞東西，謂之「眺灶王」。又有一人扮鍾馗持劍，一人扮小鬼對舞，沿門而乞。

《真如里志》（四卷・一九六二年鉛印《上海史料叢編》本）

歲時民俗

四月　八日「釋迦佛誕」，前後數日，名「香信」。懸燈演劇，賽會迎神，士女進香，填塞道路。

九月　九日，登寺之大悲閣，曰「登高」，以里無山阜也。

五、民間語言

《川沙廳志》（十四卷，清光緒五年）

方言（人稱部分）　呼祖曰老爹。祖輩曰公公。父曰爺爺，母曰阿奶。稱

舅姑曰公婆。夫兄曰阿伯。夫曰官人。稱妻曰娘子。妻父曰丈人。稱人曰渠。稱老婦曰太太，稱婦人曰娘娘，稱處女曰小姐。呼弟曰小弟。呼小兒曰寶寶，曰小郎。妾曰小。使女曰丫頭。呼兵曰老將。夥伴曰蜩。

《金山縣志》（二十卷・清乾隆十七年刻本）

民間語言

方言（人稱部分）　娘子通為婦女之稱。謂穩婆為老娘，女巫曰師娘，鄙之曰婆娘・男女締姻者，兩家相謂曰親家。呼女子之賤者為丫頭。家之尊者，曰家主翁。稱鄉胥為書手，善能營生者為經紀。

《青浦縣續志》（二十四卷・民國二十三年刻本）

民間語言

方言（人稱部分）　我邑方言，備詳前志（按・同《章練小志》），然尚有可補者。如婦稱夫之兄曰阿伯，謂丈夫曰官人。稱士人妻目奶奶。稱人剛老兄。呼兒幼曰保保。男巫目太保。穩婆目老娘・為殤亡男女作合，曰鬼媒人。

《章練小志》（八卷，民國七年鉛印本）

民間語言

方言（人稱部分）　呼祖父曰大大。呼父曰阿爹，又曰爹爹，又曰爺爺，稱舅姑曰公婆。呼伯母曰大姆，弟婦呼兄嫂亦曰大姆。呼叔母曰嬸嬸，兄婦呼弟婦亦曰嬸嬸。呼夫兄曰阿伯。相謂曰依。呼女子之賤者曰丫頭。

《寶山縣志》（十四卷，清乾隆八年學海書院刻本）

俗語諺語：百年難遇歲朝春。春雷十日陰，要晴須見冰。驚蟄聞雷米似泥。有利無利，只看三個十二（兼孟季言之也）。八月初一難得雨，九月初一難得晴。（冬至後）一九二九，相見不出手；三九二十七，樹頭吹觱篥；四九三十六，夜眠如露宿；五九四十五，窮漢街頭舞；六九五十四，樹頭青漬漬；七九六十三，布衲兩頭擔；八九七十二，貓狗討陰地；九九八十一，犁耙一齊出。（夏至後）一九二九，扇子不離手；三九二十七，飲水甜如蜜；四九三十六，拭汗如出浴；五九四十五，頭戴黃葉舞；六九五十四，乘涼入佛寺；七九六十三，床頭尋被單；八九七十二，思量蓋夾被；九九八十一，家家打炭墼。

方言（人稱部分）　濃，俗呼我為吾儂，呼人目你依，對人呼他人曰渠依。渠，俗呼他人曰渠。爹，俗呼父為爹。爺，俗呼父為爺。丫頭，俗呼小婢。百

姓，俗呼鄉民。冤家，俗呼仇人。亡賴，俗呼不習善者。賤累，俗呼妻子。又，子女多日累重。經紀，俗呼營生者。娘子，俗通稱婦女。孥兒，俗呼女兒。財主，俗呼富室。老物，俗斥年長者。小家子，俗呼庸賤之人。小鬼頭，俗罵人。自衣人，俗呼末進身省。

六、喪葬

《川沙縣志》（二十四卷，民國二十六年上海國光書店）

人死接煞，已成習慣，然用道士召七者則然，用和尚則否，不知起自何時也，本邑自九團新港以南，每日有煞；新港以北，則惟正月之甲日，二月之乙日，三月之戊日，四月之丙日，五月之丁日。六月之己日，七月之庚日，八月之辛日，九月之戊日，十月之壬日，十一月之庚日，十二月之己日有煞，餘日無煞。此皆出之道士之口，如鄰邑黃山及，南匯六灶一帶，均無此俗。

邑人逢喪必做功德，其在生時作者曰「壽生功德」，自一晝夜至九晝夜，以多為貴。謂拜經懺後可免墮地獄，得昇天堂，且可當銀錢用。

弔死唁生，親戚交好，義在則然也。今有素不通音問，乃攜紙錠數串，相率成群，歡樂豪飲；又有婦女手挈數孩團坐大嚼，以圖一飽，且談論言笑，視同習慣，麗忘廉恥者。此風又一大變也。

魂魄甫離，焚以衣服錠帛。越二日，曰「三朝」，又以床帳、被褥、衣服焚化田野，曰「送床」。第五七之前一日，至夜半，復將衣服、箱篋及生時需用對象焚送於庭，延僧道設享，婦女向孝靈泣哀，曰「做早七」。習俗相沿，至今未改。

受前清封誥職銜者，雖髮辮不垂，而臨終大殮都用舊式禮服。間有長袍短褂便服者，未有一定禮節。

縉紳家送葬，在民國初年仍有用銜牌執事者，惟樂工、炮手多已屏絕，問用軍樂；今有開追悼會用新禮節者，然所見亦罕。

八九團於五七隔夜，宴享知賓，乃不茹葷。弔禮捨香燭，聯額外，無重要物。

惟里中無類，假弔喪名義需索錢文。曰「打抽風」，曰「扳方磚」，習成惡俗。

柩前設位，曰「靈臺」，亦曰「座臺」。每食享之，以盡孝思，如生人然。富厚之家，歷久不口（懈），竇人子不過盡數日之誠敬而已。

富家幼殤，往往為求陰偶，不即瘞埋，媒妁介紹，曰「鬼攀親」。其結婚也，曰「鬼做親」，僧道以贊襄之。事畢合葬，而兩家遂成親戚矣。

橫沙一鄉，凡人病故。即豎幡杆，高三四丈。歪第三日入殮，曰「熱木」，實即「入木」也。殷實者請沙門作佛事，或延羽士修醮。其次，招二三善門為入殮，或七八善門。七七享薦。各鄉貧苦之家，只自量力。惟弔者多在殮日用香燭錠箔。

橫沙鄉俗，通行劈棺改葬，係崇海流傳之習慣。凡人病故，葬棺三年，期滿即備骨甓，將棺劈開，以屍骨檢出，裝入甓中，封蓋重葬，此惟崇海人然，其他無有也。

鄉愚惑於風水，多停棺不葬，而浮厝田野，以致棺木朽腐，屍骨暴露，大護塘兩旁尤多。習俗相沿，難於驟改。

祭禮　祭禮，逢先人死者之日為周忌。至時，具酒肴，燃香燭以薦享之；將徹，梵紙錠以送之，曰「做週年」。亦有邀親戚到家歡飲者，曰「吃週年」。

鄉間祭祀，最重清明，冬至、除夕，若七月半、十月朝，禮少殺也。清明過節，曰「做清明」。年來素封家肆筵設席，遍邀戚好，團聚大嚼，一日之費，所耗已甚。小戶雖無此奢華，要必竭力摒擋，空撐場面。以追遠為應酬，澆漓之習熾，醇樸之風衰。此又一變也。

城廂內外，逢新喪第一年第一節之正日必祭之，曰「新時節」。清明，除夕外，兼重七月半、十月朝，而不重冬至。此城鄉之少異也。

清明掃墓，以稻草編作平底甓式，實以錠帛，至墓焚送，此物曰「草甓」。北鄉無之，惟插竹懸紙錢於墓顛，曰「掛墓（俗乎莓）」，另於墓前焚化錠帛而已。（參《光緒志》）

雜禮　慶弔：里鄰親串，有娶者、嫁者、壽者、生子者、營造者、膺封誥者，以及開張店業者，或以銀圓，食品、聯幛，或雜物相為慶賀。弔喪則以銀圓、索品，或聯對頹軸。其次以香燭，又其次以紙錠，此皆平時泛泛不相往來者也。

慶賀多以銀幣，曰「送人情」。弔唁以香燭、錠帛等事，曰「弔孝」，曰「燒紙」，贈以賻儀，曰「代素」。婦女問疾於戚家，必攜糕果之類，曰「望生病」。

交誼：交誼親密者，以子女互相寄名，曰「過房親」。友朋志同道合，親如伯仲，彼此交換盟帖，乃稱譜兄、譜弟，視若同胞。此在讀書知文義者為之。

鄰里鄉黨，疾病相問，有無相通。社日，或釀資聚飲，或執簡相招，雍雍睦睦，不亞古風。但愚懦者見人受侮，深恐波及，有閉戶不敢出為排解者。兩種心理絕相反。

朋友結納，親愛若弟昆。偶為資財瓜葛，兩不相讓，而口角微嫌，凶終隙末者有之‧若君子道義之交，久而能敬者亦有之。

歲時伏臘，備盛饌，集親好，歡樂飲酒，非是不足以昭體面而示芟好。若崇實黜華，欲洗浮偽，則習慣已久，未易改良。

《楓涇小志》（十卷，清光緒十七年鉛印本）

喪禮　死者或訃或不訃，以親疏別之。戚友以布襚之，曰「上襄」。（古有襄事之文，故云）。唁者用香楮等物，有用酒肴，用羊豕者。喪禮有方道（即古方相），銘旌（古雲旗，今稱旐）、挽章（如祭文、聯額是也），題主猶行，古之道也。初喪，延僧尼誦經，曰「伴靈」。繼延僧道作佛事，或二三日，或至終七者，曰「伴靈經」。柩多浮厝，即紳富家亦不遽葬。（一惑於風水，一以村人阻葬。今稟縣禁止，其風稍息。）

《青浦縣志》（四十卷，清乾隆五十三年刻本）

喪禮　祭祀率從苟簡，而凶事又皆從俗，輒多繁費。入殮必以僧，停柩必用道士，皆令靈前祝告頌歎，出殯及葬亦如之。死後逢七日，則富家建置道場，七七日始畢，餘則早間饋食而已。至士大夫之家，葬事一聽地師，或因擇地不易，或因費用浩大，積至數十年不葬，尤地方官所宜痛懲也。

《金澤小志》（六卷，一九六二年鉛印《上海史料叢編》本）

喪禮　親喪悉遵文公《家禮》，最厚薄稱家，而衣衾含殮：人子務自盡焉。始死，披髮徒跣，赴聞親友。三日乃成服。設靈座，樹明旌，朝夕哭奠如禮。

《盤龍鎮志》（三卷，一九六三年鉛印（《上海史料叢編》本）

喪禮　鄉間凶禮，亦多繁費。八殮必延僧道，出殯亦如之。死後逢七日，富者建置道場，七七日始畢。揆諸儒家不作佛事之禮，殊屬相左。甚或焚化紙錠外，紮造房庫，並綢緞衣褥，付之一炬，暴殄天物，名為資送死者。實幹冥譴，更有惑風水，致久停不葬，尤為忍心害理也。

《蒸里志略》（十二卷‧清宣統二年鉛印本）

喪禮　祭祀或從省簡，而凶事率從習俗。如入殮、停柩，必以僧道祝告靈

前，出殯及葬亦如之。死後逢七日建道場，三年內逢清明、夏至、七月望、十月朔，冬至、週年率延僧道誦經禮懺。初死未殮，夜延女尼誦經，謂之「伴靈」。（更有身無疾病，亦延僧拜誦經懺，謂之「壽生經」。僧人又增名色，隨時誦經，謂之「經會」。村嫗信從，出錢趨之若鶩。）

祭禮　墓祭非古。今以清明於墓前設享者，又有僅以紙錠焚墓前者。元旦日，懸祖先像，陳糕果，懸三日或八日，設享收之。清明，夏至、七月望、十月朔、冬至、除夕祭祀先人，逢祖考之生忌日亦致祭也。

《章練小志》（八卷，民國七年鉛印本）

喪禮　祭祀率從省儉，而凶事從俗繁費。入殮必以僧，停柩必以道士靈前祝告，出殯及葬亦如之。死後逢七日建道場，七七始畢。至士大夫家葬事。一聽地師，或積數十年不葬，皆風俗之敝也。

《嘉定縣志》（十二卷·清乾隆七年刻本）

喪禮　喪禮，未能如古者不用樂、不作佛事，然附身、附棺稱家有無，衰麻哭泣情所自盡，雖在細民匃匃拓救。三日大殮，有服之親及友戚往來者相率拜奠，名曰「辭靈」。貧家不能治喪，以五七之期受弔，有力者乃擇日治喪，赴告遠近，弔者踵至。

其於葬也，俗信地師之說，每多覬望風水，卜日又多拘忌，甚有停厝年久者。迨及葬時。富家或虛文糜費，中下之戶率昏夜偷葬。若夫鄉村惡少，藉口風水關礙，聚眾攔喪，婪詐酒食、銀錢，不饜不止。此濱海惡習，尤宜痛懲。

《嘉定縣續志》（十五卷，民國十九年鉛印本）

喪禮　人死則赴告於親友，曰「報喪」。人殮，曰「小殮」，親友密切者往送焉。翌日，設祭受弔，曰「大殮」。其有擇日另行赴告設祭受弔者，曰「開弔」，必有力者行之。自死日起，逢七則祭，至四十九日，曰「終七」。復有回煞之期，由羽士禮懺，在死者臥室設祭，床帳、被褥、鋪陳如生時，並繫雄雞於臺腳，掩門避出，云煞至則雞鳴。迨逾死時，則入而哭之。是日樹二木於門外，末紮竹枝麗懸燈，每晚必燃之，名曰「樹幡」，至終七而止。貧苦之家僅懸燈於門，名曰「代幡」。大殮之日，釘麻於門，至服滿撤去；大戶人家用喪屏，或書諸木而懸於門之左右，曰「喪牌」。

凶服，仕宦家遵清制，士民麻衣腰営，竹杖草屨，三梁麻冠，其式猶沿古

制。賻贈，鄉間密親以豬首、豬臘、鮮魚各一饋奠，謂之「三牲」。城鎮中清末盛行挽對。葬期遠近無定，亦有久停不葬者。葬式，曰「打灰夾」，用石灰頗多；曰「白雲葬」，則用灰較省。

《續外岡志》（四卷，一九六一年鉛印（《上海史料叢編》本）

喪禮　喪禮不如古者，不能不作佛事，不能不用鼓樂，然附身附棺，稱家有無，衰麻哭泣，情所自盡。亡過二三日，稱為「入殮」。族黨、親戚、朋友、鄰里相率拜奠，名曰「辭靈」。稍有門牆者，總以五七為受弔之期。若夫擇日治喪，遍訃貴要，懸燈幕白，傳鼓打點，此種富豪習氣，我鎮無聞。葬禮，浴信風水之說，擇日又多拘忌，每見停屠年久。或爭此地不吉，或爭此日不佳，弟兄叔歪往往攔阻，故有累世淺土者，亦有累喪並出者，甚至乘夜而行，名曰「偷葬」，可恨可歎。

《寶山縣志》（十四卷，清光緒八年學海書院刻本）

喪禮　喪葬之禮久廢。銘旌彩亭，步障巨廠，名家富室向或見之。今則累世淺土，間有葬者；累喪並出；乘暮宵行，名曰「偷葬」。惟用僧道，十室而九，謂之功德，雖士大夫家亦所不免。

祭禮　祭則合祀，如清明、夏至、中元、孟冬朔，冬至，除夕是也。其專祀則在忌辰。有祀及五世者，忘其為僭也。

《寶山縣續志》（十七卷，民國十年鉛印本）

喪禮　喪禮之最重者，曰殮，曰殯，曰葬。古之殮也，必在於寢。親始死，雞斯（雞斯，即笄縰，蓋去冠而不括髮也）徒跣，承衾而哭。及視含小殮，始括髮而祖，蓋人子始喪其親，不忍親之遽離床席，而幸生之心猶未已。今俗例，初死即撤帳燒薦，衣衾未備陳屍外堂，以忍心加諸逝者，大非聖人緣情立禮之意。故小殮行之於寢，間有知禮之家矯俗而為之，積習仍不能革也。

古之所謂殯者，即今之停棺也。見於經傳者，或曰阼階以上，或曰兩楹之間，或曰大寢，或曰路寢，大致不離乎生前起居之地。今大殮安靈，謂之「粗喪」；筮期設奠，謂之「出殯」，此最與禮意為近。其普通習俗，大都今日蓋棺，明日即舁諸荒郊冷廟，雖上族亦不以為怪。此則為屋宇資財所限，亦不能強執古禮以相繩矣。

士大夫三月而葬，古之制也。今筮期舉殯之家，大率皆即時營葬。風水之說雖未盡破除，而求田相宅，使先人骸骨歷久遷延，不獲窀穸之安者，則為近

今所無，此不可謂非風俗之改良。惟昇諸荒郊冷廟者，往往因人事之障，故治葬反無定期。蓋飾終莫重於葬，人情歷久而淡，揆諸緣生事死之文，為民牧者當加以督責焉。

沙洲人死，列棺圩岸，數年之後檢骨入甓，以棺板為器具，謂可以辟邪。良以地係漲灘，人非土著，其舉動等乎椎埋，而崇儉者欲取以矯奢，抑亦過矣。

祭禮　古之祭，以爵為定制，大夫及於曾元，士僅及於祖而已。伊川程氏謂，祭法緣服制而起，庶人得上逮高曾，於是大義定而人情伸，故朱子《家禮》因之。今世俗祭其先世以四代為斷，蓋猶遵文公《家禮》。顧古時之祭，必行於家廟，宗子主之，支子助祭而已。自宗法廢，支子亦得以齒為族長。今凡有宗祠之族，眾子分居，則各自祭其先世於家庭，族長既主祭於宗祠，亦必另致歲時之祭，蓋薦寢與祭廟並行而不廢也。

古者春秋之祭曰「悉嘗」，冬至曰「祫祭」。祫之為言合也。一歲之終，合祭祧室，親疏之義盡矣。今三元之祭，謂之「做節」。冬至家家致祭，而不稱為祫祭。歲暮擇日以祭，謂之「做年」。新正則懸像而祭，端午則懸符而祭。可謂數矣。夫古者以祭為大事，故將事必敬，不嫌其期之紆遠，若至因素而玩，惟酒食是儀，則雖多亦奚為！

《寶山縣再續志》（十七卷，民國二十年鉛印本）

喪禮，自民初以來無大變更，率從舊制。惟富有之家，每假害喪（指年高壽終者。前清時已有此名）之名。家奠時清音小唱，鑼鼓管絃，幾如喜慶。初坊於滬市鄰近之各市鄉，今已漸將遍及矣，毌乃與寧儉，字戚之旨相距遠歟。

邑中喪禮，於家奠時自子媳以及親族祭拜，必取成雙，名曰「成雙拜」，於禮不古，亦無所取義。且婦女拜奠時必用孝兜，子姓繁衍之家，男女同拜，往往忙中有錯，資為笑柄。今已漸有革除者矣。

喪家款賓，曰「豆觴」，曰「蔬酌」，改用魚、肉、雞、鴨，已失本旨，近則中戶之家均用魚翅，變本加厲，奢靡甚矣。又如浦東、離橋等處遇有喪事者，至開弔或五七之期，附近居民扶老攜幼擁至喪家膳食，甚至相隔五六里之遙，亦成群結隊而來，每次多至三、四百席，少亦八、九十席。人口眾雜，秩序紊亂，主人窮於應付，庖廚疲於奔命，富者精神體力已感不舒，貧者典質借貸，更受痛苦。夫喪禮稱家有無，鄰里弔唁亦人情之至，當此則等於強索，不願主人財力，有維持社會之責者，應設法革除之。

　　吳俗尚鬼，《續志》言之已詳。邑中喪禮，親朋分儀大半用錫箔，大家巨族凡遇喪葬，紙箔積至小祥之用而有餘，有用金錢悉成灰燼。今箔價較十年前漲至二倍，而改送現金者尚標名曰「代箔」，積習相沿，牢不可破。至如親族周忌，戚串饋遺，尤以錫箔為必需之品。高橋、江灣、殷行及浦東各地，尤盛行一種麥甕，中實紙錠，為孝敬已故親長之用。清明時節，淞滬道中，猶觸目皆是也。

　　祭禮舊習，清明，中元兩節，上自士紳，下至編氓，均薦祀祖先，本春露秋霜之意。祭余受福，享及親朋，猶是社飲遺風，亦不悖乎古。故祭品以時為尚，春韭秋菘，視為珍品。自民初以降，春秋兩節，主人以肴饌豐盛相誇，庖人以烹調易就為便，八直（籃）八簋，幾如喜慶。習俗相安，考古益遠，此亦足徵世風之日流侈靡也。

《羅店鎮志》（八卷，清光緒十五年鉛印本）

　　喪禮　喪葬之禮，人始死則以單紙遍傳親戚，謂之「報喪」。來唁者，謂之「探喪」。殮時來拜者，謂之「送入殮」；三日大殮來拜者，謂之「拜材」。遠者七內皆可往弔，惟五七最重。按，嘉定有煞神，麗寶山獨無，俗傳為宋太祖所食，此荒誕不經之語，無論貧富，必延僧道作佛事，謂之「做功德」，始死，曰「暖材」；既葬，曰「慰喪」。富家逢三七、五七、終七則做功德，力薄者則做五七不等。七終，則主人墨衰拜於弔者之門，謂之「謝孝」。

　　七中出材，曰「乘凶」。或宿喪夜出，曰「偷喪」。世俗惑於堪輿之說，多所顧忌，甚有停柩在家，歷久不葬者；若後復有喪，則累喪並出，詔之「熱拖冷」。鄉村殷戶有凶事，則於五七備辦酒肴以酬弔者，或其人遠隔一二十里，則擇其村之素所戚好者奉為居停主人，送至其家，就近宴次，謂之「邀酒」。

《月浦里志》（十五卷，民國二十三年鉛印本）

禮儀民俗

　　喪禮人之初死，入棺曰「小殮」，舉殯曰「大殮」，受弔曰「領帖」，釋服曰「撤幾」。親族對於死者之服制，有斬衰三年，期一年，大功九月，小功五月，緦麻三月之分，此通例也。葬者，藏也，時宜迅速，今則久厝不埋，或致暴露者多矣。此由於家必專塋，窆必獨穴，無族葬或公墓之制，貧者困於財力，富者惑於堪輿，故連延而不克舉也。泰禮交際：親族、朋友、鄰里之交際，亦

至繁複，逢節序則以棗栗、饅惰相饋贈，遇婚喪則以財帛、酒牢相慶弔。其禮數之厚薄，視情誼之親疏而異，故朋友較親族為殺，鄰里較朋友尤殺焉。至財產上之交際，則遇匱乏時可商之親朋，舉行公債，如集會之類，貸借有定數，償還有定期一此則有無相通，古時任恤之遺意也。

《月浦志》（十卷，一九六二年鉛印《上海史料叢編》本）

禮儀民俗

喪禮、附身附棺，稱家有無，惟用僧道，十室而九。禳殃煞，焚紙庫，每七臼設祭誦經。繁費不支，或至渴葬。更有血湖、受生、寄庫種種名目，荒誕不經，謂之「功德」。或過信風水，停棺不舉，惟知禮者葬如期。

祭禮　禮合祀有時，薦清明、夏至、中元、孟冬朔、冬至，除夕；其專祀則在忌辰。有祀及五世者，不知僭也。寒食後祭掃墳墓，焚楮帛，鏤色紙為錢，以竹枝插墓間或懸樹上，謂之「掛墓」。其祀外神，則秋冬報賽之外，壤災祈福，往往靡愛晰牲焉。紳冷豪族喪葬，擇曰受弔，無賴者相率登門，橫索酒食，謂之「喪蟲」；如遇害慶，謂之「害蟲」。

《崇明縣志》（十八卷，民國十九年刻本）

喪禮　始死，洗屍，在床服衰衣，移屍正寢。撒床，薦衣服、襪履。雜紙錢為冥輿，納位而焚之，僧道動鈴鈸誦經，謂之「指靈」。親屬皆哭送，或具儀仗輿送諸城隍神廟（俗以城隍神司勾攝新死魂），謂之「送魂」。反，即位哭，男婦妻女散髮，麻冠衰經，苴杖苦次。翌日大殮。親舊聞訃皆會弔，賻媧以金銀，或冥鏹、楮帛諸事。既夕，孝子親視殮（捧酋足入棺）。殯諸寢（貧者殮畢，即攢堂隅，或寄殯於外，七中祭奠而已）。三日奠哭，每七日一奠，晨夕哭臨。至三七或五七約弔，遠訃者成至，弔期一日至五日。易木主，輟哭，富者具儀仗延官紳題主，或邀僧道誦經禮懺，薦道場，放焰口。有驅煞解冤，血湖渡橋，焚庫薦祖諸名目，謂之。功德」。歌吹填咽，簫鼓嘈嘈，幢幡璀璨，忘哀悖禮莫甚焉。既竣，乃攢柩，謂不忍遽葬其親，毋字渴殯，三年之內可絡續往弔．新年，親友往拜座，服闋始撒座易吉，樟祥不改服。

葬禮之失，莫甚於風水之惑。貧不能葬者勿論矣，富者不屑柑祖塋，苟擇吉地，露殯日久，柩腐揭骨，以甕為冢（崇地易坍，遷冢揭骨本非得已，豈知久殯揭骨，頓成惡俗），或穿窬覦其厚殮，發棺棄骨，子孫不肖且或為之。酷與火化等（舊俗有火葬，骨灰貯烏瓶，今已革），皆停葬之害也。古者葬有定

期，三月、逾月在喪次之中，故有既葬反哭，既虞卒哭之節，乃惑術士之言，圓村俗之見，不啻委親淘壑。而無洫頮之隱，糞捏之掩，良可慨已。

喪服以白布，三年者不緝，期功以下皆緝。首白巾，足白髓，腰白帶，髮白條。出門，男子玄冠白結，玄布上衣，褐袍；女素衣練裳。期功緦麻，惟冠結、髮條用藍，腰用白緝帶，皆期而釋。子婦及出嫁女，髮髻用黃條。

七、生育

《嘉定縣續志》（十五卷，民國十九年鉛印本）

生育　湯餅會：凡生子，彌月設宴娛賓，謂之「湯餅會」。然必紳富或晚年得子者始行之，尋常人家則僅以燕支染雞鴨卵貽親友，謂之「分紅蛋」。

溺嬰：貧民多子女者，生則溺斃之。城鎮雖有育嬰堂收養，然溺斃者仍不免焉。

八、信仰

《川沙縣志》（二十四卷，民國二十六年上海國光書店）

賽會　迎神賽會，雇貧家男孩，扎縛竿首，飾以女服，名曰「臺閣」。有「托鑼」者，用長方小銅板一塊，上綴銅鉤數十，穿過臂皮，將銅錫香爐懸之於下，以重者為體面。且有懸極大金鑼，或過市廛，或遇男女聚集之所，擊之以炫其能，肌膚之痛，亦所勿恤。有扮賣鹽婆者、搖盪湖者，塗脂抹粉，醜態畢呈，敗俗傷風，莫此為甚。且有扮無常、摸壁、大頭、小頭等鬼，怪怪奇奇，可笑已甚。賽會經過，或特設會場，或假設公館，金錢虛擲，殊屬無謂。

巫覡　巫覡有札仙、看仙、查仙等名，有稱雙瞳者，有稱觀音護身者，有彌某菩薩護身者。一入病家，則手執灶香，周視室隅，或言喪屍，或言五聖，或言落水鬼種種作祟。又將病勢如何兇險，災星如何禳解，鬼祟如何驅遣，誑騙一番。病家詫為神異，至垂涕泣而求之。於是量其家之貧富，講定酬金，或來做，或包做，所作不知何法，而金錢已消受矣。富家浪用，猶屬無妨；貧戶竭汗血之錢，不足則稱貸典質，倘病不起，致孤寡累償難償，其害可勝言耶！

風水　風水之說，事屬渺茫，俗尚信之甚堅，往往以尋風水為名，停棺不葬。其浮厝經雨淋日炙，棺朽骨暴，猝遇風潮，每遭漂沒。殊不知喪俱稱家有無，古有明訓。以先人遺骸為邀福求榮之具，真為不孝之尤。且有因此互起爭

端，經年纏訟，傾家蕩產，後悔已遲。至護塘兩側，棺沒池中，上又置棺，疊床架屋，沿塘幾無乾淨土。每逢盛夏，暑氣薰蒸，穢惡觸人，易生疾病，害莫大焉。昔晉嵇康曰「三公之宅，不能使愚民為三公；百年之宮，不能使殤子為長壽」，最是確論。《易》曰「積善之家，必有餘慶」，不曰積風水也。

《奉賢縣志》（十卷・清乾隆二十三年刻本）

喪禮其喪紀，雖士夫之家必用僧道。葬信風水，甚有因拘忌而竟至不克葬者，至用火化尤為可憫。葬不衰麻，刺書從吉，口（積）習既久，挽回殊難。

祭禮　其祭祀忽於祭先祖，恪於祭外神。外神之最不經者，莫如五通神、顧先鋒之類，而鄉村爭祀之，名曰「酬神」。至於病不務醫，專事祈禱，里巫日作神語，斷人生死，尤為可怪，而愚者率為其所惑云。

《法華鄉志》（八卷，民國十一年鉛印本）

社會農父每於秋間群相召集，舉行猛將社、土地社、關帝社、城隍社等，興高采烈，習以為常。事雖迷信，然猶有春祈秋報之遺意。

延巫俗信鬼神，有疾病延女巫，先祈禱而後醫藥。藥無效，輒委之命數。送鬼，遲則悔，吝無窮。今則民智漸開，此風稍戢矣。（明高宙《里巫行》：里人有病不飲藥。神君一來瘟鬼卻。走迎老巫夜降神，白羊、赤鯉縱橫陳。兒女殷勤案前拜，家貧無肴神弗怪。老巫擊鼓舞且歌，紙錢索索陰風多。巫言汝壽當止此，神念汝虔賖汝死。送神上馬巫出門，家人登屋呼招魂。）

《松江府志》（八十四卷・清嘉慶二十二年刻本）

信仰民俗

作事拘疑忌，信卜筮，疾病專事禱祈，而鄉落為甚。

《楓涇小志》（十卷，清光緒十七年鉛印本）

信仰民俗

送更飯　俗信鬼，有病輒子夜分燕香燭至病人床前禱之，送諸門外，曰「送更飯」。

《重輯張堰志》（十二卷，民國九年金山姚氏松韻草堂鉛印本）

俗信鬼神，患病輒邀巫覡解禳，陳設酒食，名曰「獻菩薩」；或就廟通疏酬神，名曰「上廟」，惟巫言之是聽（破產負逋亦不悔）。春間迎神賽會，如城

隍（保障一方）、莽將（俗稱猛將，能驅蝗）、照天侯（掌酆都府出入死生）、施相公（醫瘡患）、牛郎（治牛）等神，村落中都立廟祀之。

《蒸里志略》（十二卷，清宣統二年鉛印本）

信仰民俗

習俗尚鬼，信卜筮，好淫祀。遇有葬事，村氓無知，惑於風水有礙，輒為攔阻。疾則先祈禱，而後醫藥。喜作佛事，若遇迎神賽會，各村斂錢演劇，遊惰者引誘招搖，聚為賭博，而財力耗矣。他如花鼓淫詞，最易壞人心術，地方有司所宜懲戒焉。

《章練小志》（八卷，民國七年鉛印本）

習俗尚鬼，信卜筮，好淫祀。疾則先祈禱而後醫藥，鄉村尤甚。近則縉紳之家，且求仙方，聞巫覡，禱告求福，迷信之風，蓋牢不可破。

《嘉定縣續志》（十五卷，民國十九年鉛印本）

釋道　邑人之信仰釋道二教者，鄉間男女皆然，在城廂則婦女為多。其對二教之信心並不區別其為釋為道，唯知崇拜神佛而已。其表示信仰之法：一曰「燒香」。每逢朔望或神佛誕辰，備具香燭、紙鏹入寺廟內膜拜，一般老嫗信奉尤誠，或於神佛前喃喃唪經，或繞行塑像四周，且行且誦，雖疲不以為苦。遇三月十九、四月初八、九月十九等日，往往於往廟誦經，有焚紙紮之船者，謂之「化蓮船」，又稱「做佛會」。每年亦有醵資雇航赴杭州拜佛，謂之「朝山進香」。一曰「吃齋」。此唯婦女有之，男子絕少。最虔者蔬穀純為淡食，謂之「吃淡齋」；其次終身不食動物，專茹蔬穀之類，謂之。吃常齋」。二月十九為觀音誕。自二片朔持齋，至是日止，謂之「觀音素」。六月，九月朔至十九日皆如之。六月全月茹素者日。吃雷齋」。上元，中元，下元為三官誕。俗以正七、十月朔至望日茹素者，謂之「三官素」；或以月之一、七、十日持齋，謂之「花三官」。其於月之朔望及神佛誕辰茹素一日者，則通謂之「吃齋」。

又有所謂「過關」者。富家生子，憂其不壽，延羽士做法，疊桌椅作關形，使小兒背負衣包、雨傘，足穿草履，由羽士仗劍、誦咒率之過關，謂如此可免災厄。更有「解皇錢」者，即前志所云「解大餉」也，盛行於東北各鄉。以金銀箔糊絕大元寶數千百，舁至城中集仙宮焚之，意謂下界解於玉皇之錢糧也。每舉一次，靡費數千圓。會中扮演者，亦多牛鬼蛇神，不可名狀。若城隍、土地等會，雖按節舉行，而所靡尚少。誠不經甚矣。

天主，耶穌教　釋道之外，頗有信從天主教及耶穌教者。邑之有天主，教，遠在明季。其信徒多航業、漁業中人，除星期日集於教堂外，每日，必誦經祈禱，行瞻彌撒禮。其教中規約較耶穌教為嚴緊。耶穌教之教堂：在吾邑有監理、聖公、浸禮等會，信之者多中下社會。宣統之間，學界。中漸有入者。星期日禮拜，領聖餐，並於市廛設宣講所，傳道甚力。

術數　曰「排八字」。生女將出庚帖時，請瞽者為之排八字，有衝犯忌，剋者，則為之改定。男家得庚帖，亦請瞽者推算，與男命不相沖剋，然後文定，曰「看風水」。人家營葬及建屋，必延地師看風水。其信仰深者，凡開一門，鋪一路，砌一灶，排一床，均須倩若輩為之相度。他如算命、測字、起課、扶乩等，信者更僕難數。

巫覡　鄉民凡遇疾病，喜召巫覡，問其有無鬼祟，俗稱「看鬼」，或曰「看仙」，婦女信者尤夥。巫則假託亡靈，任意胡言，要索銀錠、經懺等資，默察其家之貧富為多寡，少或數千文，多至二、三十圓。邑中女巫居多，男覡甚少。西鄉有所謂「太保」者，悉男子為之。病家於危急時延之，曰「搜替身」，曰「追原性」，皆其施術之名詞也，與巫覡同為惑眾斂錢，俱宜嚴禁之。

《寶山縣續志》（十七卷，民國十年鉛印本）

吳俗尚鬼　在昔已然，而邑中為尤甚。編氓小戶，疾病則巫覡重於醫師，死亡則超薦急於治葬。歲時紙錠之資等於肴饌，貧者雖饔飧不給，而朔望之香燭必具。三月二十八日舉行「解餉會」，萬人空巷，金銀冥寶高與簷齊，白鏹朱提盈筐載道，一炬餘燼且值百金。故邑雖貧瘠，浙東錫箔之賈得因謠俗之所好，列肆操縱，為商業之大宗禮，與其奢也寧儉，況奢而擲之虛牝乎，是宜有以節之。

《羅店鎮志》（八卷，清光緒十五年鉛印本）

信仰民俗

疾病則祈神許願，或延女巫至家斷送客祟。病癒，則陳魚肉、雞蛋、果酒以祀之，執香送出門外，至僻靜處焚化冥衣、錠帛，甚有費要數千文者，然亦視家之貧富為斷。

《月浦志》（十卷，一九六二年鉛印《上海史料叢編》本）

信仰民俗

鄉俗信鬼神，往往多淫祀。有假以求食者，自稱見鬼，名曰「淨眼」。或

偽言神降其體，妄言禍福，日「師娘」。另有攝召魂魄與生人問答者，曰「關亡」。

更有外來糟道、婦女，假稱治病，陰作魘鎮引誘子女，尤為民害。

《月浦里志》（十五卷，民國二十二年鉛印本）

信仰民俗

吾鄉佞佛信鬼，由來久矣，不惟鄉里婦女為然，在士大夫亦且不能盡免。如鵂鶹夜啼而以為來索魂魄也，蟏蛸晨見而以為暗盜禾稼也，人死之必求讖（懺）過於僧道也，婚姻之必聽吉凶於卜、筮也，疾病之必待決於巫覡也，癘疫之必歸咎於鬼魅也。其他種種謬妄，指不能縷，欲革除其風，非普及教育不可。

九、衣服

《奉賢縣志》（十卷，清乾隆二十三年刻本）

衣其服制，貂帽、緞服，律例非紳士不得僭逾。邇來，民間商賈以至胥役興事，緞衣、貂帽儼然貴介，雖屢奉明旨申飭分別，而其風仍不能革。

《重輯張堰志》（十二卷，民國九年金山姚氏松韻草堂鉛印本）

衣服之制，歷來寬長，雅尚質樸，即紳富亦鮮服綢緞。咸豐以來，漸起奢侈，制尚緊短。同治年，又尚寬長，馬褂長至二尺五六寸，謂之「湖南褂」（時行營哨官、管帶，皆寬袍長褂，多湘產，故云）。光緒年，又漸尚短衣窄袖。至季年，馬褂不過尺四五寸，半臂不過尺二三寸，且仿洋裝，制如其體。婦女亦短衣窄袖（先行長至二尺八九寸），脛衣口僅三寸許（先行大口，至尺二三寸），外不障群（裙）。（女子十七八猶辮，而不梳髻，不纏足，遵天足會令也。）尤近今風尚之變。

《嘉定縣續志》（十五卷，民國十九年鉛印本）

光緒初年迄三十年之間，邑人服裝樸素，大率多用土布及綿綢、府綢，最講究者亦以湖縐為止。式尚寬大，極少變化。厥後，漸趨窄小，衣領由低而高，質料日事奢侈，多以花緞為常服矣，唯鄉間染此習者尚辭。

文獻參考

1. 李白鳳《東夷集考》，齊魯書社 1981 年版。
2. 李家瑞《北平風俗類徵》，上海文藝出版社 1985 年版。
3. 婁子匡《新年風俗志》，上海商務印書館 1935 年版。
4. 胡樸安《中華風俗志》，上海文藝出版社 1988 年版。
5. 岳守榮《壽陽民俗》，北嶽文藝出版社 1996 年版。
6. 張亮采《中國風俗史》，上海文藝出版社 1988 年版。
7. 山曼、李萬鵬、姜義華、葉濤、王殿基《山東民俗》，山東友誼書社 1988 年版。
8. 孟元老等《東京夢華錄、都城紀勝、西湖老人繁勝錄、夢梁錄、武林舊事》，中國商業出版社 1982 年版。
9. 顧希佳《杭州民俗研究》，浙江人民出版社 2011 年版。
10. 殷登國《歲時佳節記趣》，廣西人民出版社 1987 年版。
11. 劉如仲、苗學孟《清代高山族社會生活》，福建人民出版社 1991 年版。
12. 顧鐵卿《清嘉錄》，上海文藝出版社 1985 年版。
13. 周振鶴《蘇州風俗》，上海文藝出版社 1989 年版。
14. 李澍田主編《東北民俗資料薈萃》，吉林文史出版社 1992 年版。
15. 徐華龍主編《上海風俗》，上海文藝出版社 2009 年版。
16. 高洪興《婦女風俗考》，上海文藝出版社 1991 年版。
17. 陸新民《上海‧雪米村民俗志》，上海文藝出版社 008 年版。
18. 陳存仁《抗戰時代生活史》，上海人民出版社 2001 年版。

19. 顧炳權《上海洋場竹枝詞》，上海書店出版社 1 年版。

20. 陳伯熙《上海軼事大觀》，上海書店出版社 2000 年版。

21. 常人春《老北京的風俗》，北京燕山出版社 1990 年版。

22. 陶思炎《求索集——民俗與文化研究》，中華書局 2018 年版。

23. 汪仲賢《上海俗語圖說》，上海書店出版社 1999 年版。

24. 艾舒仁《影梅庵憶語》，內蒙古人民出版社 1997 年版。

25. 徐華龍主編《筷子文化概論》，黑龍江人民出版社 2019 年版。

26. 李福清《年畫研究》，中國戲劇 2012 年版。

27. 周一平、沈茶英《歲時紀時辭典》，湖南出版社 1991 年版。

28. 陸軍主編《松江人文大辭典》，上海辭書出版社 2020 年版。

29. 蔡豐明、程潔、畢旭玲《上海城市民俗史》，上海文藝出版社 2020 年版。

30. 《點石齋畫報》，上海文藝出版社 1998 年版。

31. 揚鬃《風俗的起源》，上海文藝出版社 1988 年版。

32. 《思想戰線》編輯部《西南少數民族風俗志》，中國民間文藝出版社 1981 年版。

33. 陳高華、徐吉軍主編《全彩插圖本中國風俗通史叢書》，上海文藝出版社。

34. 徐傑舜主編《漢民族史記》，中國社會科學。

35. 《中國地方志民俗資料彙編》，書目文獻出版社。

36. 《民俗、民間文學影印資料》，上海文藝出版社。

37. 劉錫誠主編《吉祥中國》，上海文藝出版社 2014 年版。

38. 吳玉貴《中國風俗通史·隋唐五代卷》，上海文藝出版社 2001 年版。

39. 陶宗儀《南村輟耕錄》，中華書局 1959 年版。

40. 嚴昌洪《中國近代社會風俗史》，浙江人民出版社 1992 年版。

41. 江紹原《古俗今說》，上海文藝出版社 1997 年版。

42. 張紫晨《民俗調查與研究》，河北人民出版社 1988 年版。